揺れる
スウェーデン
高齢者ケア：発展と停滞の交錯

nishishita akitoshi 西下彰俊

新評論

はじめに──執筆動機と構成

　本書の執筆の動機は三つある。
　まず、最初の最も大きな動機は、スウェーデンの高齢者ケアが様々な側面で発展する姿、発展しつつある姿をエビデンスに基づきながら実証的に明らかにしたいということである。本書の多くにおいてその発展する姿を紹介し、あわせて分析検討している。
　こうしたスウェーデンにおける高齢者ケアの発展は、デンマークやフィンランドなどの他の北欧諸国の真似事ではなく、パイオニアとしての独創的な発想に基づいていることも明らかにしていきたい。それと同時に、パイオニアとしての苦しみ、苦悩する姿も実証的に明らかにしたい。いわば、パイオニアならではの答えのない不利な状況や、問題解決に向けて苦悩する姿も描き出すということである。
　以上の動機を、本書のサブタイトルの「発展と停滞の交錯」という表現に込めたつもりである。
　この動機と密接に関連するが、本書の柱の一つである、高齢者ケアの情報公開および民間委託化について、公表されている報告書の当該部分のデータを紹介している。そのために紙幅を取っているが、すべてのコミューンのデータを載せた動機は、このデータを使って様々な統計的な分析ができるようにとの狙いからである。

コミューンごとの別種類のデータと突き合わせることで多様な分析が可能となる。何故、あるコミューンは高齢者ケアの利用者満足度が高いのに、別のコミューンでは低いのか。民間委託率が高いコミューンがあるのに、別のコミューンでは何故低いのか。全国290コミューンのデータを、例えば重回帰分析などの多変量解析することで見えてくるはずである。もちろん、著者自身もこの課題に今後取り組むのであるが、データを紹介することで問題意識を共有できる基盤を整えたいという狙いがある。

　執筆の第2の動機は、スウェーデンの高齢者ケアを「等身大」の視点から分析したいということである。どのような社会も、素晴らしい魅力的な側面もあれば構造的な問題を抱えているという側面もある。いわば、「光」と「影」の両側面に等身大の視点からアプローチするという動機である。

　これは、前著『スウェーデンの高齢者ケア──その光と影を追って』（新評論、2007年）に引き続き、重要な視座としてもち続けたい。一つの国を取り上げて、光の部分だけを紹介する文献もあるようだが、少なくとも私は、社会科学者の端くれとして、そうした研究態度、執筆態度は取らないということである。

　第3の動機は、研究者が抱きやすいマクロな仮説の設定という姿勢に関するものである。研究者はどうしても社会の変動や人々の意識の変化が大きな理念に基づくものであるとの「背後仮説」に立脚しながら推論し、自らが設定した「仮説」を検証するというような傾向にある。

　確かに、そうしたマクロな要因が変動の解釈に大きな影響力をもつ場合もあるが、しかしながら、すべてそうであるとは限らないというのが筆者の姿勢である。つまり、壮大な仮説とは関係なく、人々は生活者として行動するのであって、その行動の動機も極めて身近なものであるというもう一つの解釈枠組みが必要不可欠であることを、特に最後の第11章を通じて明らかにしたい。

　研究者は、研究するにあたって仮説の設定に拘泥してしまいがちであ

るが、必ずしもそうした姿勢が物事をうまく捉えることに成功するわけではないということを明らかにしたいというのが動機である。

　スウェーデンという国は、常に世界中の注目を浴びる位置にあるために誤解されがちであったし、現在でもそうである。最大の誤解は、スウェーデンが完璧な福祉国家であるというものである。果たして、スウェーデンはユートピアなのであろうか。この点について、前著同様、高齢者ケアに限定したうえであるが明らかにしていきたい。
　これと正反対の誤解は、スウェーデンが管理社会で社会病理が蔓延し、生き甲斐を失って自ら命を絶つ人が多いというようなディストピアであるという見方である。この点についても、エビデンスに基づきながら明らかにしていきたい。
　スウェーデンは、ユートピアでも、ディストピアでもない。断言できるのは、スウェーデンが、現状にあぐらをかかずに高齢者ケアの理想を追い求め、「絶えず発展を目指す国家」であるということである。

　最後に、本書の構成について述べておきたい。まず序章では、スウェーデンの社会保障に関する基本的な知識を確認している。続く第1章でも、スウェーデンの高齢者ケアに関する各論を読むうえで必須となる高齢化に関するデモグラフィックな（人口学的な）変動について説明をしている。
　第2章では、高齢者ケア政策およびケア実践のマクロ的な分析を行い、第3章では、発展を遂げるスウェーデン全体の高齢者ケアの様々な動きのなかで、比較的規模の大きい過疎地のコミューンを一つ取り上げ、事例分析をしている。第2章、第3章ともに、発展するその一方で裏側に潜む停滞の姿も浮き彫りにする。第4章は、1990年代からの緩やかな動きであるが、着実に増加する傾向にある民間委託化と、最近制定された自由選択法について考察をしている。

第 5 章と第 6 章は、スウェーデンの高齢者ケアの最大の特徴である「情報公開」にスポットを当てる。第 5 章では、各コミューンの高齢者ケアのレベルに関する情報公開の取り組みについて詳述する。第 6 章では、第 5 章の議論を踏まえて、各コミューンの高齢者ケアサービスに対する当事者による満足度に焦点を当てる。

　第 7 章と第 8 章は、スウェーデンの高齢者ケアのもう一つの大きな特徴である「高齢者の人権」にスポットを当てる。第 7 章は、高齢者虐待と医療過誤に関して制定された法律の条文の発展していく姿を追っている。第 8 章は、高齢者のうちの、特に認知症高齢者の人権を擁護する法的なシステムの先進的な姿を明らかにする。

　第 9 章以降は、独立した論考から成り立つ。第 9 章は、日本においても社会問題の一つになっている介護労働者の就労と意識に関して、先行研究を踏まえて問題点を明らかにしている。第10章も同じく、日本において社会問題化している自殺率に焦点を当て、1995年から2006年のスパンで、スウェーデンを含めた主要先進国の自殺率の動きを追った。そして最後に、第11章では、「終い後の棲家」の多様化という現象を捉え、特に「ミンネスルンド」というユニークなシステムにスポットを当てている。

　ちなみに、「終い後の棲家」という表現は筆者の造語である。一般的に「終の棲家」と言えば、人生の最後に安住する場所という意味である。その終の棲家の「後の」棲家ということをここでは意味しており、要は「お墓」のことである。最終章で、スウェーデンではお墓のありようも多様化していることを論じたい。

もくじ

まえがき　i
地図：本書に登場するコミューンの所在地　xii

序章　スウェーデンに関する基本的確認　3
（1）スウェーデンの所得税と消費税　4
（2）日本の所得税と消費税　5
（3）国民負担率の不思議　6

第1章　スウェーデンおよび日本の高齢化　9
1　スウェーデンの高齢化率の推移　10
2　日本の高齢化率の推移　11

第2章　高齢者ケア政策およびケア実践の発展　15
1　複眼的な視点　16
2　高齢者ケア政策の過去　16
　　コラム❶　イヴァル・ロー＝ヨハンソン　17
3　高齢者ケア政策の現在　19
　（1）高齢者政策に関する国家行動計画　19
　（2）「SENIOR 2005」による高齢者ケア計画　20
　（3）日本の高齢者福祉計画　22
　（4）自己負担額の上限額設定とリザーブドアマントの下限額設定　23
4　高齢者ケア実践に関する現在　25
　（1）ホームヘルプサービスと介護の付いた特別住宅の推移　25
　　コラム❷　介護の付いた特別住宅は自宅か施設か　27
　（2）親族ヘルパーサービスとコミューンによる介護者家族支援　29
5　高齢者ケアの未来　30

（1）高齢者看護・高齢者ケアに関する国家推進プラン　30
　　　（2）特別費用の規定　32
　　　（3）便利屋サービスの誕生　32
　　　（4）安心住宅の創設　33
　6　高齢者ケアシステムの今後の課題　34
　7　高齢者ケア発展の基礎　36

第3章　過疎地コミューンの事例分析　39
　1　エステルシュンドコミューン　40
　2　介護の付いた特別住宅　40

第4章　高齢者ケアの民間委託化と自由選択法　59
　1　入札と社会サービス委員会　60
　2　介護の付いた特別住宅に見る民間委託化の動向　69
　3　ホームヘルプサービスに見る民間委託化の動向　73
　4　自由選択法の制定　75
　5　民間委託化と自由選択法（LOV法）の関係　77
　6　スウェーデン・コミューン・ランスティング連合会（SKL）と自由選択法　79
　7　結論と今後の課題　80

第5章　高齢者ケアの質に関する情報公開の先進性　83
　1　情報公開　84
　　　コラム❸　個人、組織の情報公開　84
　2　社会保健庁によるミクロレベルの情報公開　85
　3　スウェーデン・コミューン・ランスティング連合会（SKL）

　　　　によるマクロレベルの情報公開　89
　　4　今後の課題　92
　　5　結論と今後の展望　94
　　6　情報公開の将来目標と公開の多様性　97

第6章　高齢者によるサービス利用満足度と結果の公開　101
　　1　入居者の満足度への注目　102
　　2　報告書の構成　103
　　3　アンケート調査の概要　112
　　4　サービス利用者の満足度に関する結果　112
　　5　利用者満足度調査の問題点　117
　　6　2011年の高齢者ケアに関する情報公開　119

第7章　高齢者虐待防止法と医療過誤防止法　123
　　　　――サーラ法とマリア法
　　1　サーラ法（Lex Sarah）　124
　　2　サーラ法強化の背景　126
　　3　強化されたサーラ法の内容　127
　　4　マリア法（Lex Maria）による通報　132
　　　（1）制定の背景と目的　132
　　　（2）通報の手順　132
　　　（3）通報の内容　133
　　　（4）社会保健庁における調査　135
　　　（5）患者および近親者への情報提供　136

第8章 認知症高齢者などの人権を擁護するシステム　137

1. ゴードマンの位置づけ　138
2. ゴードマンの必要性　139
3. ゴードマンの申請　139
4. ゴードマンに委任できる範囲　141
5. ゴードマンの任命資格　143
6. 法定管財人（Förvaltare）　144
7. 法定管財人の必要性と委任範囲および申請　145
8. 法定管財人をもつ意味　146
9. 日本の成年後見制度　147
10. 介護スキャンダルの続発──民間委託の構造的問題　148
11. アンケート調査に見る高齢者に対する尊厳の意識　150

第9章 介護労働者の就労実態と就労意識　153

1. 介護労働者の労働環境と就労意識　154
   - （1）スウェーデンの介護労働者の給与水準と就労の特徴　154
   - （2）ソルナコミューンの介護労働者の就労意欲　156
   - （3）あるコミューンの介護労働者の就労意欲　159
2. 結論と今後の課題　161

第10章 社会問題としての高齢者の自殺　163

1. スウェーデンに対する誤解　164
2. スウェーデンに対する偏見が生じた背景　164
3. 1955年および1960年における自殺率の国際比較　168
4. 1990年代後半における自殺率の国際比較　175
5. 2000年代前半における自殺率の国際比較　178

6　結論と課題　182

第11章　多様化する終(つ)い後の棲家　183
　　　——自己選択・自己決定としてのお墓

1　ミンネスルンドの誕生　184
2　ミンネスルンドの普及　185
　　コラム❹　森の墓地　187
3　ミンネスルンドの流行の理由　193
4　ミンネスルンドのもつ隠微的性格　195
5　ミンネスルンドが抱える課題　197
6　半匿名性墓地の誕生　197
7　自己決定としてのミンネスルンド　199
8　結論　199

結章　今後の課題　201

（1）介護の質および利用者満足度に関する情報公開　202
（2）認知症高齢者の人権を擁護するシステム　204
（3）高齢期の安心を得るための望ましいあり方　205
（4）2012年度誕生の介護保険新サービス　206
（5）スウェーデン以外の北欧の高齢者ケアシステム　208

あとがき　212

和文引用文献リスト一覧　214

スウェーデン語引用文献リスト一覧　218

資料1　介護の付いた特別住宅入居者　アンケート調査項目　222
資料2　ホームヘルプサービス利用者　アンケート調査項目　227

索　引　233

凡例
用語の表記・略称について

①スウェーデンの通貨表記はクローナ（SEK）とする。2012年9月現在の為替レートで1クローナ＝約12円と換算する。
②本文中にコミューン（Kommun・市に相当する基礎自治体）の名称が多く登場する。本文中ではカタカナ表記のみとし、初出時に番号を（　）に入れる。同番号は、次ページのスウェーデン地図内の番号に対応させてあり、あわせてコミューン名のスウェーデン語表記を載せている。
③Socialstyrelsen は、「社会庁」、「保健福祉庁」など様々に訳されてきたが、1968年に社会庁と医療庁が合併して Socialstyrelsen が誕生したという同組織の再編成の経緯を考慮すれば「社会保健庁」が妥当と思われる。本書では、社会保健庁という表現を用いる。
④Sveriges kommunner och landsting は「自治体連合会」と訳されることが多いが、本書では「スウェーデン・コミューン・ランスティング連合会」という表現を用いる。表題で用いる場合には、スウェーデン・コミューン・ランスティング連合会という表現を用い、本文中では、頭文字を取って短縮した「SKL」を用いる。
⑤särskilda boendeformer は「特別住居」、「特別住宅」と訳されることが多いが、何が特別なのかが分かるように「介護の付いた特別住宅」と意訳する。前著『スウェーデンの高齢者ケア』においても同様の意訳を用いている。
⑥undresköterska は「副看護師」と訳されることが多いが、本書では「准看護師」と訳すことにする。
⑦vårdvitrade は「介護保健士」、「介助員」と訳されることが多いが、本書では「介護士」と訳すことにする。
⑧biståndshandläggare は「ニーズ判定員」と訳されることが多いが、本書では「援助判定員」と訳すことにする。前著では「ニーズ判定員」と訳していたので、変更を加えたことになる。biståndshandläggare は、サービスを希望する要介護高齢者の自宅でヒアリングし、当該高齢者のケアニーズを把握し、どのようなサービスを提供することで自立生活を援助できるのかを判定し、ケアプランを構築するのが重要な役割である。このことからすれば、「援助判定員」という訳語がより実態に近いと判断した。
⑨レーン（län）は国の出先機関である。自治体としてのランスティング（landsting・県）とその地理的範囲は同じであるが、異なる組織である。

地図：本書に登場するコミューンの所在地（登場順）

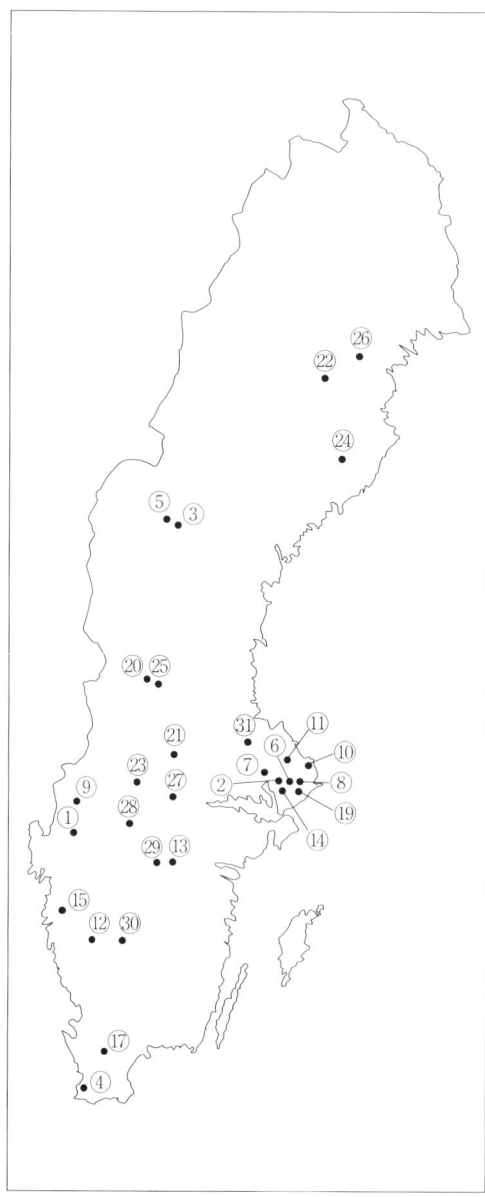

① ダールス・エード（Dals-Ed）
② ソルナ（Solna）
③ ラーグンダ（Ragunda）
④ ヴェリンゲ（Vellinge）
⑤ エステルシュンド（Östersund）
⑥ テーヴィ（Täby）
⑦ スンドヴィベリ（Sundbyberg）
⑧ ヤルフェッラ（Järfälla）
⑨ ヴァックスホルム（Vaxhokm）
⑩ オールイェング（Ärjäng）
⑪ エステルオーケル（Österåker）
⑫ スベンユンガ（Svenjunga）
⑬ リンショーピング（Linköping）
⑭ ナッカ（Nacka）
⑮ ハリューダ（Härryda）
⑯ アルヴィーカ（Arvika）
⑰ ヘールヴィー（Hörby）
⑱ ヘーネーサンド（Härnösand）
⑲ リーディンゲー（Lidingö）
⑳ エルブダーレン（Älvdaren）
㉑ ユースナシュベリ（Ljusnarsberg）
㉒ ノーシェー（Norsjö）
㉓ ストールフォシュ（Storfors）
㉔ ビューホルム（Bjurholm）
㉕ ムーラ（Mora）
㉖ アリエプローグ（Arjeplog）
㉗ アスケシュンド（Askersund）
㉘ グルスポング（Gullspång）
㉙ エーデスヘーグ（Ödeshög）
㉚ トラネモ（Tranemo）
㉛ ウプサラ（Uppsala）

揺れるスウェーデン
――高齢者ケア：発展と停滞の交錯――

序章

スウェーデンに関する基本的確認

(1) スウェーデンの所得税と消費税

　本論に入る前に、幾つかの基本的な条件について説明しておきたい。まず、スウェーデンは「大きな政府」と位置づけられている。社会保障の主たる担い手がスウェーデン政府であり、胎児から墓場までの生涯にわたるすべての国民の社会生活を保障する責任が政府にある。大きな政府のバックボーンには、1930年代に社会民主労働党が唱えたスローガンである「国民の家（folkhem）」があると言ってよい。

　こうした背景のもと、スウェーデンは「高福祉高負担」の代表格と位置づけられている。果して、本当にそうであろうか。スウェーデンが高福祉の国家であるかどうかについては、本書を通じて様々な角度から検証し、また問題提起を行っている。ここでは、スウェーデンが高負担社会であるかどうかを検証する。

　高負担を議論する場合に最も重要なのは所得税である。スウェーデンの場合、所得税は国に支払う所得税と地方自治体に支払う所得税（住民税）に分かれる。まず、国に支払う所得税については、2012年ベースで以下のような区分となっている（Skatteverket [2012]）。

❶課税所得395,600クローナ（約474.7万円）以下は支払いの義務がない。
❷課税所得395,600クローナを超え、560,900クローナ（約673.1万円）以下は、395,600クローナを超えた額に対して20％の課税。
❸課税所得560,900クローナを超える場合は、課税所得395,600クローナを超え、560,900クローナ以下の部分について20％が課税され、560,900クローナを超えた額に対して5％がさらに課税される。

　労働者の大多数（80％以上）が❶のランクに入り、国に対して所得税を支払っていないのが現状である。一方、地方自治体に支払う所得税については、同一地方自治体内では所得の多寡に関係なく一律の税率である。ただし、日本と異なり自治体に課税率の決定権（課税権）があるの

で、税率には地方自治体間において格差が存在する。税率の全国平均は、コミューン（日本の市に相当）に支払う税率が20.66％、ランスティング（日本の県に相当）に支払う税率が10.88％、合計31.54％となっている。

コミューンに支払う税率の最高値は、ダールス・エード（①・スペルはxiiページの地図参照、以下同様）コミューンの23.64％、ランスティングに支払う税率の最高は、ストックホルムレーンの12.10％である。逆に、コミューンに支払う税率の最低値はソルナ（②）コミューンの17.12％、ランスティングのそれは、ハランド(Halland)レーンの9.72％である。コミューンとランスティングに支払う税金の率の合計が最も高いのは、34.17％でラーグンダ（③）コミューン、逆に最も低いのは、ヴェリンゲ（④）コミューンの28.89％である（SCB［2011］pp.328～333）。

コミューン税の差は6.52ポイント、ランスティング税の差は2.38ポイントであった。また、両方の税を合計した場合の差は5.28ポイントであった。税率の格差が存在することが明らかである。日本の地方所得税（住民税）が全国一律10％であるのとは大きな違いである。スウェーデンは、日本の約3倍の高負担であることが理解できる。

消費税に関しては、よく知られているように25％が原則であるが、対象により別の二つの軽減税率が1996年より適用されている。食料品などは12％であり、新聞代、書籍代、コンサート入場料などは6％である。なお、医療、介護は非課税となっている。

（2）日本の所得税と消費税

日本の場合、国に支払う所得税に関しては2007年に改正され、課税所得額によって六つに区分されている。区分ごとに異なる控除額が適用され、またそれぞれ異なる税率が課される。控除額を引いた課税所得額が

195万円以下の場合は5％の税率であり、195万円超330万円以下は10％、330万円超695万円以下は20％、695万円超900万円以下は23％、900万円超1,800万円以下は33％、1,800万円超は40％と累進性の高い課税体系になっている。

　一方、地方自治体に納める住民税は、都道府県民税と市町村民税に分けられる。また、それぞれについて均等割と所得割がある。均等割は都道府県民税が1,000円、市町村民税が3,000円である。所得割は、都道府県民税が4％、市町村民税が6％で合計10％となる。なお、都道府県民税および市町村民税のそれぞれに非課税限度額が設定されており、低所得者に関しては、均等割部分が無税になる場合がある。

　スウェーデンの国に対する所得税の上限が25％であるのに対し、日本の上限は40％であり、日本のほうが高負担である。加えて、スウェーデンでは大多数の労働者が国に税金を支払わなくてもよいシステムとなっているのに対し、日本は低所得者にも税金を課している。二重の意味で、日本のほうがスウェーデンよりも高負担の国となっている。

　消費税に関しては、周知のように5％のままであり、世界的に見て水準が低い。今後、段階的に8％、10％と値上げされるとしても、世界的には低いグループのままである。消費税に関しては、世界第2位のスウェーデンに比べれば（第1位はデンマーク）日本のほうが随分と負担が軽い。

　つまり、スウェーデンのほうが消費税は高く、そのため高負担であると言われているが、個人が納める所得税も含めて総合的に検討すれば、一概にスウェーデンだけが高負担であると決めつけることはできないことに留意しなければならない。

（3）国民負担率の不思議

　スウェーデンを含め北欧の社会保障について議論する時には、必ず

「国民負担率」がテーマとして取り上げられる。そして、北欧の高齢者ケアあるいは社会サービス全般のレベルが高いのは、国民負担率が高いからだという一つのパターン化された典型的な解釈で議論は終わってしまうことがほとんどである。いわゆる「高福祉高負担」の議論として終わってしまっている。私は、この「国民負担率」という指標には問題があると考えている。

　財務省のホームページによれば、国民負担率は、租税負担率と社会保障負担率を合計したものと説明されている。また、厚生労働省のホームページによれば、租税負担率は、「個人所得課税」、「法人所得課税」、「消費課税」、「資産課税」などの4種類の租税額を国民所得（GDP）で割った比率として説明されている。そして、社会保障負担率は、年金、医療、福祉の社会保障に関する保険料（および拠出金）を同じく国民所得で割った値として説明されている。

　このような割り算で示されたパーセントに基づき、日本や北欧、アメリカ、中央ヨーロッパの国々と比較することが多い。そして、スウェーデンは「大きな政府」の代表格として、高福祉で社会保障は充実しているものの高負担国家であると位置づけられ、他方アメリカは、「小さな政府」の代表格として高福祉ではなく社会保障も充実していない低負担国家と位置づけられる。

　前述の財務省のホームページには、2008年時点で、スウェーデンの国民負担率が59.0%であるのに対し（デンマークは69.9%、フィンランドは59.3%、ノルウェーは54.8%）、日本が40.6%であることが示されている。租税負担率は、スウェーデンが46.9%であるのに対し日本は24.3%であること、保険料などの社会保障負担率は、スウェーデンが12.1%であるのに対し日本は16.3%となっていることが示されている。

　財務省の最も新しい資料では潜在的国民負担率が示されているが、これは財政赤字を加えた指標である。ちなみに、国民負担率は、スウェーデンが62.5%、アメリカが30.3%、日本が39.9%、潜在的国民負担率は

順に、63.9%、42.5%、51.2%と紹介されている。

　国際比較をする場合、比較の対象となる国々の、税システムおよび社会保障システムがまったく異なっていることに留意しなければならない。また、国によって、高齢化率、子どもの割合といったデモグラフィック要因が異なり、生産年齢人口比率、男女の就労率の違いなど、租税や保険料に直接関連する要因も大きく異なっているし、物価も異なり貨幣価値も異なる。

　背景にあるシステム全体の構造上の多様な相違が、一度(ひとたび)国民負担率という一つの物差しで計算されてしまうと、比較の背景に存在する多種多様な異質性が完全に捨象されてしまう。その結果、単純化された平面的なグラフに見られる視覚的な差だけが強調されることになってしまう。

　こうした多くの問題点が含まれるであろう国際比較について、もとより完璧な代替案を提示できるわけではないが、せめて基準となる国を固定して、あるいはモデルとして仮想の国を想定し、それぞれの国がこの基準国に準拠してデータを置き換え、「もう一つの国民負担率」を計算する努力をすべきだと考える。

　加えて、特に違和感を覚えるのは、税を種類ごとに足し上げるという発想である。この加算は一体どんなリアリティをもつのであろうか。租税負担率だけ見ても、個人所得課税の上に法人所得課税が乗っている。負担の主体（単位）が異なるものを足し上げるというまったく不思議な足し算である。

第1章

スウェーデンおよび日本の高齢化

1　スウェーデンの高齢化率の推移

　スウェーデン中央統計局（Statistiska centralbyrån：SCB）が2010年に、2110年までの新しい推計値を公表した。表1－1がその推計である（SCB［2010］）。総人口、65歳以上人口実数、高齢化率だけでなく、80歳以上人口実数および総人口に占める比率が示されている。

　スウェーデンの高齢化に関する大きな特徴としては、同表によれば、65歳以上全体の高齢化率については漸増していくが、80歳以上の高齢者に関しては、2020年から2030年にかけて53.9万人から78.8万人と急激に増えることが分かる。総人口に占める割合も、5.4％から7.6％と2.2ポイント上昇する。また、2010年からの10年間で約4万人しか増えない一方で、2020年からの10年間で増え方が6倍を超すと予測されている。

　比較的緩やかに高齢化が進んできたスウェーデンであるが、2020年からの10年に限っては変化が大きく、その意味では正念場となる。10年先の将来に向けての対策が急がれるところである。

　のちに詳しく確認するが、政府は2006年に「高齢者ケア看護10か年計画」を策定しており、こうした急激な80歳以上の高齢者の急増を視野に入れた計画であるということができる。スウェーデンの場合、その時期にある程度対処できれば、2030年以降は2110年に至るまで緩やかな高齢化社会を歩むことになる。そして、スウェーデンは、今後全体として緩やかな高齢化に対応した高齢者ケア政策を、現実を見ながら着実に展開していくことになろう。

　なお、表1－1以前の人口動態について述べると、1945年の総人口は667.4万人、1950年は704.2万人、1955年は729.0万人と着実に増加している。1950年時における高齢化率は10.2％（72.1万人）であり、そのうち80歳以上は10.6万人で1.5％であった（ペール・ブルメーほか［2005］p.106）。

表1-1 スウェーデンにおける高齢化率の変化

年	総人口（万人）	65歳以上人口（万人）	高齢化率（％）	80歳以上人口（万人）	80歳以上人口比率（％）
1960	749.8	88.8	11.8	14.1	1.9
1970	808.1	111.3	13.8	19.0	2.4
1980	831.8	136.2	16.4	26.3	3.2
1990	859.1	152.6	17.8	37.0	4.3
2000	888.3	153.1	17.2	45.3	5.1
2010	942.2	173.7	18.4	49.7	5.3
2020	999.7	208.0	20.8	53.9	5.4
2030	1036.1	234.5	22.6	78.8	7.6
2040	1039.8	250.6	24.1	83.9	8.1
2050	1057.8	256.3	23.9	94.8	9.0
2060	1087.7	272.0	25.0	96.2	8.8
2070	1100.4	272.0	24.7	103.5	9.4
2080	1113.9	283.3	25.4	106.9	9.6
2090	1126.2	296.0	26.3	110.3	9.8
2100	1137.9	303.6	26.7	121.6	10.7
2110	1144.9	308.7	27.0	125.3	10.9

（出典）SCB［2009］pp.181～199；SCB［2010］より筆者作成。

2　日本の高齢化率の推移

　他方、日本の高齢化率は今後どのように推移するのであろうか。国立社会保障・人口問題研究所が、2012年1月に2110年までの高齢化率の推計を発表した。**表1-2**がその新しい推計値であり、総人口、65歳以上人口実数、高齢化率、80歳以上人口実数、80歳以上人口比率について推計されている。加えて、2110年までのスウェーデンおよび日本の高齢化率の推移を分かりやすく示したのが**図1-1**である。

　日本の場合、2060年までが正式な推計値であり、それ以降は参考推計という位置づけである[★1]。高齢化率のピークは、正式な推計のもとでは、

表1－2　日本における高齢比率の変化

年	総人口 （万人）	65歳以上 人口 （万人）	高齢化率 （％）	80歳以上 人口 （万人）	80歳以上 人口比率 （％）
1960	9341.9	535.0	5.7	67.9	0.7
1970	10372.0	733.1	7.1	95.7	0.9
1980	11706.0	1064.7	9.1	162.3	1.4
1990	12361.1	1489.5	12.1	296.2	2.4
2000	12692.6	2200.5	17.4	485.6	3.8
2010	12805.7	2948.4	23.0	820.1	6.4
2020	12410.0	3612.4	29.1	1172.6	9.4
2030	11661.8	3684.9	31.6	1571.1	13.5
2040	10727.6	3867.8	36.1	1576.2	14.7
2050	9707.6	3767.6	38.8	1598.9	16.5
2060	8673.7	3464.2	39.9	1744.7	20.1
2070	7590.4	3082.9	40.6	1526.0	20.1
2080	6587.5	2715.2	41.2	1307.8	19.9
2090	5726.9	2356.8	41.2	1178.0	20.6
2100	4959.1	2038.6	41.1	1030.2	20.8
2110	4286.0	1769.7	41.3	866.3	20.2

（出典）　国立社会保障・人口問題研究所編［2012］；国立社会保障・人口問題研究所編［2009］pp.9～30；高齢社会研究委員会編［1991］より筆者作成。

2060年の39.9％（3,464.2万人）であるが、上昇トレンドのただ中にあるので、高齢化率のピークは推計できず、したがって誰も分からないというのが現状である。

　参考推計まで含めれば、高齢化率のピークは、2081年から2086年までの41.3％となる（国立社会保障・人口問題研究所［2012］）。過去の参考推計では、ピークが2071年から74年にかけての42.3％と予測されていたので、合計特殊出生率の回復などにより1ポイント低くなっている。

　表1－2および図1－1が示すように、日本は、スウェーデンのような漸増的な高齢化ではなく、2010年から2020年にかけて6.1ポイント急上昇する。そして、80歳以上の高齢者も、2010年には6.4％であったも

図1－1　スウェーデンと日本の高齢化率の変化

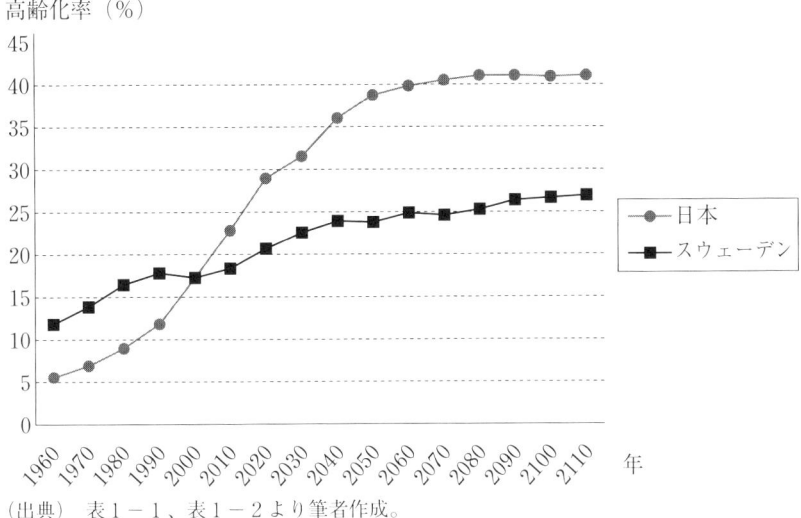

(出典)　表1－1、表1－2より筆者作成。

のが、2020年には9.4％と3ポイント上昇する。実数では、2010年の820万1,000人から2020年には1,172万6,000人へと急増する。つまり、352万5,000人も増えるという未曾有の変化を経験することになる。

　高齢者全体だけでなく、80歳以上の高齢者に関する「急激高齢化社会」が出現すると予想されるわけだが、このような「急激高齢化社会」を我が国がこれから迎えることを覚悟しなければならない。

　高齢化をめぐる用語法も見直しが必要である。国連の規定にならって、マスコミや一部の識者は、高齢化率7％を「高齢化社会」、14％を「高齢社会」、21％を「超高齢化社会」と表現している。高齢化率は徐々に上昇し、将来的には先の表や図が示すように28％、35％、42％を経験することになる。いったい彼らは、今後どのような用語を使うつもりであろうか。

★1　参考推計では、例えば、合計特殊出生率や平均寿命など推計の際の投入要因がすべて固定される。この点で、2060年までの推計とは性格が異なっている。

高齢化の今後という観点からすれば、スウェーデン型の漸増型高齢化社会に対応した高齢者ケア政策ではなく、未曾有の「急激高齢化社会」に対応した高齢者ケア政策の構築が喫緊の課題となる。深刻なのは、すでに我が国が「急激高齢化社会」のとば口に立ってしまっていることだ。高齢化全体の政策もさることながら、80歳以上の高齢者が急増する事態を踏まえての高齢者ケア政策が必要不可欠である。
　こうした高齢化率の予測を目の当たりにすると、国民負担率が高い低いというレベルの議論というよりも、むしろ急激高齢化社会に対応した、税制を含めた社会保障全体の議論が不可欠であることが分かる。今後、消費税率のアップが避けられないわけだが、その場合にも、前述のスウェーデンが採用している消費税軽減税率方式の導入が検討されて然るべきである。また、個人所得税の最高税率のさらなるアップも避けられないだろう。政権を担う党の如何を問わず、こうした税制の抜本的な改革が急務となる。

第2章

高齢者ケア政策および
ケア実践の発展

1 複眼的な視点

　代表的な福祉国家の一つであるスウェーデン。高齢者ケアのシステムに関しては、これまで世界中の注目を集めてきた。現在においても、比較分析の対象になることが多い。ここでは、スウェーデンの高齢者ケアシステムの制度面での特徴に着目し、全体像を浮き彫りにしたい。

　スウェーデンは「実験国家」と言われるが、高齢者ケアの分野も例外ではない。ここ数年で新しく始められたサービスも少なくない。高齢者ケアのサービス提供に関して、発展する姿だけでなく停滞する姿にも焦点を当て（つまり、光だけでなく影にも焦点を当て）、複眼的な視点からその全体像を浮き彫りにする。

　高齢者ケアの現在のシステムを明らかにしつつ、未来に向かって発展しうる制度やサービスを明らかにすることが本章の大きな狙いであるが、と同時に、その前提となる高齢者ケアの歴史を60年ほど遡り、現在の高齢者ケアの発展の素地となった要素にも言及することにしたい。

2 高齢者ケア政策の過去

　何故、スウェーデンが先進的な高齢者福祉国家に成長できたのかという問いは、古くて新しい。ここでは、その問いに対する答えとして挙げることのできるポイントを二つ紹介したい。

　第一に、高齢者ケアの発想の源流と位置づけられるイヴァル・ロー＝ヨハンソンの功績がある。ロー＝ヨハンソンは、1949年に写真集『高齢者』（Ivar Lo-Johansson［1949］）、3年後には、写真をまったく用いない論説集『スウェーデンの高齢者』（Ivar Lo-Johansson［1952］）を発表した。

コラム❶　イヴァル・ロー＝ヨハンソン
（Ivar Lo-Johansson, 1901～1990）

　1920年代に台頭したプロレタリア作家の一人。小作人の子どもとして生まれるが、数々の職業を経て作家となる。自らの父親を描いた『文盲（Analfabeten）』（1951年）など作品は多数あり、現在でも広く読まれている。

　『スウェーデンの高齢者』（右側の表紙写真）は、1949年の写真集で論じたことに加筆したものである。この本は、優れて現代的な意義を有している。それは、スウェーデンにおける1950年前後の独り暮らしの高齢者や要介護高齢者とコミューンとの関係性の問題である。当時のコミューンが、介護を必要とする高齢者や、家族や親族のいない高齢者を強制的に福祉施設に入所させるという非人間的な行動をロー＝ヨハンソンは強く非難した。

　我々が強い関心を寄せる動機は、こうした1950年前後の深刻な問題を抱いた社会状況から、如何にして近代的な福祉国家が建設されたのかの一点に尽きる。このダイナミックな過程の一端を知ることは、日本をはじめとする後発の福祉国家にとって大きな意味をもつ。福祉国家の特性は、政治学者の丸山眞男の表現をもじるなら、「である福祉国家」ではなく、「する福祉国家」なのである。言い換えれば、福祉国家は、国家の誕生とともに「属性」として備わっているのではなく、「創られる特性（emergent property）」なのである。スウェーデンがまさにその先例であると言えよう。

　スウェーデンは、どのようにして「する福祉国家」を建設することができたのか。さらに言えば、どのようにすれば、我が国が「する福祉国家」に向かって歩み出すことが可能なのだろうか。このような問題意識をもちつつ、以下の訳書を読んでいただければ幸いである。

（注）　ロー＝ヨハンソンの写真集と論説集を合わせて翻訳したものが出版される。
　　『1950年・スウェーデンの高齢者（仮題）』（西下彰俊・渡辺博明・兼松麻紀子訳、新評論、近刊）。

ロー＝ヨハンソンは、母親が老人ホームに入所したことを契機にスウェーデン社会の高齢者ケア問題に関心をもち、カメラマンとともに全国各地の老人ホームを視察した。当時の老人ホームは、多くの問題を内包していた。そうした問題を、写真により世論に訴えている。ロー＝ヨハンソンの積極的な活動がきっかけとなり、当時の総選挙では、各政党がマニフェストに高齢者介護問題に関する方針を提示するようになった。

　第二は、1992年に実施された国家的改革である「エーデル改革（Ädel-reformen）」を挙げることができる。同改革についてはこれまでに数多く紹介がなされているので、ここでは、エーデル改革で創設され、2012年現在も存続しているユニークな制度について紹介しておきたい。

　それは、社会的入院費支払い責任（betalningsansvar av medicinskt färdigbehandlade）制度である[★1]。創設当時までスウェーデン各地で見られた社会的入院という不適切な状態をなくすために設けられた超過金支払い制度である。

　エーデル改革前までは、要介護高齢者の疾病が治癒あるいは軽快したあとも病院に入院させたままにするコミューンが少なからずあった。コミューンにしてみれば、介護のニーズをもつことになる高齢者の入院患者に入院を継続してもらえば、退院したあとの受け皿となる在宅ケアや施設ケアの基盤整備を進める必要がない。これが社会的な理由による入院、すなわち社会的入院であった。

　こうした問題状況を解決すべく設けられた高齢者ケア準備委員会（1980年設置）や高齢者福祉状況調査委員会（1988年設置）は、知恵を絞った。その結果創設されたのが、社会的入院費支払い責任制度である。これは、国やランスティングが経営する病院において、主治医が医学的処置の終了宣言をしたあと、土日祝日を除いて6日目以降も当該病院で入院を継続する場合には、オーバーした日数分の超過金をコミューンが病院に支払うというシステムである。

　2012年現在、1日当たりの超過金は、急性疾患の場合は4,216クロー

ナ（約50,600円）、慢性疾患の場合は3,042クローナ（約36,500円）となっている。この超過金の設定が契機となり、高齢者ケアの基盤整備に努めるコミューンが増加した。

　筆者の研究によれば、社会的入院費支払い責任制度の創設により、1992年から1997年までは1コミューン当たりの病院に支払う超過金が減少した。これは、コミューンでの基盤整備が進んだことを意味する。しかし、その後リバウンドし、2001年にかけて再び増加している。その後の10年間の変化に関しては今後の課題としたい。[★2]

3　高齢者ケア政策の現在

　エーデル改革以後、いくつもの高齢者ケア政策に関する社会計画が切れ目なく発表されてきているが、そのなかでも主要とされる二つの社会計画を紹介する。

（1）高齢者政策に関する国家行動計画

　1998年、政府は人口の高齢化を国の将来にかかわる重大な問題であると捉え、長期的な視点から高齢者政策の方針および目標を設定する必要性を認識し、「高齢者政策に関する国家行動計画（Nationell handlingsplan för äldrepolitiken）」をまとめた。そして、議会で採択された（Regeringen [1998]）。これは、次に述べる「SENIOR 2005」と対になる社会計画であり、現在に至るまで高齢者福祉政策のフレームワークとなっている。

　本計画では、①国民によって選ばれた機関により民主的にコントロールされるべきこと、②税によって連帯的に資金調達されるべきこと、③

★1　近年は、「utskrivningsklar」という表現が用いられている。
★2　社会的入院費支払い責任制度に関しては、西下［2007］pp.12〜21を参照されたい。

購買力ではなくニーズに応じて供給されるべきこと、の三つの基本方針が示された。

そのうえで、今後の高齢者政策の目標として、「安心して自立を維持しながら老後の生活を送れること」、「積極的な生活を営み、社会や自己の日常生活において影響力をもちうること」、「敬意をもって遇されること」、「良質なケア・介護を受けられること」の四つが定められた。

本計画は、高齢者福祉の量的な拡大を図るだけでなく、今後の高齢者福祉のあり方に関して重要な方向性を以下の五つで示している。

❶高齢者のニーズの多様性が強調されている。

❷高齢者の多様なニーズに対応するために、国家、地方自治体、職業団体・文化団体、その他の自発的な団体がそれぞれ協力する必要があることが強調されている。

❸家族による介護の意義が増大することを前提に、家族援助の必要性が強調されている。

❹予防活動の重要性が強調されている。

❺実験や研究を通じて、新しい介護の形態を模索する必要性が強調されている。具体的には地域での自発的な取り組みを積極的に援助することであり、研究と実践の緊密な協力が必要であるとされた（石原[2006] pp.275〜299）。

（2）「SENIOR 2005」による高齢者ケア計画

第二は、SENIOR 2005による高齢者ケア計画である。1998年、スウェーデン政府は、2005年以降の社会における高齢者の位置を分析し、高齢期に向かう50代の人々および高齢者に関する具体的で実現可能な政策を提言することを目的として、「高齢者2005年（SENIOR 2005）委員会」を設けた。

2005年は、1940年代生まれのいわゆる団塊の世代が65歳に到達し、定

年を迎え、年金受給を始める時期にあたる。計画名の「2005」は、その象徴的な西暦年として入れられた。

同委員会は、政府から、次の国家的目標を満たす方策を提言するよう要請された。国家的目標は以下の四つである。
❶高齢者の自立性を維持しながら安全に不安なく加齢できること。
❷積極的な生活を送りながら、彼らの日常生活だけでなく地域社会全体に対して影響を及ぼすような決定に参加すること。
❸若い世代が高齢者に尊敬の気持ちを抱きつつ接すること。
❹高水準のケアと社会サービスが利用できること。

これらは、同委員会が発表した報告書「今後の高齢者政策（Äldrepolitik för framtiden）」のなかに示されている。この報告書では、今後の人口高齢化の進行を踏まえて、幅広い政策分野を網羅して今後の高齢者施策に関する100項目にわたる提案がなされている。

この100項目の提案全体の基礎にあるのは、「多様性への積極的な配慮」であり、「異なる属性（ascription）に対する積極的な理解」である。そして、もう一つの特徴は、それらの提案が、家族社会学や老年社会学で研究が蓄積されてきたライフコースの概念に基づいていることである。つまり、現在の高齢者だけではなく、未来の高齢者である50代を射程に収め、エイジング（加齢）という視点、つまり連続体で捉えようという視点の採用であり、「ライフコース概念の積極的な導入」ということである。こうした視点の採用が、SENIOR 2005という計画のユニークな点である。

★3　この100項目の提案の主なものについては、以下の文献で紹介している（西下［2010a］pp.17〜24）。

（3）日本の高齢者福祉計画

　日本で高齢者ケアに関する本格的な社会計画が作成されたのは1989年の「高齢者保健福祉10か年戦略（ゴールドプラン）」が最初である。5年が経過するのに先立ち、サービスの基盤整備が進んだことから目標をさらに高く設定し、1994年から残り後半5年間を「新ゴールドプラン」としてスタートさせることになった。

　新ゴールドプランが終了する1999年度には、向こう5年間の高齢者ケア基盤整備計画として「ゴールドプラン21」が策定され、2004年まで実施された。しかし、2005年以降2012年の現在に至るまで、「ゴールドプラン21」に続く計画は存在しない。

　介護保険制度が創設されたあと、各保険者である市区町村が「介護保険事業計画」を作成し、在宅ケア、施設ケアのいずれについても目標を定めることとなっている。3年ごとに策定される全保険者の「介護保険事業計画」を集約すれば、ゴールドプラン21終了時以降の在宅ケア、施設ケアの基盤整備がどこまで進められる予定であるのかは一目瞭然である。福祉国家日本として、国全体の高齢者福祉がどこまで進んでいるのか、あるいは進んでいないのか、保険料を納めている40歳以上の被保険者に対して情報を公開する責任が国にはある。

　高齢者ケアに関する国全体の社会計画が6年間も存在しない日本と対称的に、高齢者ケアの基盤整備が日本より格段に進んでいるにもかかわらず、さらに高齢者看護および高齢者ケアの領域で進展を図るべく2015年までの戦略が明示されているスウェーデン。雲泥の差である。

　すでに第1章の2で確認したように、高齢化率のピークは、日本のほうがスウェーデンの2倍以上になると予測されている。深刻な状況に陥る危険性が極めて高い日本において、高齢化のとば口で国としての基盤整備計画がなくなってしまうという現実、そして、全保険者の介護保険事業計画を取りまとめることにより、国としての高齢者ケア基盤整備の

進捗状況を情報公開しようとしないという現実がある。スウェーデンの高齢者ケア計画の流れを追うのがここでの目的であったが、かえって日本の深刻な課題が浮き彫りになってしまっている。

　確かに、「ポストゴールドプラン21」として2003年に国家的プランである「2015年の高齢者介護」が厚生労働省から公表されてはいる。同プランは、いわゆる団塊の世代が高齢者の仲間入りをする2015年までの介護戦略の基本的な方針を明示したものである。しかし、ゴールドプラン21まで設定され続けてきた数値目標はまったく示されていない。

（4）自己負担額の上限額設定とリザーブドアマウントの下限額設定

　1982年に施行された社会サービス法の第35条第1項に基づき、各コミューンは在宅サービスについて妥当な手数料を徴収することとなった。さらに、1992年のエーデル改革以後は、在宅サービスに加えて、介護の付いた特別住宅におけるケアサービスについても、サービスを利用する際の自己負担額について各コミューンが独自に決定することになった。

　多くのコミューンは、サービス利用者の税引き後の所得（年金および預金利子などの合計）の多寡と1か月のサービス利用時間数の二つの基準から独自に料金表を作成したが、所得区分やサービス時間の区分はまちまちであり、何よりも、自己負担額の規模自体に著しい格差があった。

　2000年に筆者はいくつかのコミューンの料金表を比較したが、同じ所得と同じサービス利用時間数であっても6倍前後の格差が生じていることが分かった。[★4]

　こうした構造的な問題状況を受けてスウェーデン政府は、サービスを利用する高齢者の自己負担額について上限額（maxtaxa）を設定することを決定した。具体的には、2002年に改正された社会サービス法により、

★4　この格差に関する分析は、西下［2007］pp.62～77を参照されたい。

2002年に関しては、在宅サービスを利用する高齢者の1か月の自己負担の上限額は全国一律1,516クローナ（約18,200円）と決められた。この自己負担の上限額は毎年改定され、2012年は1,760クローナ（約21,000円）となっている。

　なお、この上限額は、全国、全コミューン一律である。この自己負担額の上限額を積算する根拠となるのは、毎年1月1日に改定される物価基礎額（prisbasbelopp）である。2002年の物価基礎額は37,900クローナであり、この額を12か月で割って0.48倍した額が上に示した1,516クローナである。2012年の物価基礎額は44,000クローナであり、この額を12か月で割って0.48倍した額が1,760クローナである。

　なお、この自己負担額の上限設定は、介護の付いた特別住宅の入居者にも適用されている。上限額の決定方法は同じであるが、係数が0.5倍である点が異なっている。

　2002年の社会サービス法改正では、同時にリザーブドアマウントの下限額も設定された。リザーブドアマウントとは、介護サービスを利用した高齢者が最終的に自分の手元に残すことのできる額のことであり、「最低留保額（förbehållsbelopp）」とも呼ばれる個人的ニーズを満たすのに十分な額を意味している（井上［2003］p.148）。

　個人的ニーズに関する積算の根拠は、食費、衣服費、余暇・レクリエーション費、家具・台所用品費、消耗品費、衛生用品代、新聞代・電話代・テレビ代、医療看護費・薬代、歯治療費、旅行費、庭整備代などのコストである。

　このリザーブドアマウントに関しても、筆者の過去の研究では約3倍という無視できないコミューン間の格差が確認できた。こうした構造的な問題状況に対応し、スウェーデン政府は、サービスを利用する高齢者のリザーブドアマウント額について下限額を決めることにした。

　具体的には、2002年に改正された社会サービス法により、2002年に関しては、1か月のリザーブドアマウントの下限額は全国一律で4,087ク

ローナ（約49,000円）と決められた。このリザーブドアマウントの下限額も毎年改定されており、2012年は4,967クローナ（約59,600円）となっている。なお、この下限額は全コミューン一律である。

　このリザーブドアマウント額を積算する根拠となるのは、自己負担額の上限設定の場合と同様、毎年1月1日に改定される物価基礎額である。2002年の物価基礎額は37,900クローナであった。前述したように2012年の物価基礎額は44,000クローナであり、この額を12か月で割って1.3546倍した額が4,967クローナである。

　以上をまとめると、2002年の社会サービス法改正により、在宅サービス利用者も施設サービス利用者も、高齢者ケアサービスを利用する高齢者すべての経済生活が、それ以前に比べて二重の意味において安定したことは確かである。サービス利用者に関する格差が、2002年の社会サービス法改正によってある程度解消できたと言ってよい。

　ただし、依然として、各コミューンが独自にサービス利用に関する課金システムをもつという状況はエーデル改革以後変わっていない。極端なコミューン間の格差はなくなったが、自己負担額に関して、若干のコミューン間の格差は残っていると言えよう。

4　高齢者ケア実践に関する現在

（1）ホームヘルプサービスと介護の付いた特別住宅の推移

　前述したように、スウェーデンは日本ほど急激ではないにせよ、高齢化率は今後も着実に進行していく。加えて、スウェーデンは、80歳以上の高齢者が、2020年から30年にかけて急激に増大することも先に述べた通りである。こうした人口動態の予測に対応して、スウェーデンは在宅ケア、施設ケアの基盤整備を着実に進めているのであろうか。

表2−1　ケアサービスの利用者数および利用率の推移

年	ホームヘルプサービス		介護の付いた特別住宅	
	利用者数	利用率	利用者数	利用率
2000	121,000名	8%	118,300名	8%
2007	153,700名	10%	95,230名	6%
2010	158,700名	9%	90,900名	5%
2011	220,600名	12.4%	92,200名	5.2%

(出典)　Statistiska centralbyrån [2001]；Socialstyrelsen [2009a]；Socialstyrelsen [2011]；Socialstyrelsen [2012] より筆者作成。

　表2−1は、ホームヘルプサービスと介護の付いた特別住宅(särskilda boendeformer：サービスハウス、ナーシングホーム、グループホームを含む施設ケアの総称) の利用者数および利用率を2000年、2007年、2010年、2011年の4時点で比較したものである。

　ホームヘルプサービスは、2000年の65歳以上の利用者が約121,000名であり、利用率は約8％である。2007年は約153,700名に増え、利用率も約10％に増加した。しかし2010年には、158,700名と実数では若干増加しているが、利用率は9％となり1ポイント減少した。ここまでは、在宅ケアの柱であるホームヘルプサービスが僅かに縮小している。

　ところが、驚くことに、2011年に入って状況が一変する。2010年からの1年間で、ホームヘルプサービスの利用者が実数として61,900名増加し、高齢者全体に占める利用者の割合が3.4ポイントも急上昇したのである。ホームヘルプサービスの利用者が急増した背景は大変気になるところであり、今後早急に明らかにしなければならない。

　他方、介護の付いた特別住宅については、2000年に118,300名が入居しており利用率では約8％あったが、2007年には95,230名とかなり減少し、利用率も6％と2ポイントの減少であった。そして、2010年は90,900名と若干減少しており、利用率も5％と1ポイント減少している。つまり、10年間で3ポイント減少していることになる。2011年においても、ホームヘルプサービスのトレンドとは決定的に異なり、利用率はほぼ同

じであって変化が見られない。

　実は、2007年に社会保健庁はホームヘルプサービス利用者のカウント方法を変更し、食事配達サービスや安心アラームだけを利用している高齢者も含めている。にもかかわらず、2010年に向けて1ポイント減少した。しかしその後、2010年から2011年にかけては3.4ポイントも急増している。今後は利用者数だけでなく、のべ利用時間の推移とあわせて総合的に分析しなければならない。一方、介護の付いた特別住宅については定義の変更はなく、2000年以降、徐々に減少する傾向にある。

　さて、表2－2は、全コミューンの80歳以上の高齢者について、ホームヘルプサービスおよび介護の付いた特別住宅のサービス利用がどのように変化したかを、2000年と2006年で比較した結果である。この表は、サービス利用が10％以上増加したコミューン、変動がないコミューン、10％以上減少したコミューンに分けた場合の分布を示している。

　最も多いのが、介護の付いた特別住宅の利用者が10％以上減少し、かつホームヘルプサービスの利用者が10％以上増加しているコミューンで132あり、全体の45.7％を占めている。次に多いパターンは、ホームヘ

コラム❷　介護の付いた特別住宅は自宅か施設か

　介護の付いた特別住宅については、研究者によって解釈が異なる。例えば、スウェーデンの生活保障研究の第一人者の一人である竹崎孜（元常盤大学大学院教授）は、介護の付いた特別住宅を自宅であると見なし、スウェーデンには施設がないと判断している。その論拠となっているのは、各利用者が個室に住み、部屋代を支払っているという事実である（竹崎［2004］pp.36～37）。

　筆者は、介護の付いた特別住宅は半分は自宅で半分は施設だと考える。そう考える論拠は、介護の付いた特別住宅に入居するためには、コミューンの援助判定員による入居の許可（措置）が必要だからである。介護の付いた特別住宅を、竹崎のように「自宅」だと言うことはできない。

表2－2　サービス供給に関する変動パターンとコミューンの構成割合

単位：％（コミューン数）

		介護の付いた特別住宅			
		10％以上増加	変動なし	10％以上減少	計
ホームヘルプサービス	10％以上増加	1.4(4)	5.9(17)	45.7(132)	52.9(153)
	変動なし	0.3(1)	7.3(21)	23.5(68)	31.1(90)
	10％以上減少	1.7(5)	4.2(12)	10.0(29)	15.9(46)
	計	3.5(10)	17.3(50)	79.2(229)	100.0(289)

(注)　変動なしには、10％未満の増加、10％未満の減少も含まれる。当時のコミューン数は289。全体を100％として、九つの組み合わせの割合を示している。
(出典)　Socialstyrelsen［2008a］p.23

ルプサービスの変動がないのにもかかわらず、介護の付いた特別住宅が10％以上減少しているコミューンで68あり、全体の23.5％を占めている。

　在宅ケアを要介護高齢者自身が希望する場合が多いと思われるが、以前に比べてよりケアニーズの強い（要介護度の高い）高齢者にフォーマルケアの対象が絞られ、集中的にサービスが提供される傾向にある。その結果として、フォーマルケアから押し出されホームヘルプサービスが利用できない要介護高齢者を、比較的ADL（日常生活動作能力のこと。具体的には、歩行、食事、衣服着脱、入浴、排泄などの動作能力で介護の必要度を計る物差し）の高いより元気な配偶者が介護するという構図ができてしまっている。

　これは、いわゆる「老老介護」がスウェーデンで増えていることを意味する。家族の負担が重くなっているため、高齢者などが不満を募らせつつあるとの指摘もあり（伊澤［2006］p.41）、当然の反応と言える。加えて、多くのコミューンのこうした変化は、結果として、同居中の配偶者だけでなく別居している子ども達の介護負担を強いることにもつながる。

　つまり、全体としては二つの現象が現れている。一つは、高齢者ケアの脱施設化が進み、在宅ケア化が進行するという顕著な傾向であり、も

う一つは、コミューンの措置による在宅ケアサービスの利用が不可能な要介護高齢者に関しては、介護の家族化が進行するという顕著な傾向である。

（２）親族ヘルパーサービスとコミューンによる介護者家族支援

　スウェーデンは、基本的に高齢者ケアの責任をコミューンが担っているが、その一方で親族ヘルパー（anhörigvårdare）のサービスも有している。このサービスを利用するケースは決して多くないが、移民者の家族介護ニーズを含め、様々なニーズに対応しようとしている点がスウェーデンの特徴となる。

　親族ヘルパーのサービスは、65歳以下で年金を受給していない親族や親しい友人が要介護高齢者の介護を自宅で行うものであり、コミューンの援助判定員による認定を受ければ、コミューンのホームヘルパーと同一基準の賃金を得ることができる。ただし、このサービスはすべてのコミューンにあるわけではなく、また報酬額もコミューンによって異なるという点で問題も孕んでいる。国の制度として統一すべきであろう。

　コミューンによる介護者家族支援は、1982年に制定された社会サービス法（socialtjänstlagen）にすでに盛り込まれている。その第５章第10条に、「社会福祉委員会は、長期療養患者、高齢者、機能が十分でない人といった家族メンバーをケアする介護者を直接サポートしたり精神的な負担を軽減させたりするサービスを提供すべきである」と明記されていたが、2009年７月１日に同条文は改正され、「家族メンバーをケアする介護者を直接サポートしたり、精神的な負担を軽減させたりするサービスを提供しなければならない」（傍点筆者）と、コミューンによるサービス提供義務を強制力のあるものにした。

5　高齢者ケアの未来

　言うまでもなく現在と未来とは連続している。ここでは、これまでの高齢者ケアの発展を踏まえ、今後も変化が見込まれるトピックスや2006年以降に生まれた新しい動きや規定が理由で、将来にわたって高齢者ケア分野における重要性が増すと思われるトピックスを中心に紹介する。

（1）高齢者看護・高齢者ケアに関する国家推進プラン

　政府は、2006年3月に「高齢者看護・高齢者ケアに関する国家推進プラン（Nationell utvecklingsplan för vård och omsorg om äldre）」を議会に提出し、その後同プランは成立した（Regeringen[2006]）。[★5]

　このプランは、エーデル改革以後の本格的な改革と言うことができる。高齢者看護・高齢者ケアの分野において、重点を置くべき6分野が定められ、2006年から2015年までの間に合計100億クローナ（約1,200億円）の予算が投入されることが決まっている。その6分野（六つの柱）とは以下の通りである。

　第一に、「重度の疾病を有する高齢者に対して、より望ましい看護とケアを提供すること」が示されている。エーデル改革以後の積年の課題である「訪問看護」に関して、コミューンに責任を一元化することに加えて、在宅医療および介護の付いた特別住宅での医療に、医師がより積極的にかかわることができるようにすることが規定されている。

　第二に「住宅の保障」である。要介護高齢者に介護の付いた特別住宅を保障できない場合には、コミューンは国に特別費用を支払うことが義務付けられた。

　第三は「社会サービスの推進」である。高齢者ケアにおけるダイエットや食事の重視あるいは栄養のあり方について、また高齢者に対するボ

ランタリーな活動への社会的サポートが強調されている。

　第四は「国内の平等と地域レベルでの発展」である。ここでは、国立高齢者ケア研究センターの設置が提案されている。この研究センターでは、移民団体・組織が多様な高齢者ケア実践が実施できるようにするための方法の模索、および立法措置などが研究される。

　第五として、「介護予防対策」が挙げられている。予防対策として、コミューンが67歳以上の高齢者に対して、ニーズアセスメントのプロセスを経ることなく、転倒や病気を予防するための自宅訪問サービスを提供できるようにすることが規定されている。なお、このサービスについては、以下の(3)便利屋サービスの誕生の項で述べる。

　最後に、六番目として「サービス提供者」が挙げられている。今後、介護スタッフの退職が増えるなかで、継続的に新規の介護スタッフを確保し、離職者を減らすことの重要性が指摘されている。また、高齢者ケアにおける准看護師の地位と役割を強化することが指摘されている。

　以上、高齢者看護・高齢者ケアに関する国家推進プランにおいて、戦略的に重要な六つの分野が示されていることを指摘した。第二の柱である住宅の保障のように、極めて具体的に法律に反映された分野もある。とりわけ、特別費用の設定はユニークであり、前述した社会的入院費支払い責任制度を連想させる。

　スウェーデンでは、ルールに従わないあるいは従えない場合に、特別費用（罰金に相当）を徴収することが一般的な考え方としてあるようだ。特別費用を課すことにより、当事者であるコミューンが措置決定を円滑に行うというインセンティブを高めることが、高齢者ケアにおける一つの「スウェーデン・モデル」と言ってよい。なお、この費用については、以下の(2)特別費用の節で説明する。

★5　このプランは「高齢者医療・高齢者ケア10か年戦略」と意訳されることもあるが（伊澤［2006］p.37）、ここでは直訳を用いる。

（2）特別費用の規定

　社会サービス法の改正により、2006年7月1日から「特別費用（särskild avgift）」という規定がスタートしている。「違約手数料」と呼ばれることもある。各コミューンは、高齢者の申請に対して介護の付いた特別住宅への入居という措置を決定した時には、3か月以内に実施しなければならない責任がある。ところが、昨今の介護の付いた特別住宅の減少傾向のなかで、この規定を遵守できないケースが少なからず発生するようになってきたことが法改正の背景にある。

　同規定により、悪質なコミューン（例えば、半年から1年以上も放置し、行政処分としての措置が実行されないようなケース）について、社会保健庁がコミューンの一つ一つのケースに関して1万クローナ（約12万円）から100万クローナ（約1,200万円）の範囲で特別費用を設定し、行政管理裁判所に申請することになった。★6

　これを受けて、行政管理裁判所は3か月を超えて措置することになった理由を調査し、最終的な特別費用を決定したうえでコミューンに課している。コミューンは、この特別費用を国に支払うことになる（Socialstyrelsen ［2006］）。

（3）便利屋サービスの誕生

　スウェーデン政府は、2006年7月1日に「高齢者にサービス施策を提供する権限をコミューンに与える法律（Lag om kommnal befogenhet att tillhandahålla servicetjänster åt äldre）」を施行した。同法によれば、各コミューンは69歳以上のADLの低下した在宅高齢者に対し、「便利屋サービス」を提供することとなっている。

　同サービスは、援助判定員による判定を経ることなく、高齢者に提供される怪我防止、事故防止のためのサービス、健康を損ねるのを防ぐ

サービスであり、「フィクサー・シェンスト（fixartjänst）」と呼ばれる。例えば、照明器具の取り換えや電球の交換、カーテンの交換など、高齢者の手が届きにくい高い場所での作業が必要な場合や大きな家具の移動など力を必要にする場合に、在宅高齢者がフィクサー・シェンスト専門のコミューン職員に電話をすることになる。

　連絡先は、コミューンのホームページに掲載されることが多い。無料のコミューンがほとんどであるが、利用できる年齢についてはコミューンによって大幅に異なるし、依頼できる作業の内容もコミューンによって若干異なるので、事前の確認が必要である。なお、このサービスには身体的なケアは含まれていない。

　スウェーデン全体で約70%のコミューンが、このフィクサー・シェンストを提供している（SKL［2008］pp.33～34）。これは、以下に述べる安心住宅と同様コミューンに課される義務ではなく、サービス提供の有無についてはコミューンの裁量である。

（4）安心住宅の創設

　2010年1月1日、「高齢者に安心住宅を供給するコミューンの権限に関する法」が施行された。高齢者住宅調査委員会は、比較的高齢で不安感や孤立感を感じ、ADLが下がりつつある一人暮らしの高齢者や老夫婦世帯にとって、一般の住宅でもなく、また介護の付いた特別住宅でもない第三の住居として「安心住宅（trygghetsbostäder）」を構想し創設した。安心住宅と民間事業者が建設しているこれまでのシニアハウスとは、以下の点で異なっている。

　まず、安心住宅は、コミューンが運営する機関を通じて賃貸される。

★6　（förvaltningsrätten）2006年7月1日から2010年1月31日までは、レーン行政裁判所（全国23か所）が申請先であったが、2010年2月1日より、レーン行政裁判所が整理統合された行政管理裁判所（全国12か所）が申請先になった。

なお、コミューンは安心住宅を建設する義務を負うものではなく、あくまでも独自に判断するものなので、すべてのコミューンで安心住宅が提供されているわけではない。

また、同住宅の入居条件もコミューンの方針により異なっている。安心住宅はバリアフリー設計であり、安心アラームが設置される。食堂機能を兼ねた共同スペースがあり、社会的交流を目的とするアクティビティのための職員が配置される。ホームヘルプサービスが必要になれば、一般住宅と同様、コミューンに申請することになる。入居に際してコミューンによる援助判定が必要とされないことは、シニアハウスの場合と同じである。

6　高齢者ケアシステムの今後の課題

スウェーデンは、エーデル改革以後、高齢者政策に関する国家行動計画、SENIOR 2005、高齢者看護・高齢者ケアに関する国家推進プランと切れ目なく高齢者ケア計画を立ち上げ、自らにドライブをかけながら進み、今日に至っている。

しかしながら、エーデル改革以後、スウェーデンにおける高齢者ケアが脱施設化（deinstitutionalization）しており（Socialstyrelsen [2007] p.8）、その結果として、インフォーマル化（informalization）が進行しつつあるなかで（Socialstyrelsen [2007] p.9）、高齢者ケアにおけるこうした「変容」が、三つの計画のなかで果たしてどのように位置づけられているのかについては明確ではなかった。

脱施設化と在宅ケア化は、極めて強い相関関係にある。加えて、近年は、在宅ケアも ADL が特に低い要介護高齢者に絞ってサービスが提供される傾向にある。その結果として、コミューンによるフォーマルケアからはみ出す要介護高齢者が増えている。フォーマルケアからはみ出た

要介護高齢者は、家族からのインフォーマルケアに頼らざるを得ない。

　スウェーデンが今後、このまま脱施設化、在宅ケア化、インフォーマルケア化を突き進むのか、その基本方針が明らかになってこそ、高齢者看護・高齢者ケアに関する国家推進プランのような10か年計画が本領を発揮する基盤が整う。

　すでに確認した通り、介護の付いた特別住宅の供給量が減った結果、自宅での生活に不安を訴えている高齢者の移る場所が少なくなり、またこれを支える家族の負担も重くなってきているため、高齢者などが不満を募らせつつある（伊澤［2006］p.41）。

　その対応策として誕生したのが前述の安心住宅であるが、コミューンの措置を経ない直接契約のため、入居の順番に関してはコミューンがかかわることができない。そのため、市場原理（つまり、競争）のなかで、高齢者は安心を得るために安心住宅に入居することになる。

　脱施設化とインフォーマル化は、スウェーデン全体で進行しつつある変動である。介護の付いた特別住宅を減らし、ホームヘルプサービスを中心とする在宅ケアサービスを充実させる、あるいは家族や親族を介護する介護者をコミューンが責任をもって支援するという基軸の変化は、要介護の状態にある高齢者自身が自宅でケアを受けたいというニーズに対応したものだと説明されてきたが、実際のところはコストカットという経済的な動機によるものと言えよう。

　表２－３が示すように、2007年の自宅でのケアコストは、介護の付いた特別住宅でのケアコストの約43％にすぎない。2010年に至っては約24％と激減している。

　脱施設化・在宅ケア化・インフォーマルケア化という基軸の変化を、高齢者の尊厳を守り、高齢者自身のニーズを尊重した結果と見るのか、経済的な意味でのコストカットと見るのかについて、ここで性急な一般化をすることはできない。また、多様なサービスの成否や効果について評価するためにはしばらく時間を置かなければならない。

表2-3 ケアサービス利用高齢者1人当たり年間コストの比較と変化

単位:クローナ

	自宅でのサービスの場合	介護の付いた特別住宅の場合	コスト比(%)
2000	169,100	335,100	50.5
2001	183,500	363,700	50.5
2002	198,900	389,800	51.0
2003	208,500	420,900	49.5
2004	214,800	438,400	49.0
2005	218,000	453,500	48.1
2006	224,700	480,400	46.8
2007	219,600	511,500	42.9
2010	129,369	549,121	23.6

(出典) Sveriges Kommuner och Landsting [2008a] p.89；2010年については、Socialstyrelsen & Sveriges Kommuner och Landsting [2011] p.142

　過去に確立された高齢者ケアシステムに満足することなく、既に決定された高齢者ケア計画を絶え間なく展開し、そうした計画と連動させながら法律を制定し、将来に向けて新しい高齢者ケア計画やサービスを次々に展開する。これが、高齢者ケアの分野における「スウェーデン・モデル」と言ってよい。

　スウェーデン・モデルは、絶えず変化し動き続けるという特性があるため、ある時点で評価をすることは困難であるが、タイミングを計りながら、社会保健庁やSKLによる政策評価を参考にしつつ、研究者が独自の視点から今後も調査研究することが必要不可欠となる。

7　高齢者ケア発展の基礎

　スウェーデンは、以下の各章で述べるように、全国の個別の介護の付いた特別住宅レベルで、また全国のコミューンレベルでケアの質の高低をエビデンスに基づいて明らかにしてきている。

こうした取り組みの一方で社会保健庁は、より直接的な方法でケアの質を確かめる試みをしている。具体的には、介護の付いた特別住宅に対して「夜間抜き打ち検査」を実行したのである。

　2010年11月に、認知症高齢者を対象とする介護の付いた特別住宅において、職員が不足していたことと施錠されていることが問題となった。このことを受けて社会保健庁は、全国48コミューンにある94の介護の付いた特別住宅をランダムに選び、突然訪問し、夜間の職員配置と施錠に関して調査を行った（Socialstyrelsen［2011］pp.58～59）。

　こうした抜き打ち検査はどこの国でも必要であるが、実行に移せる国はほとんどないのではないだろうか。社会保健庁による一斉調査がどのような形で行われたのかを詳（つまび）らかにする必要があるが、とりあえずここでは、抜き打ち検査でどのような結果が得られたのかを明らかにする。

　2010年11月8日から9日にかけての深夜、94の介護の付いた特別住宅（認知症高齢者のユニットがあることが条件とされた）を一斉に、事前通告せずに訪問調査が実施された。48コミューンは、社会保健庁の支部がある6か所の近隣のコミューンのなかから、それぞれ8か所のコミューンが選ばれたのではないかと推測できる。調査員の同時派遣が前提であるので、ストックホルムエリアで行われたのではないかと考える。その結果は、以下に示すように深刻なものであった（Socialstyrelsen［2011d］pp.58～59）。

　まず、職員配置に関しては以下のことが明らかにされた。

❶43％の介護の付いた特別住宅で、夜間の職員が十分ではなく、居住する高齢者全員を十分に見守ることができていなかった。

❷25％の介護の付いた特別住宅では、労働負荷のかかる時間帯に人員が増員されていなかった。

❸介護の付いた特別住宅には、センサーアラーム、ドアアラーム、ベッド下のマット型アラームなど様々な補助器具が備えられていることが確認できたが、職員不足を補う目的で用いられている形跡があった。

❹40％の介護の付いた特別住宅では、ヒアリングを受けた夜間職員が、居住者の安心安全を確保するためには職員数が足りないと回答した。
❺社会保健庁は最終的に、介護の付いた特別住宅の58％が、居住者の夜間における安心安全のニーズを満たすのに職員数が十分ではないと判断している。

そして、もう一つの施錠の問題については以下のように報告されている。
❶64％の介護の付いた特別住宅において、職員がユニットの出入口を注意深く見るということをしていなかった。
❷61％の介護の付いた特別住宅では、夜間職員がユニットの出入り口、もしくはアパートのドアを施錠しており、ユニットに職員がいない時間が長時間あるいは短時間存在したことを意味している。
❸62％の介護の付いた特別住宅では、ヒアリングされた夜間職員が、施錠をする場合に遵守すべき手順が存在するかどうかを知らないと答えていた。

筆者は、これまで介護の付いた特別住宅の勤務スケジュールを継続的に調べてきたが、確かに、夜間の職員配置は以前からどのコミューンにおいても手薄であった。一般的には、六つ程度のユニットを夜間専門の介護職員３名が同時に巡回するタイプが比較的多い。一つのユニットの巡回が終われば施錠するので、その間は無人となる。比率で言えば、１ユニット当たり0.5人となり、かなり手薄と言える。

日本のグループホームは、２ユニットを一人の夜勤職員でケアする場合が多いので、夜間に関してはスウェーデンも日本も大差ないと言える。

スウェーデンを見習い、日本でもこうした正真正銘の夜間抜き打ち検査をやるべきだと考える。もっとも、スウェーデン以上に深刻な結果が明るみに出ることになるかも知れない。

第3章

過疎地コミューンの事例分析

1　エステルシュンドコミューン

　筆者は、これまでスウェーデンにおいていくつものコミューンを訪問し、インタビュー調査を実施してきた。それらのコミューンは、ストックホルム近郊のコミューンであったり、ヨーテボリ近郊のコミューンであったり、二つの大都市間に位置するコミューンであったりした。つまり、人口が集中しているスウェーデン南部を集中的に調査してきたことになる。そして、その成果の一部は、前著『スウェーデンの高齢者ケア』で示している。

　一方、スウェーデンの「過疎地」と呼ばれるコミューンでは、どのような高齢者ケアが展開されているのだろうか。これまで調査してきた都市部との質的な違いが見られるかどうか。そのような問題関心から2012年2月、地理的にはスウェーデン中部に位置するものの、過疎地と言われているエステルシュンド(⑤)コミューンを訪問した。

　エステルシュンドコミューンは、スウェーデン第5の湖ストールション湖の東側にあり、人口は5.9万人（2010年現在）となっている。同コミューンは、ストックホルムから北西の方向に電車で6時間程度の距離にある。本章では、同コミューンにある介護の付いた特別住宅に焦点を当て、事例分析を試みることにする。

2　介護の付いた特別住宅

　ここでは、2009年にオープンした介護の付いた特別住宅「フェルトバーゲン（Fältvägen）」に注目して分析検討する。今回訪れた時（2012年2月）、看護師の資格を有するフェルトバーゲンの施設長にインタビュー調査を行った。以下は、その内容をまとめたものである。

フェルトバーゲンは、施設長、現場ケアの責任者、設計技師の3名が議論しながらその基本設計を構築しており、設計コンセプトが大変ユニークなものになっている。オープン時には、現在のフレデリック・ラインフェルト首相（John Fredrik Reinfeldt、61ページに写真掲載）と在スウェーデン日本大使館から中島明大使（2007年～2010年）が視察に来ている。

上記3名の相談の結果、五つあるユニットのベースカラーがオレンジ、赤、黄色、青、緑と決められ、また壁の色は精神的に落ち着くとされる青色、赤色、黄色と決められた。また、五つのユニットには、それぞれ7名の入居者が、簡易キッチンの付いた約41㎡の個室で生活している。

これまでのフィールドワークでは、一つのユニットに10名～12名入居しているケースが多かったが、フェルトバーゲンではより少人数の構成

エントランスで。施設長トーマス・パウルソン（Tomas Paulsson）氏と筆者

オレンジのユニットのうち3部屋の玄関を写したもの。相談により、より自宅の玄関の雰囲気に近づけるために数10センチせり出すように設計されており、行き届いた配慮が感じ取れる。

フェルトバーゲンの入り口付近

となっている。ただし、この規模が過疎地の特徴であるかどうかは定かではない。ちなみに、入居者35名中、男性が9名、女性が26名である。年齢層については、90歳代が11名、80歳代が14名、70歳代が5名、60歳代が4名、50歳代が1名という構成になっている。

　認知症のために、簡易キッチンが使えない入居者がほとんどではあるが、人間の尊厳ある生活を重視することからあえて備え付けてあるという。

　入居者35名中33名は、介護の付いた特別住宅側が用意した介護用の特別なベッドを使っており、残り2名は、軽度の認知症を患っているが身体的には健康であるため自分のベッドを持ち込んで使っている。35名中70％が認知症高齢者であるが、方針として、認知症高齢者だけのユニットをつくることはしていない。

　フェルトバーゲンは落ち着いた生活ができることを第一に考えており、特別住宅の入り口は広く、吹き抜けになっている。次ページの写真を見ても分かるように、まるでホテルに宿泊しているのではないかと入居者が感じられるように設計されている。また、ユニットへの入り口の左側にはサウナまで設備されている。

第3章　過疎地コミューンの事例分析　43

エントランスからユニットにつながるおしゃれな入り口。カラフルなタオルを縦、横、斜めに詰め入れ、側面の色でデザインをしている。

入り口左下の部分を拡大したもの。幹と花がうまく表現されている。

図3−1　フェルトバーゲンの平面図

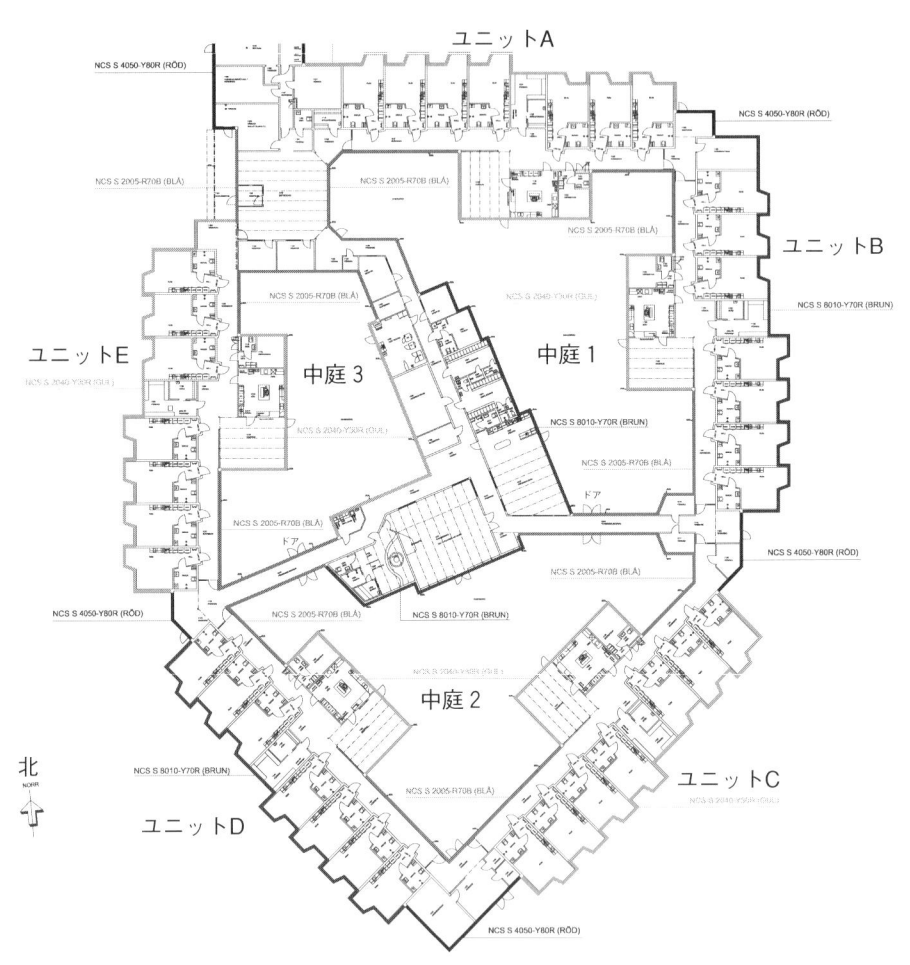

(注)　図の著作権はエステルシュンドコミューンと MÄNSSON & HANSSON 株式会社が有しており、許可を得てここに掲載する。

図3－1は、フェルトバーゲンの平面図である。フェルトバーゲンが、五角形の形をしていることが分かる。個室の配置も上記3名の議論の成果として工夫が見られ、一列に七つの個室が横に並んでいる。

　フェルトバーゲンでは、ユニットに名前が付けられていない。便宜的に上から時計回りにユニットA、ユニットB、ユニットC、ユニットD、ユニットEとすると、ユニットAとユニットBで中庭1を共有する構造となっている。同じく、ユニットCとユニットDは中庭2を共有し、ユニットEは少し狭い中庭3を使っている。同図から分かるように、それぞれの中庭にはドアがあり、移動が可能となっている。

　こうした中庭の活用にも積極的に取り組んでいる点もユニークである。冬場は中庭の活用が難しいものの、それ以外の時期には積極的に空間を活用し、園芸、パーティー、フィーカ（お茶の時間）、日光浴などで交流するスペースとして利用しているという。

　さて、介護職員の労働環境はどうであろうか。表3－1から表3－6は、フェルトバーゲンの介護職員Aから介護職員Xまでの、合計24名に関する6週間の勤務スケジュールを示したものである。前著『スウェーデンの高齢者ケア』で指摘した通り、スウェーデンの介護の付いた特別住宅では、「ジェットコースター・シフト」が一般的となっている。つまり、週ごとの実質労働時間が極端に変化するシフトとなっているわけだ。ジェットコースター・シフトは、人的継続性と時間的継続性を阻害するという意味において、特に認知症高齢者には不安を増大させるシフトであると筆者は考える。

　前著での勤務スケジュールの分析は、2003年ないし2004年の資料が対象であった。2012年時点において得られた勤務スケジュールに関して、同じくジェットコースター・シフトが確認できるかどうか実証的に確認するというのがここでの狙いである。

46

表3－1　フェルトバーゲンの勤務スケジュール　　　　　　（第1週）

	月	火	水	木	金	土	日
A	13:30-21:30	7:00-15:45	7:00-15:45		13:30-21:30	12:00-21:30	7:00-15:45
B		13:30-21:30	7:00-15:45	7:00-15:45			
C	7:00-14:00		13:30-21:30	7:00-15:45			
D	7:00-14:00	7:00-14:00			14:00-21:00	7:00-15:45	12:00-21:30
E	14:00-21:00	7:00-14:15		14:00-21:00	7:00-14:00	7:00-21:00	7:00-15:45
F	7:00-15:45	7:00-15:45		14:00-21:00	7:00-15:45		
G	7:00-15:45	13:30-21:30	7:00-15:45		7:00-15:45	7:00-15:45	7:00-21:00
H		7:00-14:00	14:00-21:00	7:00-14:00			
I		7:00-14:00	14:15-21:00	7:00-14:00			
J	13:30-21:30	7:00-15:45		7:00-15:45	13:30-21:30	7:00-21:00	7:00-15:45
K	13:30-21:30	7:00-15:45	7:00-15:45		7:00-15:45	7:00-21:00	7:00-15:45
L	7:00-14:15		13:30-21:30	7:00-15:45	7:00-15:45		
M		7:00-15:45	13:30-21:30	13:30-21:30	7:00-15:45		
N	14:00-21:00		7:00-14:00	7:00-14:00			
O	7:00-15:45	13:30-21:30			13:30-21:30	7:00-15:45	7:00-21:00
P	13:30-21:30	7:00-15:45	7:00-15:45		7:00-15:45	7:00-15:45	12:00-21:30
Q	7:00-14:00			14:15-21:00	7:00-14:00		
R		13:30-21:30	7:00-15:45	7:00-15:45	7:00-15:45		
S	7:00-14:00	7:00-14:00			14:15-21:00	7:00-15:45	7:00-15:45
T		13:30-21:30	13:30-21:30	7:00-15:45		12:00-21:30	7:00-21:00
U		13:30-21:30	7:00-15:45	7:00-14:15			
V	7:00-15:45	7:00-15:45		13:30-21:30	13:30-21:30	7:00-21:00	7:00-15:45
W	7:00-14:00		13:30-21:30	7:00-15:45			
X	13:30-21:30	7:00-15:45	7:00-15:45		7:00-15:45	7:00-15:45	7:00-21:00

（出典）　内部資料より筆者作成。

表3－2　フェルトバーゲンの勤務スケジュール　　　　（第2週）

	月	火	水	木	金	土	日
A		7:00-15:45	13:30-21:30	7:00-14:15			
B	13:30-21:30	7:00-15:45	7:00-15:45	7:00-15:45		7:00-15:45	7:00-21:00
C	7:00-15:45	13:30-21:30	7:00-15:45		13:30-21:30	7:00-21:00	7:00-15:45
D	7:00-14:00			14:15-21:00	7:00-14:00		
E			7:00-14:00	14:00-21:00	7:00-14:00		
F	13:30-21:30	7:00-15:45	13:30-21:30	7:00-15:45		12:00-21:30	7:00-21:00
G	7:00-15:45		13:30-21:30	7:00-15:45			
H	7:00-14:00	14:00-21:00	7:00-14:00		7:00-14:00	7:00-21:00	7:00-15:45
I		7:00-14:00			13:30-21:30	7:00-15:45	12:00-21:30
J		13:30-21:30	13:30-21:30	7:00-14:00			
K	7:00-15:45		7:00-15:45	7:00-15:45	7:00-15:45		
L		13:30-21:30	7:00-15:45		13:30-21:30	7:00-15:45	12:00-21:30
M	7:00-15:45	7:00-15:45		13:30-21:30	7:00-15:45	12:00-21:30	7:00-15:45
N	14:00-21:00	7:00-14:00				7:00-15:45	7:00-15:45
O	7:00-15:45		13:30-21:30	7:00-15:45	7:00-15:45		
P	7:00-15:45		13:30-21:30	7:00-15:45	7:00-15:45		
Q	14:15-21:00	7:00-14:00	7:00-14:00		14:15-21:00	7:00-21:00	7:00-15:45
R	13:30-21:30	7:00-15:45		7:00-15:45	13:30-21:30	7:00-15:45	7:00-21:00
S		13:30-21:30	7:00-14:00				
T	7:00-15:45				13:30-21:30	7:00-15:45	
U	13:30-21:30	7:00-15:45	7:00-14:15		13:30-21:30	7:00-21:00	7:00-15:45
V		7:00-15:45	7:00-15:45	13:30-21:30	7:00-15:45		
W	7:00-15:45	13:30-21:30	13:30-21:30	7:00-15:45		7:00-15:45	7:00-21:00
X	7:00-15:45		13:30-21:30	13:30-21:30	7:00-14:00		

（出典）　表3－1と同じ。

表3－3　フェルトバーゲンの勤務スケジュール　　（第3週）

	月	火	水	木	金	土	日
A	7:00-15:45	13:30-21:30	7:00-15:45		13:30-21:30	7:00-15:45	7:00-15:45
B	7:00-14:00		13:30-21:30	13:30-21:30	7:00-15:45		
C		13:30-21:30	13:30-21:30	7:00-14:00			
D	14:00-21:00	7:00-14:00	7:00-14:00	7:00-14:00		7:00-15:45	12:00-21:30
E	14:00-21:00	7:00-14:00		7:00-14:00	7:00-14:00	12:00-21:30	7:00-15:45
F	7:00-15:45		7:00-15:45	13:30-21:30	7:00-15:45		
G	7:00-15:45	13:30-21:30	13:30-21:30	7:00-15:45		7:00-21:00	7:00-15:45
H				13:30-21:30	7:00-14:00		
I			14:00-21:00	7:00-14:00			
J	13:30-21:30	7:00-15:45	7:00-15:45		13:30-21:30	7:00-15:45	7:00-21:00
K	13:30-21:30	7:00-15:45			13:30-21:30	7:00-15:45	7:00-21:00
L	7:00-15:45		13:30-21:30	7:00-15:45	7:00-15:45		
M		13:30-21:30	7:00-15:45	7:00-14:15			
N		7:00-14:15		7:00-14:00	7:00-14:00		
O	7:00-15:45	7:00-15:45	7:00-15:45		13:30-21:30	7:00-21:00	7:00-15:45
P	13:30-21:30	13:30-21:30	7:00-15:45		7:00-15:45	12:00-21:30	7:00-21:00
Q	7:00-14:00			7:00-14:00			
R		7:00-15:45	14:00-21:00	13:30-21:30	7:00-14:15		
S	7:00-14:00	14:00-21:00	7:00-14:00		14:15-21:00	7:00-21:00	12:00-21:30
T	7:00-15:45	7:00-15:45	7:00-15:45		13:30-21:30	7:00-15:45	7:00-15:45
U			7:00-15:45	13:30-21:30	7:00-15:45		
V		7:00-15:45	13:30-21:30	13:30-21:30		7:00-21:00	7:00-15:45
W	13:30-21:30	7:00-15:45		7:00-15:45	7:00-14:00		
X	7:00-15:45	12:00-21:30		7:00-15:45	13:30-21:30	7:00-15:45	7:00-21:00

（出典）　表3－1と同じ。

表3－4　フェルトバーゲンの勤務スケジュール　　　　（第4週）

	月	火	水	木	金	土	日
A		14:00-21:00	7:00-15:45	7:00-15:45			
B	13:30-21:30	7:00-15:45	13:30-21:30	7:00-15:45		7:00-15:45	7:00-21:00
C	7:00-15:45	7:00-15:45	7:00-15:45		13:30-21:30	7:00-21:00	7:00-15:45
D	7:00-14:00			14:15-21:00	7:00-14:00		
E			14:00-21:00	14:00-21:00	7:00-14:00		
F		7:00-15:45	7:00-15:45	7:00-15:45		12:00-21:30	7:00-15:45
G	7:00-15:45		13:30-21:30	7:00-15:45	7:00-15:45		
H		14:00-21:00	7:00-14:00		14:00-21:00	7:00-15:45	12:00-21:30
I	7:00-14:00	14:15-21:00	7:00-14:00		14:00-21:00	7:00-15:45	7:00-15:45
J	7:00-15:45		13:30-21:30	13:30-21:30	7:00-15:45		
K	7:00-14:15		13:30-21:30	7:00-15:45			
L	13:30-21:30	7:00-15:45		13:30-21:30	7:00-15:45	7:00-21:00	7:00-15:45
M	7:00-15:45	13:30-21:30	7:00-15:45		13:30-21:30	12:00-21:30	7:00-15:45
N	14:00-21:00	7:00-14:00			7:00-14:15	7:00-15:45	12:00-21:30
O	7:00-14:00		7:00-15:45	7:00-15:45			
P		7:00-15:45	14:00-21:00	7:00-15:45			
Q	14:15-21:00	14:15-21:00	7:00-14:00			7:00-15:45	7:00-21:00
R	7:00-15:45	7:00-15:45			13:30-21:30	7:00-21:00	7:00-15:45
S	7:00-14:00			14:15-21:00	7:00-14:00		
T		7:00-15:45	7:00-15:45	7:00-15:45	7:00-15:45		
U	13:30-21:30	13:30-21:30	7:00-15:45			7:00-15:45	7:00-21:00
V	7:00-15:45	7:00-15:45		13:30-21:30	7:00-15:45		
W	13:30-21:30	7:00-15:45		7:00-15:45	13:30-21:30	7:00-21:00	7:00-15:45
X			13:30-21:30	7:00-15:45	7:00-15:45		

（出典）　表3－1と同じ。

表3-5　フェルトバーゲンの勤務スケジュール　　　　　　　　　（第5週）

	月	火	水	木	金	土	日
A	13:30-21:30	7:00-15:45	7:00-15:45	7:00-15:45		12:00-21:30	7:00-21:00
B	13:30-21:30	7:00-15:45		13:30-21:30	7:00-14:00		
C	7:00-15:45		13:30-21:30	7:00-15:45	7:00-15:45		
D		14:00-21:00	7:00-14:15			7:00-21:00	7:00-15:45
E					14:00-21:00	7:00-15:45	12:00-21:30
F	7:00-14:15		13:30-21:30	7:00-15:45	7:00-14:15		
G	13:30-21:30	7:00-15:45	7:00-15:45		13:30-21:30	7:00-15:45	7:00-21:00
H	7:00-14:00			14:00-21:00	7:00-14:00		
I		14:15-21:00	7:00-14:00	7:00-14:00			
J		7:00-15:45	7:00-15:45	7:00-15:45		7:00-21:00	7:00-15:45
K	13:30-21:30	13:30-21:30	7:00-15:45	7:00-15:45		7:00-21:00	7:00-15:45
L		14:00-21:00	7:00-15:45	7:00-15:45	7:00-15:45		
M		7:00-15:45	13:30-21:30	7:00-15:45	7:00-14:15		
N	7:00-14:00			13:30-21:30	7:00-14:00		
O	7:00-15:45	7:00-15:45	13:30-21:30		13:30-21:30	7:00-15:45	7:00-21:00
P	13:30-21:30	7:00-15:45	13:30-21:30	7:00-15:45		7:00-15:45	7:00-15:45
Q	7:00-14:00			14:15-21:00	7:00-14:00		
R		13:30-21:30	7:00-15:45	13:30-21:30	7:00-15:45		
S	7:00-14:00		7:00-14:00	7:00-14:00		12:00-21:30	7:00-15:45
T	7:00-15:45	7:00-15:45	7:00-15:45		13:30-21:30	7:00-15:45	12:00-21:30
U	7:00-14:15		7:00-15:45	13:30-21:30	7:00-15:45		
V	7:00-15:45	14:00-21:00	7:00-15:45		14:00-21:00	7:00-15:45	7:00-21:00
W		7:00-15:45	13:30-21:30	7:00-15:45			
X	14:00-21:00	7:00-15:45		7:00-15:45	13:30-21:30	7:00-21:00	7:00-15:45

（出典）　表3-1と同じ。

表 3 − 6　フェルトバーゲンの勤務スケジュール　　　　（第 6 週）

	月	火	水	木	金	土	日
A	7:00−15:45		14:00−21:00	7:00−15:45	7:00−15:45		
B		7:00−15:45	7:00−15:45		13:30−21:30	7:00−21:00	7:00−15:45
C	13:30−21:30	13:30−21:30	7:00−15:45		7:00−15:45	7:00−15:45	7:00−21:00
D	13:30−21:30	7:00−14:15		14:00−21:00			
E	7:00−14:00			7:00−14:15	7:00−14:00		
F		7:00−15:45	13:30−21:30	7:00−15:45		7:00−15:45	12:00−21:30
G	7:00−14:00		13:30−21:30	7:00−14:00			
H	14:00−21:00	7:00−14:00			14:00−21:00	7:00−15:45	7:00−15:45
I		14:15−21:00	14:15−21:00	7:00−14:00		12:00−21:30	7:00−15:45
J	7:00−15:45		7:00−15:45	13:30−21:30	7:00−14:00		
K	7:00−15:45		7:00−15:45	13:30−21:30	7:00−15:45		
L	13:30−21:30	7:00−15:45			13:30−21:30	7:00−15:45	12:00−21:30
M		7:00−15:45	7:00−15:45			12:00−21:30	7:00−21:00
N	7:00−14:15	14:00−21:00	7:00−14:00	7:00−14:00		7:00−21:00	7:00−15:45
O		14:00−21:00	7:00−15:45	13:30−21:30	7:00−14:00		
P	7:00−15:45			7:00−15:45	7:00−14:00		
Q		14:15−21:00	7:00−14:00		14:15−21:00	7:00−15:45	7:00−21:00
R		7:00−15:45	7:00−15:45	7:00−14:15		7:00−15:45	7:00−15:45
S	14:00−21:00	7:00−14:00			7:00−14:00		
T	7:00−14:15		14:00−21:00	14:00−21:00	7:00−15:45		
U	7:00−15:45	7:00−15:45		7:00−14:15	14:00−21:00	7:00−15:45	7:00−21:00
V	7:00−14:15		13:30−21:30	7:00−15:45			
W	13:30−21:30	13:30−21:30	7:00−15:45		7:00−15:45	7:00−21:00	7:00−15:45
X		7:00−15:45	7:00−15:45	14:15−21:00			

（出典）　表 3 − 1 と同じ。

表3－7　フェルトバーゲンにおける週ごとの労働時間

	第1週	第2週	第3週	第4週	第5週	第6週	合計	フルタイム換算比率(%)
A	48.00	22.00	47.00	22.50	50.50	30.50	220.50	99.3
B	23.50	49.50	29.25	49.00	29.25	41.50	222.00	100.0
C	21.75	49.00	21.25	49.50	31.50	49.00	222.00	100.0
D	36.00	18.75	42.25	18.75	31.00	20.50	167.25	75.3
E	43.75	19.00	42.25	19.25	23.50	19.00	166.75	75.1
F	30.50	50.00	31.50	41.00	28.50	40.50	222.00	100.0
G	49.50	23.50	49.00	31.50	49.00	20.00	222.50	100.2
H	19.00	43.25	13.75	36.25	19.00	35.25	166.50	75.0
I	18.75	37.00	12.75	43.25	18.75	35.75	166.25	74.9
J	49.00	21.25	49.00	31.00	42.00	29.75	222.00	100.0
K	49.50	32.00	41.00	22.00	49.00	31.50	225.00	101.4
L	30.00	40.00	31.50	49.00	30.50	40.00	221.00	99.5
M	31.00	48.50	22.00	48.00	30.00	42.50	222.00	100.0
N	19.00	28.75	19.00	36.25	20.00	43.50	166.50	75.0
O	41.00	31.50	49.50	22.25	49.00	28.25	221.50	99.8
P	48.50	31.50	50.00	22.50	47.00	22.25	221.75	99.9
Q	18.75	43.00	12.50	36.75	18.75	36.75	166.50	75.0
R	31.50	49.00	28.50	41.50	31.00	40.50	222.00	100.0
S	34.75	13.75	44.25	18.75	35.75	19.00	166.25	74.9
T	42.00	23.50	47.50	32.00	48.50	27.50	221.00	99.5
U	22.00	47.50	23.50	41.00	30.00	47.00	211.00	95.0
V	49.00	31.50	41.00	31.50	47.00	22.00	222.00	100.0
W	21.75	49.00	29.75	49.00	23.50	49.00	222.00	100.0
X	49.50	29.25	50.50	23.50	48.00	22.25	223.00	100.5
週当たり合計時間	828	832	828.5	816	831	793.75	4,929.25	92.5

(出典)　筆者作成。

表3－7は、介護職員24名が毎週何時間就労しているかを一覧できるように示したものである。なお、休憩時間は除いて集計している。ジェットコースター・シフトを、ここでは暫定的に「1週間単位で計算した労働時間が、その前後で倍増もしくは半減する勤務シフトである」と定義すると、24名の介護スタッフのうち実に20名についてジェットコースター・シフトが確認できる。ジェットコースター・シフトは、現在でも過疎地と言われるコミューンにおいて存在していることがよく分かるだろう。

最近では、パソコン上で、勤務スケジュールが介護スタッフの総意希望のもとで作成されるケースが増えてきているため（例えば、「Time Care」といった勤務スケジュール作成の専用ソフトが普及しつつある）、紙媒体の勤務スケジュールを入手して分析することが難しくなってきている。ジェットコースター・シフトの広がりがコミューン全体でどの程度であるかは不明であるが、ここで示したように存在することは確かである。

なお、夜勤の勤務スケジュール（nattschema）は、専門の5名の介護職員によって構成されていた。前述したように、フェルトバーゲンには合計35名が入居している。この35名に対して、21時15分から翌朝7時15分までの10時間を2名のスタッフでケアしている。5名の夜勤専門の介護職員がローテーションを組んで、毎晩2名が勤務している。勤務スケジュールは、昼のそれとは異なり5週間単位である。

2012年の時点においても、スウェーデンの夜間ケアは日本と同じように手薄であることが確認できた。35名の入居者を夜間2名でケアするというのは、介護職員としても過酷な労働であり、何よりも夜間ケアが行き届かないものとなっている。

表3－7より6週間の労働時間の合計数が分かるが、24名の介護職員のうち17名がフルタイムもしくはそれに近い時間で働いている。都市部では70～80％のパートタイマーが圧倒的に多いことを考えると、フルタ

イムで働いている職員が多いことが過疎地の特徴なのかもしれない。

　過疎地のコミューンの介護の付いた特別住宅については平屋建てが多いように思われるが、フルタイムの職員の多さも含めて今後の課題としたい。加えて、在宅ケアシステムにより過疎地コミューンの特徴が見られると推測できるので、この点も追究したい。

　他方、2012年段階での日本の勤務スケジュールはどのようになっているのであろうか。前著で取り上げた山陽地方のBグループホームから再度勤務スケジュールを得ることができた。その最近の勤務スケジュールを示したのが、表3－8から表3－12であり、介護スタッフAからIの9名の週ごとの労働時間を一覧できるように示したのが表3－13である。なお、休憩時間は、スウェーデンと同じく除いて集計している（ここではAグループホームとしている）。

　表3－13の右側の欄は、フルタイム換算比率を示している。Gを除いて、8名が77％～89％のパートタイム労働者である。100％のフルタイム労働者は皆無であった。

　また、C、E、Iの3名についてはジェットコースター・シフトの定義に当てはまっているが、出現頻度はスウェーデンに比べて極めて低いことが分かる。すなわち、日本のグループホームでは、ジェットコースター・シフトは一般的ではないと言うことができる。なお、介護スタッフFとIに関しては、併設のデイサービス施設で働くシフトも含んでおり、若干変則的である。

　スウェーデンと日本、それぞれ一つの介護の付いた特別住宅あるいはグループホームの勤務スケジュールの比較分析であるが、前著と同じ結論を知見として得ることができた。つまり、スウェーデンではジェットコースター・シフトが一般的であるのに対し、日本では例外的にしか存在しないという特徴的な差異が、2012年現在のデータからも明らかにすることができた。

表3－8　Aグループホームの勤務スケジュール　　　　（第1週）

	26日 木	27日 金	28日 土	29日 日	30日 月	31日 火	1日 水
A	17:00－24:00	0:00－11:00			7:00－16:00	9:30－18:30	9:30－18:30
B		17:00－24:00	0:00－11:00		11:00－20:00	11:00－20:00	17:00－24:00
C	9:30－18:30		9:30－18:30	17:00－24:00	0:00－11:00		11:00－20:00
D	11:00－20:00	11:00－20:00	7:00－16:00		17:00－24:00	0:00－11:00	
E	0:00－11:00			11:00－20:00		17:00－24:00	0:00－11:00
F	7:00－16:00	8:30－17:30（デイ）	17:00－24:00	0:00－11:00			7:00－16:00
G		9:30－16:00				9:30－16:00	9:30－16
H		9:30－18:30	11:00－20:00	9:30－18:30	9:30－18:30		17:00－24:00
I	8:30－17:30（デイ）	7:00－16:00		7:00－16:00	8:30－17:30（デイ）	7:00－16:00	8:30－17:30（デイ）

（出典）　内部資料より筆者作成。

表3－9　Aグループホームの勤務スケジュール　　　　（第2週）

	2日 木	3日 金	4日 土	5日 日	6日 月	7日 火	8日 水
A	17:00－24:00	0:00－11:00			7:00－16:00	9:30－18:30	9:30－18:30
B	0:00－11:00		9:30－18:30	9:30－18:30	11:00－20:00	17:00－24:00	0:00－11:00
C	9:30－18:30				9:30－18:30		
D	11:00－20:00	9:30－18:30		17:00－24:00	0:00－11:00		17:00－24:00
E		11:00－20:00	11:00－20:00	11:00－20:00	17:00－24:00	0:00－11:00	
F	7:00－16:00	8:30－17:30（デイ）	17:00－24:00	0:00－11:00			7:00－16:00
G		9:30－16:00				9:30－16:00	9:30－16:00
H	0:00－11:00		7:00－16:00	17:00－24:00	0:00－11:00		11:00－20:00
I		7:00－16:00		7:00－16:00	8:30－17:30（デイ）	7:00－16:00	8:30－17:30（デイ）

（出典）　表3－8と同じ。

表3-10　Aグループホームの勤務スケジュール　　　　　　　　（第3週）

	9日 木	10日 金	11日 土	12日 日	13日 月	14日 火	15日 水
A	17:00-24:00	0:00-11:00		9:30-18:30	7:00-16:00	9:30-18:30	
B		9:30-18:30	11:00-20:00	11:00-20:00		17:00-24:00	0:00-11:00
C	9:30-18:30		7:00-16:00	17:00-24:00	0:00-11:00		17:00-24:00
D	0:00-11:00		9:30-18:30		17:00-24:00	0:00-11:00	
E	11:00-20:00	17:00-24:00	0:00-11:00		11:00-20:00	11:00-20:00	11:00-20:00
F		8:30-17:30（デイ）	17:00-24:00	0:00-11:00			7:00-16:00
G		9:30-16				9:30-16:00	9:30-16:00
H	7:00-16:00	11:00-20:00			9:30-18:30		9:30-18:30
I		7:00-16:00		7:00-16:00	8:30-17:30（デイ）	7:00-16:00	8:30-17:30（デイ）

（出典）　表3-8と同じ。

表3-11　Aグループホームの勤務スケジュール　　　　　　　　（第4週）

	16日 木	17日 金	18日 土	19日 日	20日 月	21日 火	22日 水
A	17:00-24:00	0:00-11:00			7:00-16:00	9:30-18:30	
B			9:30-18:30	11:00-20:00			7:00-16:00
C	0:00-11:00		7:00-16:00	17:00-24:00	0:00-11:00		9:30-18:30
D	9:30-18:30	11:00-20:00		9:30-18:30	17:00-24:00	0:00-11:00	
E		17:00-24:00	0:00-11:00		11:00-20:00	11:00-20:00	17:00-24:00
F	7:00-16:00	8:30-17:30（デイ）	17:00-24:00	0:00-11:00		17:00-24:00	0:00-11:00
G		9:30-16:00					9:30-16:00
H	11:00-20:00	9:30-18:30	11:00-20:00		9:30-18:30		11:00-20:00
I		7:00-16:00		7:00-16:00	8:30-17:30（デイ）	7:00-16:00	8:30-17:30（デイ）

（出典）　表3-8と同じ。

表3－12　Aグループホームの勤務スケジュール　（第5週）

	23日 木	24日 金	25日 土
A	17:00－24:00	0:00－11:00	
B	9:30－18:30	17:00－24:00	0:00－11:00
C		11:00－20:00	7:00－16:00
D	11:00－20:00	9:30－18:30	9:30－18:30
E	0:00－11:00		11:00－20:00
F		8:30－17:30（デイ）	17:00－24:00
G		9:30－16:00	
H	7:00－16:00	17:00－24:00	0:00－11:00
I		7:00－16:00	

（出典）　表3－8と同じ。

表3－13　Aグループホームにおける週ごとの労働時間

（単位：時間）

	第1週	第2週	第3週	第4週	第5週	合計	フルタイム換算比率（％）
A	40.25	40.25	40.25	32.25	16.25	169.25	84.6
B	38.50	50.25	40.25	24.00	24.25	177.25	88.6
C	40.25	16.00	38.50	42.25	16.00	153.00	76.5
D	40.25	38.50	34.25	40.25	24.00	177.25	88.6
E	34.25	40.25	48.00	38.50	18.00	179.00	89.5
F	40.25	40.25	32.25	48.50	14.25	175.50	87.8
G	17.25	17.25	17.25	11.50	8.00	71.25	35.6
H	38.25	42.25	32.00	40.00	24.25	176.75	88.4
I	48.00	40.00	40.00	40.00	8.00	176.00	88.0

（出典）　筆者作成。

第4章

高齢者ケアの民間委託化と自由選択法

1　入札と社会サービス委員会

　1991年10月から4年間（1994年10月）、穏健党のカール・ビルト（Carl Bildt）首相率いる保守・中道連立政権は「選択の自由革命」を掲げ、社会サービス提供機関の民間委託化を進めてきた。現在、同じく穏健党のフレデリック・ラインフェルト（John Fredrik Reinfeldt）首相の連立政権に変わっているが（2006年10月～）、現在に至るまで高齢者ケアの分野においては入札による民間委託化が進行している。

　民間委託化は、競争原理を導入し入札による競争をすることでケアの質を高めることができるという信念に基づいており、これまで進められてきている。民間委託に関する根拠法令は、「公的入札法（Lag om offentlig upphandling：LOU）」である。

　各コミューンでは、コミューン議会議員で構成される社会サービス委員会が民間委託化を進めるかどうかを決定する。したがって、あるコミューンで民間委託化が進められるかどうかは、コミューン議会の与党が社会民主労働党系であるか穏健党系であるかによって大きく影響を受けることになる。

　のちに述べるように、現状では、ホームヘルプサービスの運営主体も介護の付いた特別住宅の運営主体も、民間委託の割合は20％程度である。逆に言えば、80％程度のコミューンでは、社会サービス委員会が入札によって運営主体を決定する方式を取らず、コミューンが永続的にサービス提供主体となっているということである。もっとも、入札による競争の結果、民間組織ではなくコミューンが採

カール・ビルト元首相

択される場合も含まれる。

　民間委託制度を取り入れているコミューンにおいて採択された民間組織への委託期間が終了すると、コミューン内の介護の付いた特別住宅やホームヘルプサービスの運営をどこに委託するのかを決めるために、まず地元の新聞などに募集広告を出すことになる。社会サービス委員会は、入札に応募した当該コミューンの運営部門や民間組織などから提出された運営計画書を吟味し、一つの組織を採択する。委託期間は2年間から6年間のところが多い[1]。

フレデリック・ラインフェルト首相

　なお、高齢者ケアの運営主体をコミューンのサービス提供部門と民間組織のなかから入札制で決める場合だが、コミューンのすべての介護の付いた特別住宅およびホームヘルプサービスの運営をまとめて委託するわけではない。介護の付いた特別住宅は1か所ごとであるし、ホームヘルプサービスもエリアごとの入札となっている。

　本章では、以下において、高齢者ケアサービスのうち介護の付いた特別住宅に焦点を当て、場合によってはホームヘルプサービスにも言及し、こうした入札制による民間委託がコミューンベースで具体的にどの程度拡大しているのかについて、社会保健庁が公表している全国データにより現状を示し、今後の課題を浮き彫りにする。

　また、こうした民間委託の展開とともに、2009年より施行された「自由選択法（Lag om valfrihetssystem：LOV法）」についても紹介する。この法律に基づく自由選択システムをコミューンがどのように取り入れつつあるのかについても、その現状を明らかにしていく。

★1　介護の付いた特別住宅に関する入札制度と官民間の競争原理に関しては、以下の文献を参照されたい（西下［2007］pp.78～92）。

表4－1　運営主体別介護の付いた特別住宅の入居者数および割合の変化

レーン名	コミューン名	2000年10月1日時点（注1）					2011年10月1日時点（注2）				
		コミューン運営の入居者数	委託された民間運営の入居者数	合計数	コミューン運営の割合(%)	民間運営の割合(%)	コミューン運営の入居者数	委託された民間運営の入居者数	合計数	コミューン運営の割合(%)	民間運営の割合(%)
	スウェーデン全体	106,807	13,676	120,483	88.6	11.4	73,420	18,575	92,212	79.9	20.1
ストックホルム	ボートシルカ	348	59	407	85.5	14.5	404	67	471	85.8	14.2
	ダンデリード	221	195	416	53.1	46.9	125	175	300	41.7	58.3
	エーケレー	81	34	115	70.4	29.6	85	76	161	52.8	47.2
	ハーニンゲ	315	63	378	83.3	16.7	253	95	348	72.7	27.3
	フッディンゲ	488	115	603	80.9	19.1	541	106	647	83.6	16.4
	ヤルフェッラ	199	217	416	47.8	52.2	109	256	365	29.9	70.1
	リーディンゲー	750	76	826	90.8	9.2	455	95	550	82.7	17.3
	ナッカ	284	162	446	63.7	36.3	265	320	585	45.3	54.7
	ノルテリエ	616	54	670	91.9	8.1	481	193	674	71.4	28.6
	ニークヴァーン	28	1	29	96.6	3.4	45	2	47	95.7	4.3
	ニーネスハムン	264	40	304	86.8	13.2	180	4	184	97.8	2.2
	サーレム	41	17	58	70.7	29.3	94	14	108	87.0	13.0
	シグトゥーナ	134	38	172	77.9	22.1	212	2	214	99.1	0.9
	ソッレントゥーナ	245	207	452	54.2	45.8	160	309	469	34.1	65.9
	ソルナ	616	158	774	79.6	20.4	114	475	589	19.4	80.6
	ストックホルム	7,665	5,067	12,732	60.2	39.8	2,937	4,895	7,832	37.5	62.5
	スンドビィベリ	134	238	372	36.0	64.0	129	210	339	38.1	61.9
	セーデルテリエ	524	108	632	82.9	17.1	420	98	518	81.1	18.9
	ティーレスエー	204	37	241	84.6	15.4	119	104	223	53.4	46.6
	テービィ	181	389	570	31.8	68.2	62	275	337	18.4	81.6
	ウップランズ・ヴェスビィ	149	34	183	81.4	18.6	97	93	190	51.1	48.9
	ウップランズ・ブロー	152	0	152	100.0	0.0	161	6	167	96.4	3.6
	ヴァッレントゥーナ	96	57	153	62.7	37.3	82	83	165	49.7	50.3
	ヴァクスホルム	74	43	117	63.2	36.8	0	82	82	0.0	100.0
	ヴァルムドエー	160	41	201	79.6	20.4	120	96	216	55.6	44.4
	エステルオーケル	144	30	174	82.8	17.2	32	148	180	17.8	82.2
ウプサラ	エンシェーピング	488	55	543	89.9	10.1	318	103	421	75.5	24.5
	ヘービィ	／	／	／	／	／	142	0	142	100.0	0.0
	ホーボー	116	0	116	100.0	0.0	49	31	80	61.3	38.8
	クニーヴスタ	—	—	—	—	—	47	38	85	55.3	44.7
	ティーエルプ	500	0	500	100.0	0.0	186	0	186	100.0	0.0
	ウプサラ	1,616	97	1,713	94.3	5.7	287	1,174	1,461	19.6	80.4
	エルヴカーレビィ	171	0	171	100.0	0.0	123	0	123	100.0	0.0
	エストハンマル	261	0	261	100.0	0.0	252	2	254	99.2	0.8
	エスキルストゥーナ	1,193	0	1,193	100.0	0.0	786	67	853	92.1	7.9

第4章　高齢者ケアの民間委託化と自由選択法　63

セーデルマンランド	フレーン	236	2	238	99.2	0.8	118	0	118	100.0	0.0
	グネースタ	112	0	112	100.0	0.0	92	0	92	100.0	0.0
	カテリネホルム	457	0	457	100.0	0.0	411	2	413	99.5	0.5
	ニーショーピング	597	105	702	85.0	15.0	426	151	577	73.8	26.2
	オクセレスンド	132	0	132	100.0	0.0	123	0	123	100.0	0.0
	ストレングネス	301	35	336	89.6	10.4	340	0	340	100.0	0.0
	トローサ	99	0	99	100.0	0.0	105	2	107	98.1	1.9
	ヴィングオーケル	209	0	209	100.0	0.0	87	0	87	100.0	0.0
エステルヨートランド	ボクスホルム	92	0	92	100.0	0.0	49	0	49	100.0	0.0
	フィンスポング	288	0	288	100.0	0.0	211	0	211	100.0	0.0
	シンダ	263	2	265	99.2	0.8	108	0	108	100.0	0.0
	リンショーピング	1,278	755	2,033	62.9	37.1	729	1,040	1,769	41.2	58.8
	ミェルビー	343	1	344	99.7	0.3	277	44	321	86.3	13.7
	モーターラ	659	1	660	99.8	0.2	502	103	605	83.0	17.0
	ノルショーピング	944	350	1,294	73.0	27.0	914	232	1,146	79.8	20.2
	セーデルシェーピング	202	0	202	100.0	0.0	115	68	183	62.8	37.2
	ヴァードステーナ	136	0	136	100.0	0.0	96	0	96	100.0	0.0
	ヴァルデマシュヴィーク	107	0	107	100.0	0.0	44	44	88	50.0	50.0
	イードレ	80	5	85	94.1	5.9	52	2	54	96.3	3.7
	オートヴィーダベリ	208	0	208	100.0	0.0	88	60	148	59.5	40.5
	エーデスヘーグ	107	0	107	100.0	0.0	61	0	61	100.0	0.0
ヨンショーピング	アーネビィ	85	0	85	100.0	0.0	57	0	57	100.0	0.0
	エークシェー	313	7	320	97.8	2.2	181	0	181	100.0	0.0
	イスラヴェード	358	16	374	95.7	4.3	448	0	448	100.0	0.0
	グノーシェー	122	0	122	100.0	0.0	73	0	73	100.0	0.0
	ハーボ	84	0	84	100.0	0.0	33	48	81	40.7	59.3
	ヨンショーピング	1,610	113	1,723	93.4	6.6	1,486	114	1,600	92.9	7.1
	ムルシェー	70	0	70	100.0	0.0	59	2	61	96.7	3.3
	ネッシェー	552	49	601	91.8	8.2	314	0	314	100.0	0.0
	セーヴシェー	244	0	244	100.0	0.0	130	0	130	100.0	0.0
	トラーノース	318	12	330	96.4	3.6	196	0	196	100.0	0.0
	ヴァッケリード	184	0	184	100.0	0.0	130	0	130	100.0	0.0
	ヴェートランダ	465	0	465	100.0	0.0	301	24	325	92.6	7.4
	ヴァーナモー	484	12	496	97.6	2.4	369	2	371	99.5	0.5
クロノベリ	アルヴェスタ	330	0	330	100.0	0.0	242	0	242	100.0	0.0
	レッセボー	187	0	187	100.0	0.0	105	0	105	100.0	0.0
	ユングビー	422	2	424	99.5	0.5	303	0	303	100.0	0.0
	マルカリード	126	18	144	87.5	12.5	133	0	133	100.0	0.0
	ティングスリード	270	0	270	100.0	0.0	209	2	211	99.1	0.9
	ウップヴィディンゲ	163	19	182	89.6	10.4	97	17	114	85.1	14.9
	ヴェクシェー	752	10	762	98.7	1.3	649	251	900	72.1	27.9
	エルムフルト	221	0	221	100.0	0.0	177	0	177	100.0	0.0
	ボリホルム	189	0	189	100.0	0.0	119	0	119	100.0	0.0
	エンマボーダ	119	0	119	100.0	0.0	86	0	86	100.0	0.0

カルマル	フルツフレード	295	8	303	97.4	2.6	119	5	124	96.0	4.0
	ヘーグスビィ	120	0	120	100.0	0.0	90	0	90	100.0	0.0
	カルマル	847	32	879	96.4	3.6	566	63	629	90.0	10.0
	メンステルオース	128	0	128	100.0	0.0	149	2	151	98.7	1.3
	メールビーロンガ	259	0	259	100.0	0.0	121	0	121	100.0	0.0
	ニーブロー	293	0	293	100.0	0.0	238	0	238	100.0	0.0
	オスカシュハムン	403	2	405	99.5	0.5	285	0	285	100.0	0.0
	トーシュオース	129	0	129	100.0	0.0	80	0	80	100.0	0.0
	ヴィンメルビィ	322	2	324	99.4	0.6	134	2	136	98.5	1.5
	ヴェステルヴィーク	699	35	734	95.2	4.8	451	34	485	93.0	7.0
ゴットランド	ゴットランド	811	56	867	93.5	6.5	386	177	563	68.6	31.4
ブレーキング	カールスハムン	448	0	448	100.0	0.0	314	0	314	100.0	0.0
	カールスクローナ	891	4	895	99.6	0.4	781	0	781	100.0	0.0
	オーロフストレーム	249	0	249	100.0	0.0	175	0	175	100.0	0.0
	ロンネビィ	438	0	438	100.0	0.0	289	0	289	100.0	0.0
	セルヴェスボリ	240	0	240	100.0	0.0	237	2	239	99.2	0.8
スコーネ	ビューヴ	160	3	163	98.2	1.8	137	0	137	100.0	0.0
	ブローメッラ	159	0	159	100.0	0.0	112	0	112	100.0	0.0
	ブールレーヴ	149	5	154	96.8	3.2	124	2	126	98.4	1.6
	ボースタード	201	1	202	99.5	0.5	177	0	177	100.0	0.0
	エースレーヴ	307	7	314	97.8	2.2	281	5	286	98.3	1.7
	ヘルシンボリ	1,119	120	1,239	90.3	9.7	771	379	1,150	67.0	33.0
	ヘッスレホルム	720	169	889	81.0	19.0	463	85	548	84.5	15.5
	ハーガネース	344	5	349	98.6	1.4	190	80	270	70.4	29.6
	ヘールビィ	235	0	235	100.0	0.0	88	45	133	66.2	33.8
	ヘール	165	14	179	92.2	7.8	91	9	100	91.0	9.0
	クリッパン	244	8	252	96.8	3.2	118	2	120	98.3	1.7
	クリシャンスタ	918	141	1,059	86.7	13.3	830	73	903	91.9	8.1
	シェーヴリンゲ	287	6	293	98.0	2.0	233	0	233	100.0	0.0
	ランズクローナ	417	5	422	98.8	1.2	335	2	337	99.4	0.6
	ロンマ	176	0	176	100.0	0.0	53	97	150	35.3	64.7
	ルンド	883	87	970	91.0	9.0	558	227	785	71.1	28.9
	マルメ	2,067	1,054	3,121	66.2	33.8	1,540	661	2,201	70.0	30.0
	ウースビー	221	5	226	97.8	2.2	150	2	152	98.7	1.3
	ペーシュトルプ	102	4	106	96.2	3.8	66	0	66	100.0	0.0
	シムリスハムン	285	11	296	96.3	3.7	185	75	260	71.2	28.8
	シェーボ	196	0	196	100.0	0.0	164	2	166	98.8	1.2
	スキュールップ	166	1	167	99.4	0.6	117	0	117	100.0	0.0
	スタッファンストルプ	124	15	139	89.2	10.8	30	87	117	25.6	74.4
	スヴァーレーヴ	133	0	133	100.0	0.0	101	0	101	100.0	0.0
	スヴェダーラ	117	1	118	99.2	0.8	107	2	109	98.2	1.8
	トーメリッラ	173	8	181	95.6	4.4	55	88	143	38.5	61.5
	トレッレボリ	507	5	512	99.0	1.0	304	75	379	80.2	19.8

第4章　高齢者ケアの民間委託化と自由選択法　65

	ヴェッリンゲ	187	36	223	83.9	16.1	0	178	178	0.0	100.0
	イースタ	152	0	152	100.0	0.0	282	2	284	99.3	0.7
	オーストルプ	155	1	156	99.4	0.6	102	8	110	92.7	7.3
	エンゲルホルム	499	123	622	80.2	19.8	300	171	471	63.7	36.3
	エルケルユンガ	113	2	115	98.3	1.7	65	8	73	89.0	11.0
	エストラ・ヨーインゲ	230	1	231	99.6	0.4	63	75	138	45.7	54.3
ハッランド	ファルケンベリ	342	197	539	63.5	36.5	377	52	429	87.9	12.1
	ハルムスタ	1,259	14	1,273	98.9	1.1	842	213	1,055	79.8	20.2
	ヒルテ	165	0	165	100.0	0.0	117	0	117	100.0	0.0
	クングスバッカ	665	6	671	99.1	0.9	332	193	525	63.2	36.8
	ラホルム	327	48	375	87.2	12.8	162	99	261	62.1	37.9
	ヴァールベリ	852	48	900	94.7	5.3	345	188	533	64.7	35.3
ヴェストラヨートランド	アーレ	239	32	271	88.2	11.8	227	2	229	99.1	18.6
	アリングソース	478	0	478	100.0	0.0	315	83	398	79.1	20.9
	ベンクトフォッシュ	261	3	264	98.9	1.1	144	0	144	100.0	0.0
	ボッレビグド	83	0	83	100.0	0.0	68	0	68	100.0	0.0
	ボロース	1,365	33	1,398	97.6	2.4	774	81	855	90.5	9.5
	ダールス・エード	96	0	96	100.0	0.0	45	0	45	100.0	0.0
	エッスウンガ	110	0	110	100.0	0.0	69	0	69	100.0	0.0
	ファールショーピング	502	148	650	77.2	22.8	518	0	518	100.0	0.0
	フェリエランダ	106	2	108	98.1	1.9	84	0	84	100.0	0.0
	グレーストルプ	96	0	96	100.0	0.0	65	0	65	100.0	0.0
	グルスボング	124	0	124	100.0	0.0	46	0	46	100.0	0.0
	ヨーテボリ	5,086	546	5,632	90.3	9.7	3,579	652	4,231	84.6	15.4
	ヨーテネ	164	0	164	100.0	0.0	145	0	145	100.0	0.0
	ヘルユンガ	132	0	132	100.0	0.0	86	0	86	100.0	0.0
	ヨー	157	0	157	100.0	0.0	105	0	105	100.0	0.0
	ヘリューダ	207	0	207	100.0	0.0	206	0	206	100.0	0.0
	カールスボリ	134	0	134	100.0	0.0	71	0	71	100.0	0.0
	クングスエルブ	391	0	391	100.0	0.0	350	0	350	100.0	0.0
	レールム	275	0	275	100.0	0.0	158	102	260	60.8	39.2
	リードショーピング	619	0	619	100.0	0.0	485	0	485	100.0	0.0
	リッラ・エーデット	143	0	143	100.0	0.0	105	0	105	100.0	0.0
	リーセシール	269	0	269	100.0	0.0	194	2	196	99.0	1.0
	マリーエスタード	425	0	425	100.0	0.0	190	0	190	100.0	0.0
	マルク	459	67	526	87.3	12.7	392	0	392	100.0	0.0
	メッレリュード	236	0	236	100.0	0.0	136	0	136	100.0	0.0
	ムンケダール	130	28	158	82.3	17.7	125	2	127	98.4	1.6
	ムルンダール	631	30	661	95.5	4.5	356	135	491	72.5	27.5
	ウールスト	161	0	161	100.0	0.0	142	0	142	100.0	0.0
	パティッレ	314	29	343	91.5	8.5	209	0	209	100.0	0.0
	スカーラ	363	0	363	100.0	0.0	206	0	206	100.0	0.0
	ショウデ	649	90	739	87.8	12.2	466	46	512	91.0	9.0
	ソーテネース	168	0	168	100.0	0.0	131	0	131	100.0	0.0

ヴェストラヨートランド	ステーヌングスンド	119	0	119	100.0	0.0	154	0	154	100.0	0.0
	ストレムスタ	141	0	141	100.0	0.0	125	0	125	100.0	0.0
	スヴェンユンガ	113	72	185	61.1	38.9	115	0	115	100.0	0.0
	ターヌム	188	0	188	100.0	0.0	152	0	152	100.0	0.0
	ティーブロー	79	46	125	63.2	36.8	111	0	111	100.0	0.0
	ティーダホルム	140	0	140	100.0	0.0	163	0	163	100.0	0.0
	シェーン	172	0	172	100.0	0.0	147	20	167	88.0	12.0
	トラーネモー	209	8	217	96.3	3.7	163	0	163	100.0	0.0
	トロルヘッタン	808	1	809	99.9	0.1	629	2	631	99.7	0.3
	テーレボーナ	135	0	135	100.0	0.0	91	0	91	100.0	0.0
	ウッデヴァッラ	758	7	765	99.1	0.9	498	165	663	75.1	24.9
	ウルリスハムン	364	72	436	83.5	16.5	249	0	249	100.0	0.0
	ヴァーラ	279	1	280	99.6	0.4	140	0	140	100.0	0.0
	ヴォールゴーダ	159	0	159	100.0	0.0	98	0	98	100.0	0.0
	ヴェンネシュボリ	619	0	619	100.0	0.0	424	68	492	86.2	13.8
	オーモール	229	0	229	100.0	0.0	206	2	208	99.0	1.0
	エッケレー	110	0	110	100.0	0.0	105	0	105	100.0	0.0
ヴェルムランド	アルヴィーカ	249	0	249	100.0	0.0	364	0	364	100.0	0.0
	エーダ	99	0	99	100.0	0.0	83	0	83	100.0	0.0
	フィーリップスタ	223	0	223	100.0	0.0	140	0	140	100.0	0.0
	フォーシュハーガ	107	0	107	100.0	0.0	110	0	110	100.0	0.0
	グルムス	124	0	124	100.0	0.0	98	0	98	100.0	0.0
	ハーグフォシュ	187	0	187	100.0	0.0	161	0	161	100.0	0.0
	ハンマルエー	157	0	157	100.0	0.0	107	0	107	100.0	0.0
	カールスタ	779	133	912	85.4	14.6	606	95	701	86.4	13.6
	シール	118	0	118	100.0	0.0	95	0	95	100.0	0.0
	クリスティーネハムン	360	18	378	95.2	4.8	192	73	265	72.5	27.5
	ムンクフォシュ	90	0	90	100.0	0.0	61	0	61	100.0	0.0
	ストールフォシュ	60	0	60	100.0	0.0	26	0	26	100.0	0.0
	スンネ	323	0	323	100.0	0.0	166	0	166	100.0	0.0
	セッフレ	302	1	303	99.7	0.3	100	64	164	61.0	39.0
	トーシュビィ	234	0	234	100.0	0.0	187	0	187	100.0	0.0
	オールイェング	166	0	166	100.0	0.0	0	136	136	0.0	100.0
エーレブロー	アスケシュンド	209	0	209	100.0	0.0	104	0	104	100.0	0.0
	デーゲフォシュ	140	0	140	100.0	0.0	139	0	139	100.0	0.0
	ハルスベリ	160	0	160	100.0	0.0	238	0	238	100.0	0.0
	ヘッレフォシュ	239	0	239	100.0	0.0	81	0	81	100.0	0.0
	カールスクーガ	496	0	496	100.0	0.0	499	0	499	100.0	0.0
	クムラ	291	0	291	100.0	0.0	136	0	136	100.0	0.0
	ラクソー	150	0	150	100.0	0.0	61	0	61	100.0	0.0
	レーケベリ	100	0	100	100.0	0.0	56	0	56	100.0	0.0
	リンデスベリ	341	0	341	100.0	0.0	288	0	288	100.0	0.0
	ユースナシュベリ	145	0	145	100.0	0.0	119	0	119	100.0	0.0
	ノーラ	180	0	180	100.0	0.0	128	0	128	100.0	0.0

第 4 章　高齢者ケアの民間委託化と自由選択法　67

	エーレブロー	828	61	889	93.1	6.9	820	184	1,004	81.7	18.3
ヴェストマンランド	アルボーガ	232	0	232	100.0	0.0	124	65	189	65.6	34.4
	ファーゲシュタ	258	0	258	100.0	0.0	205	0	205	100.0	0.0
	ハルスタハンマル	219	0	219	100.0	0.0	165	0	165	100.0	0.0
	クングスエール	168	0	168	100.0	0.0	117	0	117	100.0	0.0
	ショーピング	461	0	461	100.0	0.0	329	0	329	100.0	0.0
	ノールベリ	99	0	99	100.0	0.0	72	0	72	100.0	0.0
	サーラ	311	0	311	100.0	0.0	218	31	249	87.6	12.4
	シンスカッテベリ	85	0	85	100.0	0.0	56	0	56	100.0	0.0
	スーラハンマル	148	1	149	99.3	0.7	110	0	110	100.0	0.0
	ヴェステロース	1,254	379	1,633	76.8	23.2	1,108	348	1,456	76.1	23.9
ダーラナ	アヴェスタ	386	0	386	100.0	0.0	222	0	222	100.0	0.0
	ボーレンゲ	569	1	570	99.8	0.2	343	2	345	99.4	0.6
	ファールン	798	2	800	99.8	0.3	342	135	477	71.7	28.3
	ガグネフ	162	0	162	100.0	0.0	105	0	105	100.0	0.0
	ヘーデモーラ	240	0	240	100.0	0.0	132	0	132	100.0	0.0
	レクサンド	273	0	273	100.0	0.0	193	0	193	100.0	0.0
	ルドヴィーカ	548	1	549	99.8	0.2	432	0	432	100.0	0.0
	マールングセーレン	184	0	184	100.0	0.0	143	0	143	100.0	0.0
	ムーラ	199	0	199	100.0	0.0	144	50	194	74.2	25.8
	オッシャ	121	0	121	100.0	0.0	84	0	84	100.0	0.0
	レットヴィーク	202	0	202	100.0	0.0	169	0	169	100.0	0.0
	スメージェバッケン	167	3	170	98.2	1.8	160	2	162	98.8	1.2
	セーテル	167	0	167	100.0	0.0	94	0	94	100.0	0.0
	ヴァンスブロー	171	0	171	100.0	0.0	102	2	104	98.1	1.9
	エルブダーレン	132	0	132	100.0	0.0	80	0	80	100.0	0.0
イェーヴレボリ	ボルネス	404	6	410	98.5	1.5	276	0	276	100.0	0.0
	イェーヴレ	884	38	922	95.9	4.1	686	205	891	77.0	23.0
	ホーフォシュ	244	0	244	100.0	0.0	138	0	138	100.0	0.0
	フデイックスヴァル	544	0	544	100.0	0.0	486	0	486	100.0	0.0
	ユースダール	439	0	439	100.0	0.0	305	0	305	100.0	0.0
	ノーダンスティーグ	156	1	157	99.4	0.6	136	0	136	100.0	0.0
	オッケルボー	93	0	93	100.0	0.0	72	0	72	100.0	0.0
	オーヴァノーケル	159	0	159	100.0	0.0	125	0	125	100.0	0.0
	サンドヴィーケン	471	45	516	91.3	8.7	403	0	403	100.0	0.0
	セーデルハムン	486	0	486	100.0	0.0	382	0	382	100.0	0.0
ヴェステルノルランド	ヘーネサンド	479	0	479	100.0	0.0	190	73	263	72.2	27.8
	クラームフォシュ	476	0	476	100.0	0.0	259	0	259	100.0	0.0
	ソレフテオ	448	14	462	97.0	3.0	283	13	296	95.6	4.4
	スンスヴァル	1,251	0	1,251	100.0	0.0	1,038	0	1,038	100.0	0.0
	ティムロー	322	0	322	100.0	0.0	245	4	249	98.4	1.6
	オンゲ	268	0	268	100.0	0.0	185	0	185	100.0	0.0
	エンショルスヴィーク	1,039	0	1,039	100.0	0.0	770	0	770	100.0	0.0

地方	コミューン										
イェムトランド	ベリ	140	0	140	100.0	0.0	99	21	120	82.5	17.5
	ブレッケ	145	3	148	98.0	2.0	112	0	112	100.0	0.0
	ヘリエダーレン	260	0	260	100.0	0.0	183	0	183	100.0	0.0
	クローコム	222	0	222	100.0	0.0	117	45	162	72.2	27.8
	ラーグンダ	143	0	143	100.0	0.0	109	0	109	100.0	0.0
	ストレムスンド	298	22	320	93.1	6.9	159	15	174	91.4	8.6
	オーレ	194	0	194	100.0	0.0	152	0	152	100.0	0.0
	エステルシュンド	594	239	833	71.3	28.7	587	138	725	81.0	19.0
ヴェステルボッテン	ビュールホルム	71	0	71	100.0	0.0	57	0	57	100.0	0.0
	ドロテーア	89	0	89	100.0	0.0	57	0	57	100.0	0.0
	リクセレ	154	0	154	100.0	0.0	166	0	166	100.0	0.0
	マーロー	99	0	99	100.0	0.0	99	0	99	100.0	0.0
	ノードマーリング	161	0	161	100.0	0.0	124	0	124	100.0	0.0
	ノーシェー	155	0	155	100.0	0.0	81	0	81	100.0	0.0
	ロバーツフォシュ	155	0	155	100.0	0.0	105	0	105	100.0	0.0
	シェレフテオ	1,247	0	1,247	100.0	0.0	920	0	920	100.0	0.0
	ソッシェレ	108	0	108	100.0	0.0	55	0	55	100.0	0.0
	ストゥールーマン	149	0	149	100.0	0.0	110	0	110	100.0	0.0
	ウーメオ	986	35	1,021	96.6	3.4	835	117	952	87.7	12.3
	ヴィルヘルミーナ	170	22	192	88.5	11.5	114	0	114	100.0	0.0
	ヴィンデルン	133	0	133	100.0	0.0	97	0	97	100.0	0.0
	ヴェンネス	173	0	173	100.0	0.0	106	0	106	100.0	0.0
	オーセレ	95	0	95	100.0	0.0	75	0	75	100.0	0.0
ノールボッテン	アリエプローグ	88	0	88	100.0	0.0	59	0	59	100.0	0.0
	アルヴィシャウー	173	0	173	100.0	0.0	120	0	120	100.0	0.0
	ボーデン	574	0	574	100.0	0.0	346	0	346	100.0	0.0
	イェッリヴァレ	328	0	328	100.0	0.0	306	0	306	100.0	0.0
	ハパランダ	221	0	221	100.0	0.0	95	35	130	73.1	26.9
	ヨックモック	92	0	92	100.0	0.0	80	0	80	100.0	0.0
	カーリクス	297	0	297	100.0	0.0	243	0	243	100.0	0.0
	キールナ	269	0	269	100.0	0.0	264	0	264	100.0	0.0
	ルーレオ	835	0	835	100.0	0.0	763	0	763	100.0	0.0
	パヤラ	144	0	144	100.0	0.0	132	0	132	100.0	0.0
	ピーテオ	594	0	594	100.0	0.0	542	0	542	100.0	0.0
	エルヴスビーン	191	0	191	100.0	0.0	97	0	97	100.0	0.0
	エーヴェルカーリクス	105	0	105	100.0	0.0	101	0	101	100.0	0.0
	エーヴェルトルネオ	117	0	117	100.0	0.0	99	0	99	100.0	0.0

(注1) Socialstyrelsen[2001] Äldre-vård och omsorg år 2000 pp.59〜72 より筆者作成。
(注2) Socialstyrelsen[2012a] Äldre och personer med funktionsnedsättning- regiform år 2011 pp.27〜33 より筆者作成。
(注3) 2011年について、委託された民間運営の入居者数が2名と表記されたコミューン（例えば、ボックスホルム・コミューン）は原資料では×と表記されている。その×は1〜3名を意味するが、ここでは計算上2名とした。
(注4) ヘービィは2000年時点では別のレーンに所属。クニーブスタは2000年時点では存在せず。

2 介護の付いた特別住宅に見る民間委託化の動向

　62ページから68ページに掲載された**表4－1**は、全国の介護の付いた特別住宅に関して、2000年と2011年の2時点を比較することにより、民間委託化がどれほど進行したかを示したものである。同表は、介護の付いた特別住宅の入居者数を対象に、コミューンが運営委託された介護の付いた特別住宅の入居者数、民間組織が運営委託された介護の付いた特別住宅の入居者数および比率を、コミューンごとに2時点でその変化を明らかにしている。

　スウェーデン全体では、2000年に民間に委託された割合は11.4％にすぎなかったが、2011年には20.1％と8.7ポイント増加している。2000年において、スウェーデン全体でコミューンが運営している介護の付いた特別住宅への入居者数は106,807名（全体の88.6％）であり、民間に委託された介護の付いた特別住宅へ入居している高齢者の数は13,676名（全体の11.4％）であった。つまり、合計120,483名が介護の付いた特別住宅に入居していたわけである。[★2]

　他方、2011年の場合は、スウェーデン全体でコミューンが運営している介護の付いた特別住宅への入居者数は73,420名（全体の79.9％）であり、民間に委託された介護の付いた特別住宅への入居者数は18,575名（全体の20.1％）であった。合計92,212名が、介護の付いた特別住宅に入居していたことになる。

　この11年間の変化でまず驚くのが、コミューンが運営する介護の付い

★2　厳密に言えば、スウェーデン全体で613名が、レーンまたは他のコミューンが所有している介護の付いた特別住宅に入居している。そのうち、341名がストックホルム・レーンに所属する高齢者である（さらに、そのうちストックホルム市は260名存在する）。スウェーデン第2の都市であるヨーテボリや第3の都市であるマルメではこうしたケースは皆無である。スウェーデン全体に占める割合が極めて微少なので、表4－1には掲載していない。

た特別住宅の入所者数が106,807名から73,420名へと激減していることである。これは約3分の1強の減少である。約33,400名の減少のうち、一部の入居者は、コミューンがケア責任を担う介護の付いた特別住宅のカテゴリーのうちのサービスハウスからコミューンがケア責任を負わない「安心住宅」に移行したと推測される。

　また、一部の入居者については死亡によってその個室が空いても、コミューンの財政難から、介護の付いた特別住宅への入居希望者を「措置」で認めず、在宅のホームヘルプサービスでケアするという方法をとることもあると考えられる。

　こうした二つの理由により激減の一部について説明ができるわけだが、スウェーデン全体でコミューンが運営する介護の付いた特別住宅が約33,400名分減ったことを完全に説明したことにはならない（西下[2007] pp.84〜85）。

　この11年間の変化に関する第2の特徴は、民間に委託された介護の付いた特別住宅が、2000年の13,676名から2011年の18,575名へと約4,900名増えていることである。民間委託の割合は、先に述べたように、2000年の11.4％から、2011年の20.1％と、12年間で8.7ポイント上昇している。

　表4−2は、2004年および2008年のデータを加えて、民間委託率の変化を見たものである。2000年、2004年に関しては、介護の付いた特別住宅のほうがホームヘルプサービスよりも民間委託率が若干高くなっている。そして、2008年以降は、ホームヘルプサービスが介護の付いた特別住宅の民間委託率に追いついていることが分かる。

　以上、全国的な動向について分析してきたが、以下では表4−1に戻り、レーンレベル、コミューンレベルの傾向を明らかにしたい。

　2000年時点で最も民間委託化が進行していたレーンは、ストックホルム（Stockholm）レーンの34.6％、以下、エステルヨートランド（Östergötland）レーンの19.1％、スコーネ（Skåne）レーンの13.4％と

表4－2　民間委託率の推移

(単位：％)

年	2000	2004	2008	2011
介護の付いた特別住宅	11.9	13.3	15.3	20.1
ホームヘルプサービス（時間ベース）	8.6	9.0	15.7	20.3

（出典）　Socialstyrelsen[2001] pp.59~72；Sveriges kommuner och landsting[2006b] p.45；Socialstyrelsen & Sveriges kommuner och landsting[2012a] pp.20~33

続いている（レーン別データは省略。以下同様）。民間委託が皆無であったレーンは一つだけであった。

2000年時点で最も民間委託化が進行しているコミューンは、テーヴィ（⑥）コミューンで68.2％、以下、スンドヴィベリ（⑦）コミューンの64.0％、ヤルフェッラ（⑧）コミューンの52.2％と続いている。すべてストックホルムレーン内にあるコミューンである。

2000年当時、介護の付いた特別住宅の運営をコミューンがすべて行っていたコミューンは、290コミューン中165コミューンに上っていた。125のコミューンで民間組織への委託が行われていたわけである。

他方、2011年時点で最も民間委託化が進行しているレーンは、ストックホルムレーンの51.9％、以下、ウプサラ（Uppsala）レーンの49.0％、エステルヨートランドレーンの32.9％、ゴットランド（Gotland）レーンの31.4％と続いている。特に、民間委託が急増したレーンはウプサラで、2000年の民間委託率は4.6％であったものが10倍以上に増加し、49.0％となっている。

ゴットランドを除けば、いずれも2000年と同様、ストックホルム周辺の大都市部で民間委託の割合が高いことが分かる。同じ大都市でも、ヨーテボリのあるヴェストライェータランド（Västra Götaland）レーンのそれは9.0％にすぎない。

以上のことから、大都市であることが民間委託率の高さの前提条件でないことが確認できる。

2011年時点で、最も民間委託化が進行していたコミューンは、ヴァックスホルム（⑨）コミューン（ストックホルムレーン内）、ヴェリンゲコミューン（スコーネレーン内）、オールイェング（⑩）コミューン（Välmlandレーン内）であり、いずれも100％であった。以下、エステルオーケル（⑪）コミューン（ストックホルムレーン内）の82.2％、テーヴィコミューン（ストックホルムレーン内）の81.6％と続いている。

2011年において、介護の付いた特別住宅の運営をコミューン自身がすべて行っていたコミューンは、290コミューン中164コミューンに上っている。残り126のコミューンにおいて、介護の付いた特別住宅が、割合の多寡は別にして民間組織に委託されている。

こうした民間委託化の拡大という動きに影響する要因に関して筆者は、各コミューン議会の与党を構成する政党の分布が当該コミューンの介護の付いた特別住宅やホームヘルプサービスにおける民間委託化の程度に影響を及ぼしている、という仮説をもっている。

そこで、社会民主労働党単独であるいは社会民主党系革新ブロックが与党を構成しているコミューンについては「1」、穏健党単独であるいは穏健党系保守ブロックが与党を構成しているコミューンについては「0」の数値を与え、各コミューンの2008年における介護の付いた特別住宅の民間委託の割合との相関係数を分析することを試みた（表略）。なお、各コミューンの政党分布に関しては、SKLのホームページからデータを得ている（SKL［2008b］）。

290コミューンすべてについて相関係数を計算したところマイナス0.257となり、危険率1％水準で有意な関連が見られた。すなわち、この相関の関連性は、革新系が与党のコミューンほど民間委託化が進行しておらず、逆に保守系が与党のコミューンほど民間委託化が進行していることを意味する。選択の自由革命は、穏健党および穏健党ブロックにより強く浸透していることが分かる。

仮説通り、コミューン議会の与党に関する政党分布が大きな規定要因

であることを明らかにできたわけだが、ほかに影響力のある要因が潜んでいる可能性もある。この点についての分析は今後の課題としたい。さらに、Socialstyrelsen［2012a］の報告書に、介護の付いた特別住宅およびホームヘルプサービスに関してすべてのコミューンの民間委託の実数が示されているので、直ちに同様の分析を、すなわち与党に関する情報を説明変数として組み込んだ分析を行うことも課題である。

なお、2008年データに関して、ホームヘルプサービスの場合も同様の分析を行い、相関関係があることが確認できている。相関の強さは、介護の付いた特別住宅のほうが大きいことが明らかになった。

2000年と2011年の結果を合わせてみると、レーン単位では、ストックホルムレーン、ウプサラレーン、エステルヨートランドレーンが上位3位までを占めることが分かる。

3　ホームヘルプサービスに見る民間委託化の動向

ホームヘルプサービスの民間委託化については、表は省略するが、社会保健庁が従来からデータを公表している毎年10月1か月間に利用されたホームヘルプサービス利用時間データを対象に、2000年と2011年を比較した結果について明らかにする。

2000年において、スウェーデン全体でコミューンが提供したホームヘルプサービス提供時間は3,998,350時間（79.7％）であり、民間に委託されたサービス提供時間は349,759時間（8.6％）であった。合計では4,062,700時間である。

2011年については、スウェーデン全体でコミューンが提供したホームヘルプサービス提供時間は3,998,350時間（79.7％）であり、民間に委託されたサービス提供時間は1,019,678時間（20.3％）であった。合計では5,018,028時間である。ホームヘルプサービス提供時間の総数とし

ては、11年間に23.5ポイント増加していることになる。

　2000年時点で最も民間委託が進行していたレーンはヴェストマンランド(Västmanland)レーンで20.9%、以下、ストックホルムレーンの20.3%、エステルヨートランドレーンの15.6%と続いている。また、2000年時点で最も民間委託が進行していたコミューンは、スベンユンガ(⑫)コミューン(Västra götlandレーン内)で43.9%、以下、ヤルフェッラコミューン(ストックホルムレーン)の40.3%、リンショーピング(⑬)コミューン(Östergötlandエステルヨートランドレーン内)の39.0%と続いている。

　当時、ホームヘルプサービスの提供をコミューンがすべて行っていたコミューンは、データの得られた274コミューン中219コミューンに上っていた(当時のコミューンは289であったが、274コミューンのデータしか得られなかったので、15コミューンについては何らかの理由によりデータが欠落していた)。つまり、55のコミューンで民間委託が行われていたわけであり、その割合は約20.1%に上っている。

　次に、直近の2011年時点で最も民間委託化が進行していたレーンは、ストックホルムレーンの57.2%、以下、ヴェストマンランドレーンの35.4%、ウプサラレーンの30.8%と続いている。また、2011年時点で最も民間委託化が進行しているコミューンは、ナッカ(⑭)コミューン(ストックホルムレーン内)とヴェリンゲコミューン(スコーネレーン内)の100.0%、以下、ソルナコミューン(ストックホルムレーン内)の80.1%と続いている。

　2011年におけるホームヘルプサービスの提供をコミューンがすべて行っていたコミューンは、データの得られた288コミューン中214コミューンに上っている。つまり、74のコミューンにおいて民間委託が行われていたことになる。民間委託の割合は約25.7%に増えており、過去10年間で5.6ポイント上昇している。

4　自由選択法の制定

「自由選択法（Lag om valfrihetssystem：LOV法）」が2009年1月1日に施行された。この法律の「第1章・法律の適用範囲」の「第1条・法の範囲」には、以下のような記載がある。

> 第1条　本法は、購買主たる当局（コミューン）が、医療および社会サービスにおいて、公的契約および入札法に該当するケアおよびサービスに対し、自由選択システムの導入を決定した場合に適用されるものとする。（中略）本法に基づく自由選択システムとは、購買主たる当局が承認し契約を締結した供給者のなかから、サービスを提供する供給者を選択する権利を利用者たる個人に与えることを目的とするものである。なお、購買主たる当局には、すべての分野に自由選択システムを導入・適用する義務は存在しない。

この条文から分かるように、LOV法は、利用者である個人が医療サービスおよび社会サービスの供給者を主体的に選択する権利を有することを法的に規定した法律となる。

次に、利用者である個人が自由に選択できるためには、その選択を可能にする情報が提供されなければならない。この点については、LOV法「第9章・情報提供および選択を放棄した場合の選択肢」の「第1条・購買主たる当局の情報提供責任」において以下のように述べられている。

> 第1条　購買主たる当局は、自由選択システムの枠内で当局が承認したすべての供給者に関する情報を、利用者たる個人に提供しなくてはならない。その情報は、明白かつ事実に則しており、手に入

れることおよび理解することが難しくなく、かつ供給者間の比較を可能とするものでなければならない。

　先の第1章第1条の最後には、「購買主たる当局には、すべての分野に自由選択システムを導入・適用する義務は存在しない」と明記されている。高齢者ケアに関して言えば、家事援助型のホームヘルプサービス、身体介護型のホームヘルプケア、デイサービス、ショートステイサービス、訪問看護サービス、介護の付いた特別住宅など様々なサービスが存在するが、結局のところ、本法律はコミューンに自由選択を強制する法律ではないので、各コミューンは、これらのサービスのいくつかについて自由選択が可能なようにしてもよいし、まったく自由選択システムを導入しなくてもよいということになる。
　逆に言えば、すべてのサービスを対象に自由選択システムを導入してもよいということでもある。いずれにせよ、どの方針を選択するかはすべてコミューンの自由裁量に委ねられている。
　同法の施行後、各コミューンは、社会サービス委員会が同法の適用を決めたケアサービスについて、利用者である要介護高齢者が自由にサービス供給者を選択できるように情報提供を含めて体制を整えなければならないし、ホームページなどで公開されるべきこととなった。
　実は、すでに同法が施行される以前から自由選択方式を採用しているコミューンが少なからず存在していたので、それに法的な根拠づけを与えたのがLOV法ということである。
　2008年末、SKLは各コミューンに対して、前述の各高齢者ケアサービスのそれぞれについて、LOV法に基づき利用者である要介護高齢者に自由に選択してもらうシステムを導入するかどうかを調査した。2008年末段階では、家事援助型のホームヘルプサービスについてLOV法を導入予定であるコミューンが多かったが、現在ではさらに自由選択できるコミューンが増加していることであろう。

これまで、民間委託化がどの程度進行しているかどうかは、社会保健庁の報告書で確認することができた。すべてコミューン単位で状況の把握が可能だったからである。しかし、LOV 法がスタートしたことで選択の主体は要介護高齢者自身の判断となり、しかも自由に選択できるサービスの選択範囲は各コミューンでまちまちとなった。今後、LOV 法に基づく自由選択サービスを含め、民間委託化の現状を把握することがますます困難になったことは否定できない。[★3]

5　民間委託化と自由選択法（LOV 法）の関係

　現在の高齢者ケアシステムは、以下の三つのパターンが併存している状況にある。一つは、コミューンが直営で高齢者ケアサービスを提供している場合であり、仮にこれを「パターン α」とする。次は、コミューンのサービス提供部門と民間会社が入札に応募し、コミューンの社会サービス委員会あるいは高齢者ケア課が中心となって、数年間のサービス提供主体を選抜する場合である。仮にこれを「パターン β」と呼ぼう。そして三つ目は、LOV 法に基づいて、サービス利用者である要介護高齢者が自由にサービス提供者を決める場合であり、これを「パターン γ」とする。

　本章では、ここまで介護の付いた特別住宅とホームヘルプサービスとに絞って議論してきたが、後述するように、SKL はホームヘルプサービスを二つに細分化し、ホームヘルプサービス（在宅における家事・買い物等のサービス）とホームヘルプケア（在宅における身体介護ケア）に分けている。ここでは、この 2 種類のホームヘルプサービスと介護の付いた特別住宅を合わせて 3 種類のサービスを視野に入れる。

★3　自由選択法については、西下［2009c］pp.39～54を参照されたい。

表4－3　高齢者ケアサービスの種類別サービス提供のタイプ

	コミューンによる直営	コミューン、民間組織間の競争入札による運営委託（LOU法）	利用者による自由選択システム（LOV法）
①介護の付いた特別住宅	α	β	γ
②ホームヘルプサービス	α	β	γ
③ホームヘルプケア	α	β	γ
④デイサービス	α	β	γ
⑤ショートステイサービス	α	β	γ
⑥訪問看護	α	β	γ
⑦安心アラーム	α	β	γ

(出典)　筆者作成。

　さらに、高齢者ケアサービスとしては、デイサービス、ショートステイサービス、訪問看護、安心アラームが主要なサービスとして利用者に提供されている。これらそれぞれのサービスについて、今提示した三つのパターン（α、β、γ）のいずれかの方式が採られることになる。

　高齢者ケアの七つのサービスとサービス提供方式の3タイプを組み合わせたものが表4－3である。理論上は、3の7乗＝2,187通りのサービス提供のタイプが存在することになる。

　例えば、あるコミューンがホームヘルプサービス（家事サービス）に限定してLOV法を適用しているとする。そして、同コミューンの援助判定員が「Cさんは、掃除と買い物、シャワーに援助が必要である」と援助判定したとする。この援助判定の結果を受けて、Cさんは掃除と買い物に関しては、同コミューンが認証した提供者（このなかには同コミューンも複数の民間事業者が含まれる）から自由にサービス提供者を選択することができることになる。ただし、ホームヘルプケアに相当するシャワーの援助に関してはLOV法の対象外なので、Cさんが自由に選択することはできず、同コミューンのホームヘルプサービスを受けることになる。

三つのサービス提供のタイプのうち、現時点では七つのサービスともαのタイプが多いと思われるが、今後、入札に基づく運営委託やLOV法に基づく利用者の自由な選択が普及すれば、多様なサービス提供パターンが多元的に存在することになろう。

6　スウェーデン・コミューン・ランスティング連合会（SKL）と自由選択法

　SKLは、LOV法に関して興味深い調査を行っている。SKLは、2008年11月、全290コミューンを対象に、コミューンにおける自由選択システムの導入に関する調査を行った（Sveriges Kommuner och Landsting [2008b]）。その際、246コミューンが回答した。その後、回答のなかった44コミューンについては電話によるインタビュー調査が実施され、最終的に100％の回答率となっている。

　調査では、①ホームヘルプサービス、②ホームヘルプケア、③介護の付いた特別住宅の3種類のサービスについて質問している。

　まず、複数の民間ケア供給者（企業）から選択できる可能性があるかどうか各コミューンに尋ねた結果では、①について、「存在する」と答えたコミューンが44、「計画中」が104であった。②について、「存在する」と答えたコミューンが33、「計画中」が79であった。そして、③については、「存在する」と答えたコミューンが21、「計画中」が40であった。

　①から③のサービスのなかでは、①のホームヘルプサービスが最も選択可能性が高く、今後も選択できるコミューンが増えていく傾向にあることが分かった。

　次に、LOV法に基づく自由選択システムを各コミューンが導入する予定であるかどうか尋ねた結果では、①について、「導入する」と答えたコミューンが67、導入するかどうか決めるための「調査を開始する予

定である」と答えたコミューンが157であった。②について、「導入する」と答えたコミューンが57、導入するかどうか決めるための「調査を開始する予定である」と答えたコミューンが137であった。そして、③については、「導入する」と答えたコミューンが15、導入するかどうか決めるための「調査を開始する予定である」と答えたコミューンが86であった。

　なお、調査開始予定に関しては、①②③の３分野での導入を前提に調査開始する場合もあれば、２分野、１分野だけ調査を開始する場合も含まれている。

　①から③のサービスのうち、①のホームヘルプサービスが自由選択システムの導入を予定しているコミューンが最も多く、調査開始予定のコミューン数も最も多かった。

7　結論と今後の課題

　1990年代初めより、当時の政権政党である穏健党が行った選択の自由革命は、その後の社会民主労働党が政権政党であった時期にも継続され、2006年以降、現在まで続く穏健党ブロックによる与党体制のなかでますます拡がりを見せている。

　高齢者ケアサービスを民間組織に委託するシステムは、すでに示したように、在宅ケアサービスの中核であるホームヘルプサービスにも、施設ケアサービスである介護の付いた特別住宅にも浸透しつつある。現在、介護の付いた特別住宅は20.1％、ホームヘルプサービスは20.3％の民間委託率であるが、この「高齢者ケアサービスの民間委託化」にさらに拍車がかかる法的な基盤としてLOV法が整えられたことになる。

　この法律は、ホームヘルプサービスや介護の付いた特別住宅といった高齢者ケアサービスを利用する要介護高齢者が、コミューンの援助判定

員によって決定されたサービス利用時間の枠内で、主体的に、自由にサービスを提供する民間会社やコミューンのサービス提供部を選択することを権利として認めた法律である。

　日本の介護保険と同様であるが、当事者である要介護高齢者自身は、心身の衰えなどの理由から、サービス提供事業者を多数の選択肢のなかから選択することはやや困難な状況にある。現実問題としては、息子や娘などの家族あるいは親族がコミットし、事業者を選択することになろう。

　LOV法の下、各コミューンが表4－3（78ページ）に示したような多様な多元的なサービス提供パターンのいずれかに位置づくことになるであろう。特に、前節で紹介した調査において、複数の民間ケア供給者（企業）から選択できる可能性があるかどうかを尋ねた質問で「計画中」と回答した104のコミューンや、LOV法に基づく自由選択システムを導入する予定であるかどうか尋ねた質問で「導入を予定」もしくは「調査開始予定」と答えた224のコミューンに関して、民間委託や自由選択システムが明らかになるにつれて、表4－3の分類が効果を発揮するほど多元的な状況が生ずることになろう。

　LOV法は、今後の高齢者ケアの在り方に強い影響力をもつ法律である。医療ケアや障害者ケアなどにも大きな影響を今後与えていくことであろう。要介護高齢者自身が自由に高齢者ケアサービスを選択できることは基本的には望ましいことであるが、例えばサービスの継続性が確保できないことによるデメリットがないかどうか、自由選択が可能になることにより一人ひとりの要介護高齢者のケアプランのマネジメントはどうなるのかなど、LOV法に関する「もう一つの見方」から分析研究することが必要不可欠となる。

第5章

高齢者ケアの質に関する情報公開の先進性

1　情報公開

　スウェーデン社会は、伝統的に情報公開の進んだ国である。その伝統のもと、インターネットが普及するにつれて、コミューンベースあるいはレーンベースの様々な情報が公開されるようになってきた。

　スウェーデン中央統計局（SCB）においても、『Statistisk årsbok för Suerige』という年鑑が毎年刊行され、30近い分野にわたり、コミューンベース、レーンベースの様々な情報が公開されている。

　筆者は、常々、高齢者ケアに関するよりきめの細かい有効な情報が公開されないものかと感じていたが、2007年、高齢者ケアに関する驚くほど細部にわたる情報が公開された。ここでは、現在に至るまで続くスウェーデンの先進的な高齢者ケアの情報公開の具体的な姿について分析していきたい。

> コラム❸　**個人、組織の情報公開**
>
> 　スウェーデンには、個人情報を調査できるサイト（www.hitta.se）がある。例えば、知り合いの自宅を初めて訪問する時にこのサイトは役立つ。個人名と地域名を所定の欄に入力すれば、当該個人の電話番号、自宅住所、自宅周辺地図が示される。個人名の欄には、通り名、都市名、場所名などを入れることができる。
>
> 　さらに、www.eriro.se というサイトもある。このサイトには、上記サイトと同じように、個人名、会社名を入れる欄と住所、エリアを入れる欄があるが、こちらのサイトでは、個人名、会社名に関連する情報が掲載される。
>
> 　これらは、使い方を間違わなければ有用な情報を引き出すことができるが、悪用される可能性もある。リスク回避をするために、データベースに個人情報を掲載しない手続きを取ることも可能となっている。
>
> 　ほかにも同様のサイトがいくつか存在している。

2　社会保健庁によるミクロレベルの情報公開

　社会保健庁は、290のすべてのコミューンを対象に、高齢者ケアの質を四つのサービスに関して調査した。その四つとは、介護の付いた特別住宅、ホームヘルプサービス、デイサービス、ショートステイサービスであり、得点による評価を実施し2007年に公表した。
　社会保健庁は、「Äldreguiden（シニアガイド）」というデータベースとして公表している（Socialstyrelsen [2008b]）。データベースの基になっているのは、社会保健庁が各コミューンの責任者に送ったアンケート調査による評価結果である。当該コミューンの高齢者ケアに関する責任者が、コミューン内のすべての介護の付いた特別住宅、ホームヘルプサービス、デイサービス、ショートステイサービスを調査し、各評価項目について5点満点で評価して社会保健庁にデータを送っている。
　ここでそのすべてを明らかにすることはできないが、上記四つのサービスのうちから、介護の付いた特別住宅に焦点を当て分析を試みる。
　このデータベースにおいて、高齢者ケアの質は次に述べる様々な項目、様々な組織レベルから比較することができるようになっている。すなわち、レーン内のコミューン間比較を行うことが可能であり、レーン間の比較を行うこともできる。また、四つのサービスそれぞれについて、コミューン内の一つ一つのサービス提供主体が、スウェーデン全体の平均値からどれほど望ましい方向へ、あるいは逆に望ましくない方向に隔たっているかが明らかにされている。責任官庁による客観的評価に関する情報公開システムの理想的な姿を、スウェーデンの「Äldreguiden」に垣間見ることができる。
　表5-1は、リンショーピングコミューンにある介護の付いた特別住宅のユニット「ヴァラ・パルク（Valla Park）」、ハリューダ⑮コミューンの介護の付いた特別住宅のユニット「エークダーラゴーデン（Ek-

表 5 − 1　介護の付いた特別住宅に対する客観的評価の変化

	ヴァテラ・パルクの数値 2008→2011	リンショーピングコミューンの平均値 2008→2011	エスチェルユタウンドレーンの平均値 2008→2011	エーケデーコミューンの数値 2008→2011	ハリューダコミューンの平均値 2008→2011	ジェストリクレーンの平均値 2008→2011	ボールヘムスコーデンの数値 2008→2011	ソルナコミューンの平均値 2008→2011	ストックホルムレーンの平均値 2008→2011	スウェーデン全体の平均値 2008→2011
1. 参加	3.0→3.0	3.6→3.2	3.6→3.2	2.0→5.0	3.3→2.0	3.2→3.2	5.0→5.0	3.4→3.7	3.3→3.3	3.3→3.1
1a. プラン作成への参加	3.0→3.0	3.6→3.2	3.6→3.2	2.0→5.0	3.3→3.1	3.2→3.2	5.0→5.0	3.4→3.7	3.3→3.3	3.3→3.1
2. 職員密度	2.0→2.0	1.9→1.5	2.6→2.6	5.0→4.0	3.2→3.1	2.9→2.9	4.0→4.0	3.3→4.0	3.0→3.0	3.0→3.0
2a. 職員密度	2.0→2.0	1.9→1.5	2.6→2.6	5.0→4.0	3.2→3.1	2.9→2.9	4.0→4.0	3.3→4.0	3.0→3.0	3.0→3.0
3. 能力	1.0→2.0	3.1→2.8	2.9→2.9	3.0→3.5	2.8→3.1	2.9→2.9	2.5→2.0	3.1→2.7	3.1→3.2	3.0→3.0
3a. 職業教育・訓練	1.0→2.0	2.8→3.2	3.0→3.2	3.0→2.0	2.3→2.5	3.1→3.0	1.0→1.0	2.3→1.5	2.5→2.6	3.0→3.0
3b. 職業教育の期間	1.0→2.0	3.4→2.6	2.9→2.7	3.0→5.0	2.3→3.7	2.7→2.8	4.0→3.0	3.9→3.8	3.7→3.8	3.0→3.0
4. 継続性	2.0→3.0	3.1→1.6	3.2→3.2	2.0→3.0	2.7→3.3	3.0→3.0	3.0→4.7	2.7→3.2	2.9→3.0	3.0→3.0
4a. 雇用労働時間	3.0→4.0	3.5→3.2	3.3→3.4	4.0→4.0	2.0→3.5	3.0→2.9	5.0→5.0	4.1→4.2	3.5→3.7	3.0→3.0
4b. 職員の異動	1.0→4.0	3.3→2.5	3.2→3.1	1.0→2.0	3.2→2.9	3.0→3.1	2.0→4.0	2.2→3.0	2.9→3.1	3.1→3.1
4c. 時給で雇用されている職員	2.0→1.0	2.2→1.5	2.8→3.1	1.0→3.0	2.8→3.7	3.1→3.1	2.0→5.0	1.9→2.5	2.2→2.3	3.0→3.0
5. 自立	5.0→5.0	4.4→4.7	4.1→4.5	1.0→2.5	3.3→4.2	4.0→4.2	3.5→4.5	4.6→4.4	4.2→4.4	4.2→4.4
5a. 個室	5.0→5.0	4.3→4.5	4.5→4.8	1.0→4.0	4.3→4.8	4.5→4.7	5.0→4.0	5.0→4.9	4.6→4.7	4.6→4.8
5b. 自分用のトイレ/バスルームおよびキッチン	5.0→5.0	4.4→4.8	3.6→4.2	1.0→1.0	2.3→3.5	3.5→3.7	2.0→5.0	4.2→4.0	3.9→4.1	3.7→4.0
6. 食事	4.5→5.0	4.5→2.9	4.4→3.8	4.5→5.0	4.9→5.0	3.9→3.2	5.0→5.0	4.9→5.0	4.5→4.6	4.1→3.5
6a. メニューの選択	4.0→5.0	4.2→2.2	4.4→3.3	4.0→5.0	4.8→5.0	4.2→2.5	5.0→5.0	4.8→5.0	4.6→4.4	4.3→3.0
6b. 食事時間の間隔	5.0→5.0	4.7→4.0	4.5→4.3	5.0→5.0	5.0→5.0	3.7→3.8	5.0→5.0	4.5→4.7	4.5→4.7	3.9→4.0
7. 責任者	1.0→2.0	3.5→2.8	3.0→2.4	3.0→2.0	2.7→2.9	3.0→3.1	2.0→4.0	2.4→3.3	3.2→3.1	3.0→3.0
7a. 責任者一人当たりの雇用者数	1.0→2.0	3.5→2.8	3.0→2.4	3.0→2.0	2.7→2.9	3.0→3.1	2.0→4.0	2.4→3.3	3.2→3.1	3.0→3.0

(出典) Socialstyrelsen[2008b] Jämför äldreboenden http://aldreguiden.socialstyrelsen.se; Socialstyrelsen[2011f] Jämför äldreboenden http://aldreguiden.socialstyrelsen.se/ から筆者作成。

(注) レーン名の列の数字は、当該レーン全体の平均値を意味する。同様に、コミューン名の列の数字は、当該コミューン全体の平均値を意味する。

dalagården)」、ソルナ・コミューンのユニット「ポールヘムスゴーデン（Polhemsgården)」を選び、7項目12要素にわたる介護の質に関する得点（すべて5点満点）を、2008年と2011年に関して一覧できるように示した結果である。

　3か所の介護の付いた特別住宅の得点だけでなく、相対的な位置づけが可能なように、それぞれの介護の付いた特別住宅があるコミューン全体の平均値、レーン全体の平均値、スウェーデン全体の平均値が本データベースに示されているので、同じく一覧できるように示しておいた。これにより、一つ一つの介護の付いた特別住宅が、スウェーデンの平均値からどれほど望ましい方向へ、あるいは逆に望ましくない方向へ隔たっているかが理解できる。

　表5－1の表側の各項目について説明をすると、まず「1．参加」は、当事者である要介護高齢者がケアおよびサービスの内容に対して参加し、自分の意見を反映させる可能性があるかどうかを示している。その指標である「1a.プラン作成への参加」は、高齢者自身の意見を反映させて作成された個人別ケアプランがどれ位の割合で存在するかを示している。

　この指標は2～5点の配点である。「2．職員密度」および「2a.職員密度」は同じ意味であり、入居している高齢者数に対する全介護スタッフの数で評価される。

「3．能力」は介護スタッフの能力のことであり、二つの下位指標から構成される。「3a.職業教育・訓練」は、全介護スタッフのうちケア関係の職業教育および訓練を受けている割合のことであり、「3b.職業教育の期間」は、全介護スタッフのうち高校卒業後に最低2年以上の学歴を有する職員の割合を意味する。

「4．継続性」は、高齢者が常に同じケア職員にケアおよびサービスを提供してもらえる可能性があるかどうかを示しており、三つの下位指標から構成される。「4a.雇用労働時間」は、月給を得ている全介護スタッフのうち、85％以上（週34時間以上）である職員の占める割合を意味

する。「4b.職員の移動」は、介護の付いた特別住宅に雇用されている介護スタッフ（臨時雇用は含まない）のうち、前年1年間に辞めた職員の占める割合を意味する。「4c.時給で雇用されている職員」は、介護の付いた特別住宅において提供されるすべてのケアおよびサービスのうち、時給で雇用されている職員によってなされる仕事の占める割合のことである。

「5.自立」は、高齢者が自立した独立生活を送っているかどうかを示しており、二つの下位指標から構成される。まず「5a.個室」は、介護の付いた特別住宅に居住する高齢者のうち、一人で個室に住んでいる割合を意味する（このような指標が設定されるのは、配偶者やその他の近親者以外の人と相部屋になっている場合が一定数存在するからである）。「5b.自分用のトイレ／バスルームおよび簡易キッチン」は、同じく介護の付いた特別住宅に居住する高齢者のうち、それらを有している高齢者の割合を意味する。

「6.食事」は、二つの下位指標から構成される。「6a.メニューの選択」は、主食（昼食と夕食もしくはそのどちらか）を取る際に、最低でも二種類以上のメニューから選択することのできる高齢者が占める割合のことであり、「6b.食事時間の間隔」は、夕食から翌日の朝食までのブランクの時間を意味する。

「7.責任者」および「7a.責任者一人当たりの雇用者数」は、介護の付いた特別住宅の責任者一人当たりの介護スタッフ数を意味する。

　以上、社会保健庁が公表した各介護の付いた特別住宅に関するミクロレベルの情報公開は、7項目12要素から構成される極めてきめの細かいものであった。

　介護の付いた特別住宅への入居を希望する要介護高齢者は、ケアサービスに対して所得に応じた自己負担額を支払う消費者でもあるので（西下［2007］pp.62〜77；西下［2008c］pp.7〜15）、コミューンに入居を

申請する前に、こうしたデータベースの情報を高齢者本人や家族が入手できることは素晴らしいことである。

ただし、こうした客観的評価に関する情報公開に問題点がないわけではない。例えば、リンショーピングコミューンの「ヴァラ・パルク」は、3の能力を構成する2項目、4の継続性の第2項目である職員の移動、7の責任者一人当たりの雇用者数がすべて1.0点となっており、スウェーデン全体の平均値である3.0ないし3.1からは著しくかけ離れている。全12項目の5段階評価の点数の基準について、各介護の付いた特別住宅の責任者（施設長）に対して、具体的な基準が示されているのであろうか。

同じ「ヴァラ・パルク」について2011年の評価結果を見ると、2008年時点で評価の低かった「3．能力」、「4．継続性」、「7．責任者」に関して、多くの項目で改善が見られる。ただし、改善が見られるものの、スウェーデン全体の平均値には届いていない項目も多い。

調査結果データと評価方法が、コミューンの高齢者ケア担当セクションだけでなく、介護現場の施設長や介護スタッフ、そして市民に周知徹底されて初めて言葉の本当の意味での情報公開となる。つまり、介護の質を底上げするアクションも同時に起こさなければ、せっかくのデータベースも公表の価値が半減してしまうということである。この点についても、今後の調査研究のなかで明らかにしたい。

3 スウェーデン・コミューン・ランスティング連合会（SKL）によるマクロレベルの情報公開

SKLは、社会保健庁と同様、2007年に入り興味深いデータを公表した。その名も「Öppna Jämförelser－Äldreomsorg 2007（高齢者ケアの情報公開 2007）」という報告書である。この内容は、インターネット上ですべて公開されている（SKL［2008c］）。この報告書は、全国290の全

コミューンを対象に、「A医療の質」、「B社会サービス」、「C介護職員」、「Dコスト」、「E高齢者ケアの内容」の5項目13要素についてデータを示している。

まず、「A医療の質」は以下の5要素から構成される。
① A1：80歳以上の男女高齢者1,000人当たりの転倒による怪我の割合（2005年）。
② A2：80歳以上の男女高齢者1,000人当たりの事前に計画されたものではない通院または入院者の割合（2005年）。
③ A3：80歳以上の男女高齢者の病院での死亡者割合（2005年）。
④ A4：80歳以上の男女高齢者が3種類以上の精神安定剤を服用している割合（2006年）。
⑤ A5：80歳以上の男女高齢者クラスD相互作用の医薬品を服用している割合（2006年）。

次に、「B社会サービス」は、B：最低1部屋もしくは1部屋半の広さがあり、簡易キッチン、トイレ、シャワーが完備されている「介護の付いた特別住宅」の割合（2006年）の1項目である。

第3に、「C介護職員」は以下の2要素から構成される。
① C1：高齢者ケア・障害者ケアの介護スタッフのうち、高校レベル以上の医療および介護の教育を受けている者の割合（2005年）。
② C2：高齢者ケア・障害者ケアの介護スタッフが1年間に退職した割合（2004～05年）。

第4に、「Dコスト」は以下の3要素から構成される。
① D1：高齢者ケアにおける水準コストと実質コストの格差の割合（2005年）。
② D2：65歳以上の住民1人当たりの在宅ケアのコスト（2005年）。
③ D3：65歳以上の住民1人当たりの介護の付いた特別住宅におけるケアのコスト（2005年）。

第5に、「E高齢者ケア」の内容は以下の2要素から構成される。

① E1：80歳以上の高齢者が自宅でホームヘルプサービスを利用している割合（2006年）。
② E2：80歳以上の高齢者が介護の付いた特別住宅に入居している割合（2006年）。

このうち、A、B、Cの3項目についてはすべての要素が、Dについては一つの要素が、数値データに合わせてランキングが表示されており、どのコミューンのどの項目、どの要素が相対的に優れているかが一目瞭然で分かるように示されている。

ここでは表を割愛せざるを得ないが、B：最低1部屋以上の広さがあり、簡易キッチン、トイレ、シャワーが完備されている介護の付いた特別住宅について最も割合が高いのがアルヴィーカ（⑯）コミューン（ヴェルムランド［Varmlands］レーン内）で100％、逆に最も割合が低いのがダールス・エードコミューン（ヴェストライェータランド［Västra Götlands］レーン、他3コミューン）で0％であった。

次に、C1：介護スタッフのうち、高校レベル以上の医療および介護の教育を受けている者の割合については、最も割合が高いのがヘールヴィー（⑰）コミューン（スコーネレーン内）で87％、逆に最も割合が低いのがストックホルムレーンのヴァックスホルムコミューンで36％であった。

C2：介護スタッフのうち、2004～05年の1年間に退職した割合について、最も割合が低いのがヴェステルノールランド（Västernorrlands）レーンのヘーネーサンド（⑱）コミューンで0％、逆に最も割合が高いのがストックホルムレーンのリーディンゲー（⑲）コミューンで27.4％である。

最後に、「E 高齢者ケアの内容」のうち、E1：80歳以上の高齢者のうちホームヘルプサービスを利用している割合について、最も割合が高いのがダーラナ（Dalarnas）レーンのエルブダーレン（⑳）コミューンで32％、逆に最も割合が低いのがオレブロ（Örebro）レーンのユースナ

シュベリ（㉑）で11％であった。E2：80歳以上の高齢者のうち介護の付いた特別住宅に入居している割合については、最も割合が高いのがヴェステルボッテン（Västerbottens）レーンのノーシェー（㉒）コミューンで 29％、逆に最も割合が低いのが、ヴェルムランド（Varmlands）レーンのストールフォシュ（㉓）コミューンで６％であった。

　代表的な福祉国家であり、社会サービスの行き届いた福祉社会であるとされるスウェーデンについて、こうした著しい「コミューン間格差」が存在することは意外であるが、我々はこれを現に存在する事実として受け止めなければならない。

　ここで取り上げた６項目の割合（％）について、Pearson（ピアソン）の相関係数を取ると（表は省略）、C1とC2の関係についてのみ、１％の有意水準で逆相関していることが分かった。相関係数は、「－0.264」と強い逆相関である。すなわち、介護に関する専門性が高い介護職員が多いコミューンほど退職者の割合が低いことが明らかになった。

4　今後の課題

　2007年に入り、コミューンレベルの高齢者ケアに関する情報が公開された。これはコミューン間格差が歴然と存在すること、すなわち高齢者ケアの充実したコミューンもあればそうでないコミューンが存在することを数字で示した画期的な情報公開である。

　さらには、それぞれのコミューンに関して、介護の付いた特別住宅レベルでの高齢者ケアに関する情報が公開された。これは、同じコミューンにあっても、介護の付いた特別住宅という施設ケア機関の間に歴然とした格差が存在すること、すなわち同じコミューンであっても、質の高い介護の付いた特別住宅もあればそうでない介護の付いた特別住宅が存

在することを数字で明らかにした点で画期的な情報公開である。

　おそらく、これまでタブーであったと思われる「コミューン間格差」や「コミューン内格差」が公にされたことの意義は大きい。しかしながら、何故このような深刻なレベルでの問題提起を含む情報公開、すなわち高齢者ケアの質の低いコミューンの名前が知れわたることや高齢者ケアの質の低い介護の付いた特別住宅の名前が公にされてしまうことが可能だったのであろうか。おそらく、ケアの質の低さについて注意を喚起し、自覚を促すという目的であると考えられるが、それにしても大胆な情報公開である。

　さらに、穏健党を軸とする保守連立内閣で、何故このような情報公開が実施されることになったのであろうか。政党間のパワーポリティクスにかかわる背景要因の解明についても今後の課題である。

　情報公開そのものにまつわる今後の課題としては、高齢者虐待や医療過誤についてもコミューンやランスティングのレベルでデータを集約しているはずである。筆者はかつて、コミューンが介護の付いた特別住宅の運営を民間委託の可能性を含めて入札制にしているかどうかを軸に二つに分類し、それぞれの方式ごとに高齢者虐待が疑われるケースの報告数を分析したことがある（西下［2007］pp.93〜112）。

　したがって、コミューンごとに、サーラ法（Lex Sarah）に基づき高齢者虐待が疑われるケースのデータを情報公開することは可能なはずである。加えて、おそらく医療過誤についてもランスティングごとに、マリア法（Lex Maria）に基づき医療過誤のデータを情報公開することは可能なはずである（第7章参照）。

　一方で、スウェーデン全体を対象に調査した数多くの項目に関してデータが情報公開されるという発展の過程があり、もう一方で高齢者虐待や医療過誤など社会的に重要な情報に関する情報が非公開もしくは未公開のままであるという乖離がある。高齢者ケアに関する詳細な情報公開が進むなか、このような乖離現象をどのように理解すればよいのかに

ついては、先に述べた課題と合わせて今後追究していかなければならない。

ところで、2012年2月、この点を明らかにするために社会保健庁を訪問した。情報公開プロジェクトのリーダーの個人的な見解としては、各介護の付いた特別住宅の介護の質を数字で明らかにすることは問題がないが、高齢者虐待あるいは虐待が疑われるケースの報告数については各コミューンでの判断がまちまちであり、公表される数字に対するマスコミなどの反応が強いと予測されるので、今のところ情報公開の予定はないとのことであった。

しかし、コミューン職員労働組合が発行している機関誌「Kommunal Arbetaren」が、利用者1,000人当たりの高齢者虐待に関する報告の発生数を示していたことからすれば、あまり激しい反応が生じるとは思えない（Kommunal Arbetaren［2003］）。

さて、社会保健庁とSKLが2011年12月に公表した報告書では（Socialstyrelsen och SKL［2011e］）、290の全コミューンに関して31の指標が示され、それぞれの指標に関する割合（％）と全コミューン中の順位が示されている。そのうちの23項目については、2010年の実績（％）との比較による増減が矢印で示されている。また、最後の12項目については、割合（％）だけが列記されている。本報告書データに関する分析は今後の課題としたい。

5 結論と今後の展望

スウェーデンは、エーデル改革以後、高齢者政策に関する国家行動計画、SENIOR 2005、高齢者看護・高齢者ケアに関する国家推進プランと「切れ目なく」高齢者ケア計画を立ち上げ、自らにドライブをかけながら進み今日に至っている。確かに、多文化共生社会における多様性への積極的な配慮、高齢者の尊厳を重視する価値観、ジェンダーに対する

十分な意識など、計画で重点を置かれている様々な視点は計画全体のなかの貴重なポイントである。

　しかしながら、エーデル改革以後、スウェーデンにおける高齢者ケアが脱施設化し（Socialstyrelsen［2007］p.8）、その結果として、インフォーマル化が進行しつつあるなかで（Socialstyrelsen［2007］p.9）、高齢者ケアにおけるこうした「変容」が、三つの計画のなかで果たしてどのように位置づけられているのかについては明確ではなかった。

　先に掲載した**表2－2**（28ページ）で示すように、ケアニーズが高まる80歳以上の高齢者に対するサービス提供のパターンが2000年以降大きく変容している。すなわち、2006年までの間に、ホームヘルプサービスが10％以上増加したコミューンは、2000年当時の289コミューンのうち153コミューンに上り（52.9％）、そのうち介護の付いた特別住宅の供給量が10％以上減少したコミューンが132コミューン（86.3％）と圧倒的多数である。脱施設化とインフォーマル化が極めて強いマイナスの相関関係にあることが分かる。

　スウェーデンが今後、脱施設化、インフォーマル化を突き進むのか、逆に施設化、フォーマル化を進めるのかという基本方針が明らかになってこそ、高齢者看護・高齢者ケアに関する国家推進プランのような10か年計画が本領を発揮する素地ができあがる。三つの高齢者ケア計画立案者に、この点についての方針をインタビュー調査により明らかにすることが、今後、必要不可欠となる。

　すでに、介護の付いた特別住宅の供給量が減った結果、自宅での生活に不安を訴える高齢者が移る場所が少なくなり、またこれを支える家族の負担も重くなってきているため、高齢者などが不満を募らせつつある（伊澤［2006］p.41）。

　脱施設化とインフォーマル化は、スウェーデン全体で進行しつつある変動である。介護の付いた特別住宅を減らし、ホームヘルプサービスを中心とする在宅ケアサービスを充実させる、あるいは家族・親族による

ケアをサポートするという基軸の変化は、要介護の状態にある高齢者自身の自宅でケアを受けたいというニーズに対応したものだと説明されてきたが、本音はコストカットという経済的な動機ではなかったか。

　脱施設化しインフォーマル化するという基軸の変化を、高齢者の尊厳を守り、高齢者自身のニーズを尊重した結果と見るのか、経済的なコストカットと見るのかについて、各高齢者ケア計画の立案者にインタビュー調査することが必要不可欠であり、解明したいポイントである。

　最後に問題提起すべきことがある。社会保健庁とSKLが2007年以降精力的に遂行してきたことは、ミクロには、介護の付いた特別住宅やホームヘルプサービス、デイサービス、ショートステイサービスについて個別の高齢者ケアの質を測るという課題であった。そしてマクロには、各コミューンの高齢者ケアの質をエビデンスに基づき実証的に明らかにするという課題であった。また、どちらの課題も先行するモデルが諸外国に存在するわけではなく、スウェーデンが独自に開発した取り組みであった。そして、こうした独自の取り組みに対する最も強い批判は、ケアの質を測る測定項目の妥当性と網羅性に向けられた。

　コミューンの高齢者ケアの質を明らかにするために、ミクロレベルのデータベースでは7項目12要素が、マクロレベルのデータベースでは30数項目が設定されたが、果たしてそれらが最も妥当なのかという点とそれらの7項目あるいは30数項目で網羅されているのかという批判である。

　また、各設定項目にランキングを付け、相対評価基準のもとで、報告書やホームページのPDFで、上位25％は緑色、下位25％は赤色、中程度の平均前後の50％は黄色に色分けをするという方法論に多くの批判が集まった。この表示スタイルは、SKLが2007年の報告書で初めて採用したものである（SKL［2007］pp.137〜153）。

　ケアの質を上げるために努力していても、毎年、赤色の指標が多ければ組織としてのモラールが下がるのは当然である。高齢者ケアの質を向上させる目的で始めた情報公開が、かえって裏目に出る場合も少なくな

い。また、想定外のコミューンの動きも見られる。すなわち、情報公開の報告書に設定された約30項目の順位を上げるためだけに、予算と人材を使うというコミューン側の対応戦略である。これでは、本末転倒と言わざるを得ない。

　ここにきて、社会保健庁側も再検討を始めた。マクロレベルの情報公開に関しては、相対評価方式を近い将来廃止し、絶対評価に移行するという方針である。今後開発される絶対評価の線引きは新たな問題を生じさせる可能性が高いが、質の低いコミューンを意味する赤色のグループをつくらなくても済むので、上記のような想定外の戦略を取るコミューンも減るであろう。

　また、高齢者ケアの質を評価するにあたって絶対的な信頼を置いてきた利用者満足指数であるNKI★1についても見直しをする方針のようだ。同インデックスは難解な指標のようであり、素点表示やランキングの基礎になっているにもかかわらず、インデックスが理解しづらいという構造的な問題を孕んでいる。

6　情報公開の将来目標と公開の多様性

　社会保健庁は、SKLと協力することで社会サービスの諸領域および在宅医療のクオリティに関するデータをこれまで以上に増やし、そのことを通じて情報公開、公開比較の展開を促進するように内閣より任務を与えられている。その任務の遂行期間は2010年から2014年までの5年間である。また、公開比較は毎年最低1回公表するように決められている。

★1　（Nöjd Kund Index）スウェーデン中央統計局（SCB）が、公的な機関による調査結果提示のために開発した指数。サービス利用者は、各設問に対し、満足度を1点から10点までのうちから一つ選ぶ。各設問に対する値をまとめ、0から100までの指標値に換算したものを「利用者満足指数（NKI）」と呼ぶ。

5年間にわたる公開比較には、2010年時点で様々な目標が設定されており、各社会サービス分野の情報公開は、その目標に向かって研究開発およびデータ収集という実践が行われている。第5章および第6章においてその概要を明らかにしてきたので、ここでは2014年に向けての将来計画の目標を確認するにとどめたい。

　まず、到達目標は、2014年末までに社会サービス分野および在宅医療において、クオリティ・成果・効率性に関する公開比較を提供することである。その公開比較は、目的に即して形成されており、また最新のデータに基づく信頼性の高いものでなければならない。

　その目的は、政治的決定の基盤を提供し、福祉事業に従事する職員が事業の改善・発展を図る際の適切な手段を与えることで社会サービスおよび在宅医療の質向上に貢献できることにある。また、利用者および近親者、国民が選択を行うのに必要な情報を提供することにある。

　社会保健庁はこれまで、高齢者ケアの効率性およびコストの計算法を模索してきた。目標としては、2012年までに社会サービス分野の効率性を算出するモデルを見つけ出し、2014年にはコミューンレベルでの高齢者ケアの効率性を比較する尺度を構築することである。

　社会保健庁は、「指標」に関しても大きな目標を設定している。現在、社会サービス分野における公開比較は、組織およびプロセスにおける質を描写する指標を基に形成されている。結果のクオリティ比較、つまり「事業が利用者に及ぼす影響に関する比較」はこれまでほとんど行われていない。

　公開比較の目標は、クオリティ、結果、効率性に関して正確に描写し、そのうえで比較を可能にすることである。そのため、2011年から現在使用している指標を見直し、指標を変更し、指標を増やすことを行ってきている。

　最終年の2014年に向けて、組織・プロセス・結果が利用者のニーズに合ったものであるかどうかを示す指標を、コミューンおよび介護の付い

た特別住宅のユニットレベルで発展させることが最終目標となる（Socialstyrelsen［2010a］）。

以上は、社会保健庁とSKLが行っている情報公開の今後の計画に関する紹介であるが、最後に、社会保健庁でもSKLでもない第3の組織による情報公開について述べることにする。

2006年1月、その第3の組織が誕生した。それは、「コミューンに関する分析促進委員会（Rådet för främjande av kommunala analyser：RKA）」という組織である。このRKAは、政府50％、SKL50％出資のNPOである。RKAは、これまでの社会庁やSKLのデータベースとは異なる新しい形のデータベースである「Kommun-och landstingsdatabas」を現在公表している（RKA［2006］）。

当該データベースは、社会保健庁やSKLと同様、社会サービスの様々な分野をカバーしている。そのRKAのホームページには、コミューン（地方自治体）に関する分析促進委員会の業務として以下の三つが明記されている。

❶地方自治体データベースの管理と発展促進
❷コミューン間・ランスティング間の比較の促進
❸コミューンとランスティングの対象分野と現状に関する分析を促進

上記三つの業務のうち、❷についてはなかなか評価することが難しい。すなわち、これまでの社会保健庁やSKLの情報公開データベースで容易に行えたような全コミューン間の比較、全ランスティング間の比較が、RKAのデータベースでは行えないのである。

その状況を具体的に述べるならば、同データベースは、一つのコミューンあるいは一つのランスティングを選択し、当該地方自治体の多面的な項目のプロフィールや各項目の経年変化を一覧することが十分可能である。例えば、コミューンレベルでは11の分野が掲載されている。このうち、高齢者ケアに関する公開比較の分野では合計71の項目が掲載さ

れている。在宅ケアサービスおよび介護の付いた特別住宅に関する客観的な状態を示す項目とNKIの数値を示す項目から構成されている。前者が44項目、後者は27項目である。

　現在のサイトでは、2008年から2011年までについて数値が示されている。そのうち、2011年に関しては46項目の数字が掲載されている。社会保健庁とSKLが共同で公表している報告書同様、71項目のうち45項目で赤色、黄色、緑色で色分けされている。ただ特徴的なのは、前述したように、コミューン間の比較分析やランスティング間の比較分析が逆に行えないような仕組みになっていることである。

　このようなデータベースの構造的な特性により、二つのコミューン間や二つのランスティング間の詳細な比較分析が不可能である。そのため、比較分析の目的に応じて、データベースを使い分けるスキルが我々に必要とされる。つまり、多様な情報公開のツールのなかから自らのニーズにマッチしたものを選び、情報をそこから学ぶという情報公開リテラシーを身につけることが不可欠になる。

第6章

高齢者による
サービス利用満足度
と結果の公開

1　入居者の満足度への注目

　前章で、スウェーデンの高齢者ケアに関する情報公開について論じた。その際、二つの組織による高齢者ケアの情報公開について紹介し分析検討を行った。

　一つは社会保健庁による情報公開である。社会保健庁が2007年に公表した介護の付いた特別住宅に関するデータベースに焦点を当て、三つのコミューンの3か所の介護の付いた特別住宅を選択し、データベースから介護の質に関する変化が見られるかどうか具体的に示した。

　もう一つは、同年に発表されたSKLによる情報公開である。SKLが、各コミューンの2007年の高齢者ケアに関する実績について発表した報告書の5分野13項目のなかから一部を抜粋して分析を行った。

　本章では、社会保健庁とSKLが2010年に公表した高齢者ケアの状況に関する報告書のうち、介護の付いた特別住宅入居者の満足度調査データに焦点を当て分析を行う（Socialstyrelsen & SKL［2010c］）。

　2010年、社会保健庁とSKLは、初めて協働し高齢者ケアに関する様々な項目を設定したうえで、コミューンごとの素点、順位に関する情報をインターネット上で公開するに至った。これらは、報告書としても出版されている（Socialstyrelsen & SKL［2010c］pp.1〜145）。

　すでに述べたように、社会保健庁とSKLは別々の視点から高齢者ケアの質にかかわる様々なコミューン別データを公表し、情報公開に努めてきた。今回は、初めて二つの組織が連携し、介護の付いた特別住宅の利用者評価に関するデータを公表するに至ったことは、この公開情報に注目する高齢者本人、高齢者の家族、ホームヘルパー、介護の付いた特別住宅の介護職員、コミューン職員、コミューン議会議員などにとって望ましい動きであるということができる。

ある介護の付いた特別住宅のオープンスペースと個室

2　報告書の構成

　社会保健庁と SKL が共同で公表したデータベース（Socialstyrelsen & SKL［2010c］pp. 1～145）には、全部で36項目のコミューン別データが掲載されている。このうち、24項目に関しては、コミューン別のデータ（素点と順位）がすべて揃った状態である。6項目には、一部あるいは半数程度のコミューンデータが掲載されていない。残り6項目は、すべてのコミューンのデータが実数で示されているもの、順位づけはなされていない。

　このようにデータベースとしては不完全な部分も一部見られるが、判明しているコミューンだけでもデータを掲載し、利用者やその家族、当該介護労働者、コミューン議会議員などに活用してもらいたいという意図が感じられる。

表6－1　介護の付いた特別住宅に関する利用者評価の素点・偏差値・順位

	A 介護の付いた特別住宅の介護全般に対する利用者評価			B 介護職員の対応に関する利用者の評価			C 利用者の希望に対する介護職員の対応に関する利用者評価			D 介護の付いた特別住宅における食事に対する利用者の評価			E 介護の付いた特別住宅において外出の希望が叶えられる可能性に対する利用者の評価		
最小－最大	40－89			35－92			27－81			26－81			0－53		
平均	66.1			71.5			54.7			53.0			29.1		
標準偏差	8.5			7.6			9.3			10.1			9.1		
	素点	偏差値	順位	素点	偏差値	順位	素点	偏差値	順位	素点	偏差値	順位	素点	偏差値	順位

ストックホルム

	素点	偏差値	順位	素点	偏差値	順位	素点	偏差値	順位	素点	偏差値	順位	素点	偏差値	順位
ボートシルカ	58	40.4	235	64	40.1	250	50	45.0	200	42	39.2	249	31	52.1	113
ダンデリード	73	58.1	48	81	62.6	20	66	62.1	27	62	59.0	42	43	65.4	18
エーケレー	66	49.8	149	72	50.7	137	48	42.8	223	53	50.0	128	22	42.2	223
ハーニンゲ	67	51.0	131	66	42.8	224	49	43.9	217	58	55.0	75	34	55.4	67
フッディンゲ	59	41.6	226	73	52.0	120	55	50.3	144	48	45.1	195	32	53.2	96
ヤルフェッラ	57	39.2	243	73	52.0	120	52	47.1	184	45	42.1	224	25	45.5	194
リーディンゲー	53	34.5	269	58	32.2	275	43	37.4	257	26	23.3	288	28	48.8	153
ナッカ	66	49.8	149	74	53.3	98	59	54.6	85	57	54.0	87	33	54.3	79
ノルテリエ	64	47.5	178	73	52.0	120	56	51.4	124	49	46.1	186	31	52.1	113
ニークヴァーン	50	31.0	281	*35	*1.8	288	*27	*20.3	286	*44	*41.1	234	*0	*17.9	289
ニーネスハムン	63	46.3	188	71	49.4	149	65	61.1	31	43	40.2	240	26	46.6	179
サーレム	69	53.4	99	74	53.3	98	45	39.6	241	59	56.0	63	42	64.3	22
シグトゥーナ	55	36.9	256	64	40.1	250	36	29.9	280	43	40.2	240	23	43.3	212
ソッレントゥーナ	59	41.6	226	66	42.8	224	50	45.0	200	43	40.2	240	26	46.6	179
ソールナ	53	34.5	269	62	37.5	263	46	40.7	233	46	43.1	215	25	45.5	194
ストックホルム	57	39.2	243	65	41.5	239	45	39.6	241	42	39.2	249	28	48.8	153
スンドビィベリ	40	19.2	289	51	23.0	284	32	25.6	285	34	31.2	278	15	34.5	271
セーデルテリエ	61	43.9	212	72	50.7	137	52	47.1	184	51	48.1	158	24	44.4	203
ティーレスエー	73	58.1	48	80	61.3	27	59	54.6	85	57	54.0	87	38	59.9	41
テービィ	58	40.4	235	65	41.5	239	46	40.7	233	58	55.0	75	30	51.0	125
ウップランズ・ヴェスビィ	72	56.9	59	79	60.0	38	64	60.0	38	59	56.0	63	29	49.9	141
ウップランス・ブロー	60	42.8	220	68	45.4	194	57	52.5	111	45	42.1	224	44	66.5	16
ヴァッレントゥーナ	54	35.7	262	76	56.0	67	47	41.7	230	36	33.2	275	32	53.2	96
ヴァクスホルム	63	46.3	188	*79	60.0	38	*63	58.9	47	*32	29.3	282	*40	62.1	32
ヴァルムドエー	61	43.9	212	67	44.1	208	45	39.6	241	44	41.1	234	24	44.4	203
エステルオーケル	58	40.4	235	77	57.3	60	45	39.6	241	46	43.1	215	19	38.9	250

ウプサラ

	素点	偏差値	順位	素点	偏差値	順位	素点	偏差値	順位	素点	偏差値	順位	素点	偏差値	順位
エンシェーピング	67	51.0	131	70	48.1	166	53	48.2	170	54	51.0	120	25	45.5	194
ヘービィ	70	54.6	84	80	61.3	27	65	61.1	31	70	66.9	17	28	48.8	153
ホーボー	63	46.3	188	71	49.4	149	48	42.8	223	47	44.1	204	38	59.9	41
クニーヴスタ	58	40.4	235	58	32.2	275	27	20.3	286	42	39.2	249	21	41.1	235

第6章　高齢者によるサービス利用満足度と結果の公開　105

ティーエルブ	55	36.9	256	67	44.1	208	38	32.1	274	46	43.1	215	12	31.2	279
ウプサラ	64	47.5	178	72	50.7	137	56	51.4	124	49	46.1	186	24	44.4	203
エルヴカーレビィ	76	61.6	32	74	53.3	98	65	61.1	31	59	56.0	63	39	61.0	39
エストハンマル	65	48.7	166	65	41.5	239	56	51.4	124	48	45.1	195	32	53.2	96

セーデルマンランド

エスキルストゥーナ	67	51.0	131	75	54.7	80	59	54.6	85	52	49.1	147	32	53.2	96
フレーン	67	51.0	131	69	46.7	180	45	39.6	241	45	42.1	224	28	48.8	153
グネースタ	59	41.6	226	54	26.9	281	38	32.1	274	29	26.3	287	15	34.5	271
カテリネホルム	66	49.8	149	74	53.3	98	55	50.3	144	53	50.0	128	40	62.1	32
ニーショーピング	63	46.3	188	70	48.1	166	54	49.3	156	46	43.1	215	30	51.0	125
オクセレスンド	50	31.0	281	64	40.1	250	38	32.1	274	30	27.3	286	17	36.7	263
ストレングネス	68	52.2	117	74	53.3	98	60	55.7	74	44	41.1	234	31	52.1	113
トローサ	69	53.4	99	74	53.3	98	56	51.4	124	44	41.1	234	31	52.1	113
ヴィングオーケル	56	38.0	248	78	58.6	48	48	42.8	223	52	49.1	147	20	40.0	244

エステルヨートランド

ボクスホルム	80	66.4	11	*74	53.3	98	*61	56.8	66	*56	53.0	97	*13	32.3	276
フィンスポング	67	51.0	131	65	41.5	239	50	45.0	200	62	59.0	42	28	48.8	153
シンダ	60	42.8	220	69	46.7	180	50	45.0	200	58	55.0	75	34	55.4	67
リンショーピング	67	51.0	131	74	53.3	98	54	49.3	156	47	44.1	204	35	56.5	59
ミョルビー	69	53.4	99	79	60.0	38	63	58.9	47	55	52.0	107	42	64.3	22
モーターラ	74	59.3	40	78	58.6	48	61	56.8	66	55	52.0	107	33	54.3	79
ノルショーピング	74	59.3	40	78	58.6	48	63	58.9	47	52	49.1	147	30	51.0	125
セーデルシェーピン	70	54.6	84	75	54.7	80	63	58.9	47	58	55.0	75	29	49.9	141
ヴァードステーナ	76	61.6	32	83	65.2	13	67	63.2	20	69	65.9	22	36	57.6	51
ヴァルデマシュヴィーク	76	61.6	32	78	58.6	48	55	50.3	144	53	50.0	97	29	49.9	141
イードレ	63	46.3	188	81	62.6	20	73	69.7	7	50	47.1	171	28	48.8	153
オートヴィーダベリ	62	45.1	201	70	48.1	166	44	38.5	251	45	42.1	224	18	37.8	259
エーデスヘーグ	83	69.9	8	85	67.9	10	81	78.3	1	50	47.1	171	51	74.2	4

ヨンショーピング

アーネビィ	61	43.9	212	66	42.8	224	43	37.4	257	47	44.1	204	21	41.1	235
エークシェー	60	42.8	220	71	49.4	149	41	35.3	270	62	59.0	42	19	38.9	250
イスラヴェード	79	65.2	18	75	54.7	80	63	58.9	47	61	58.0	50	43	65.4	18
グノーシェー	68	52.2	117	81	62.6	20	62	57.8	57	56	53.0	97	48	70.9	9
ハーボ	71	55.7	76	73	52.0	120	53	48.2	170	47	44.1	204	33	54.3	79
ヨンショーピング	66	49.8	149	70	48.1	166	55	50.3	144	58	55.0	75	31	52.1	113
ムルシェー	78	64.0	22	76	56.0	67	73	69.7	7	59	56.0	63	33	54.3	79
ネッシェー	64	47.5	178	71	49.4	149	58	53.5	99	54	51.0	120	28	48.8	153
セーヴシェー	75	60.5	38	80	61.3	27	66	62.1	27	60	57.0	56	38	59.9	41
トラーノース	72	56.9	59	68	45.4	194	52	47.1	184	53	50.0	128	19	38.9	250
ヴァッゲリード	56	38.0	248	76	56.0	67	53	48.2	170	37	34.2	273	27	47.7	169
ヴェートランダ	69	53.4	99	79	60.0	38	59	54.6	85	57	54.0	67	32	53.2	96
ヴァーナモー	66	49.8	149	70	48.1	166	58	53.5	99	59	56.0	63	34	55.4	67

クロノベリ

アルヴェスタ	70	54.6	84	80	61.3	27	54	49.3	156	70	66.9	17	48	70.9	9
レッセボー	84	71.1	6	81	62.6	20	73	69.7	7	51	48.1	158	36	57.6	51
ユングビー	69	53.4	99	72	50.7	137	61	56.8	66	51	48.1	158	35	56.5	59
マルカリード	72	56.9	59	71	49.4	149	62	57.8	57	55	52.0	107	29	49.9	141
ティングスリード	71	55.7	76	75	54.7	80	60	55.7	74	65	61.9	34	40	62.1	32
ウップヴィディンゲ	68	52.2	117	74	53.3	98	69	65.4	14	60	57.0	56	41	63.2	30
ヴェクシェー	65	48.7	166	72	50.7	137	51	46.0	193	53	50.0	128	32	53.2	96
エルムフルト	63	46.3	188	75	54.7	80	56	51.4	124	56	53.0	97	36	57.6	51

カルマル

ボリホルム	62	45.1	201	80	61.3	27	45	39.6	241	42	39.2	249	17	36.7	263
エンマボーダ	79	65.2	18	80	61.3	27	76	72.9	4	73	69.8	11	26	46.6	179
フルツフレード	59	41.6	226	70	48.1	166	45	39.6	241	40	37.2	261	24	44.4	203
ヘーグスビィ	58	40.4	235	65	41.5	239	56	51.4	124	53	50.0	128	34	55.4	67
カルマル	70	54.6	84	73	52.0	120	57	52.5	111	59	56.0	63	34	55.4	67
メンステルオース	73	58.1	48	80	61.3	27	74	70.7	5	52	49.1	147	34	55.4	67
メールビーロンガ	78	64.0	22	77	57.3	60	58	53.5	99	58	55.0	75	28	48.8	153
ニーブロー	68	52.2	117	70	48.1	166	51	46.0	193	50	47.1	171	26	46.6	179
オスカシュハムン	73	58.1	48	81	62.6	20	66	62.1	27	62	59.0	42	36	57.6	51
トーシュオース	56	38.0	248	76	56.0	67	50	45.0	200	72	68.9	12	32	53.2	96
ヴィンメルビィ	71	55.7	76	75	54.7	80	56	51.4	124	51	48.1	158	33	54.3	79
ヴェステルヴィーク	66	49.8	149	78	58.6	48	56	51.4	124	45	42.1	224	34	55.4	67

ゴットランド

ゴットランド	70	54.6	84	75	54.7	80	61	56.8	66	58	55.0	75	38	59.9	41

ブレーキンゲ

カールスハムン	69	53.4	99	76	56.0	67	55	50.3	144	45	42.1	224	32	53.2	96
カールスクローナ	72	56.9	59	76	56.0	67	59	54.6	85	51	48.1	158	28	48.8	153
オーロフストレーム	66	49.8	149	84	66.6	11	64	60.0	38	41	38.2	258	34	55.4	67
ロンネビィ	65	48.7	166	73	52.0	120	60	55.7	74	50	47.1	171	30	51.0	125
セルヴェスボリ	66	49.8	149	71	49.4	149	54	49.3	156	55	52.0	107	37	58.7	45

スコーネ

ビューヴ	69	53.4	99	74	53.3	98	57	52.5	111	70	66.9	17	36	57.6	51
ブローメッラ	66	49.8	149	66	42.8	224	58	53.5	99	53	50.0	128	17	36.7	263
ブールレーヴ	69	53.4	99	69	46.7	180	56	51.4	124	57	54.0	87	46	68.7	14
ボースタード	63	46.3	188	66	42.8	224	51	46.0	193	68	64.9	24	29	49.9	141
エースレーヴ	71	55.7	76	73	52.0	120	70	66.4	12	52	49.1	147	28	48.8	153
ヘルシンボリ	51	32.1	276	59	33.5	273	44	38.5	251	40	37.2	261	21	41.1	235
ヘッスレホルム	72	56.9	59	79	60.0	38	62	57.8	57	60	57.0	56	29	49.9	141
ヘーガネース	67	51.0	131	71	49.4	149	54	49.3	156	50	47.1	171	32	53.2	96
ヘールビィ	63	46.3	188	66	42.8	224	54	49.3	156	52	49.1	147	28	48.8	153

第6章　高齢者によるサービス利用満足度と結果の公開　107

ヘール	79	65.2	18	67	44.1	208	46	40.7	233	62	59.0	42	42	64.3	22
クリッパン	80	66.4	11	76	56.0	67	59	54.6	85	67	63.9	26	31	52.1	113
クリシャンスタ	71	55.7	76	78	58.6	48	62	57.8	57	55	52.0	107	40	62.1	32
シェーヴリンゲ	79	65.2	18	77	57.3	60	56	51.4	124	59	56.0	63	51	74.2	4
ランズクローナ	68	52.2	117	74	53.3	98	57	52.5	111	58	55.0	75	39	61.0	39
ロンマ	54	35.7	262	67	44.1	208	44	38.5	251	48	45.1	195	32	53.2	96
ルンド	64	47.5	178	70	48.1	166	52	47.1	184	52	49.1	147	30	51.0	125
マルメ	61	43.9	212	64	40.1	250	49	43.9	217	48	45.1	195	28	48.8	153
ウースビー	67	51.0	131	73	52.0	120	52	47.1	184	36	33.2	275	31	52.1	113
ペーシュトルプ	67	51.0	131	75	54.7	80	50	45.0	200	32	29.3	282	29	49.9	141
シムリスハムン	70	54.6	84	79	60.0	38	69	65.4	14	67	63.9	26	42	64.3	22
シェーボ	72	56.9	59	69	46.7	180	62	57.8	57	80	76.8	2	52	75.3	2
スキュールップ	78	64.0	22	73	52.0	120	59	54.6	85	50	47.1	171	50	73.1	7
スタッファンストルプ	52	33.3	274	68	45.4	194	53	48.2	170	44	41.1	234	27	47.7	169
スヴァーレーヴ	62	45.1	201	66	42.8	224	59	54.6	85	62	59.0	42	11	30.1	283
スヴェダーラ	69	53.4	99	74	53.3	98	66	62.1	27	76	72.8	6	30	51.0	125
トーメリッラ	69	53.4	99	75	54.7	80	64	60.0	38	70	66.9	17	53	76.4	1
トレッレボリ	62	45.1	201	67	44.1	208	53	48.2	170	56	53.0	97	31	52.1	113
ヴェッリンゲ	59	41.6	226	64	40.1	250	50	45.0	200	40	37.2	261	26	46.6	179
イースタ	68	52.2	117	75	54.7	80	58	53.5	99	71	67.9	15	33	54.3	79
オーストルプ	60	42.8	220	67	44.1	208	54	49.3	156	45	42.1	224	46	68.7	14
エンゲルホルム	77	62.8	27	77	57.3	60	63	58.9	47	65	61.9	34	42	64.3	22
エルケルユンガ	72	56.9	59	86	69.2	6	65	61.1	31	68	64.9	24	44	66.5	16
エストラ・ヨーインゲ	55	36.9	256	56	29.6	278	42	36.4	266	36	33.2	275	22	42.2	223

ハッランド

ファルケンベリ	72	56.9	59	73	52.0	120	59	54.6	85	67	63.9	26	30	51.0	125
ハルムスタ	70	54.6	84	74	53.3	98	64	60.0	38	56	53.0	97	36	57.6	51
ヒルテ	64	47.5	178	59	33.5	273	59	54.6	85	53	50.0	128	30	51.0	125
クングスバッカ	73	58.1	48	77	57.3	60	60	55.7	74	54	51.0	120	34	55.4	67
ラホルム	70	54.6	84	74	53.3	98	58	53.5	99	66	62.9	31	35	56.5	59
ヴァールベリ	72	56.9	59	75	54.7	80	61	56.8	66	60	57.0	56	33	54.3	79

ヴェストラヨートランド

アーレ	69	53.4	99	76	56.0	67	58	53.5	99	49	46.1	186	30	51.0	125
アリングソース	66	49.8	149	75	54.7	80	53	48.2	170	41	38.2	258	18	37.8	259
ベンクトフォッシュ	77	62.8	27	78	58.6	48	59	54.6	85	56	53.0	97	27	47.7	169
ボッレビグド	47	27.4	286	*47	17.7	287	*36	29.9	280	*47	44.1	204	*8	26.7	287
ボロース	67	51.0	131	67	44.1	208	56	51.4	124	49	46.1	186	20	40.0	244
ダールス・エード	67	51.0	131	*92	77.1	1	*64	60.0	38	*75	71.8	9	*42	64.3	22
エッスウンガ	84	71.1	6	87	70.5	4	72	68.6	10	79	75.8	3	48	70.9	9
ファールショーピン	66	49.8	149	75	54.7	80	62	57.8	57	55	52.0	107	34	55.4	67
フェリエランダ	67	51.0	131	70	48.1	166	69	65.4	14	60	57.0	56	23	43.3	212
グレーストルプ	69	53.4	99	67	44.1	208	54	49.3	156	78	74.8	4	33	54.3	79
グルスポング	82	68.7	10	79	60.0	38	63	58.9	47	74	70.8	10	52	75.3	2
ヨーテボリ	62	45.1	201	68	45.4	194	52	47.1	184	51	48.1	158	29	49.9	141

ヨーテネ	77	62.8	27	78	58.6	48	68	64.3	18	66	62.9	31	42	64.3	22
ヘルユンガ	54	35.7	262	74	53.3	98	44	38.5	251	58	55.0	75	13	32.3	276
ヨー	60	42.8	220	67	44.1	208	50	45.0	200	42	39.2	249	22	42.2	223
ヘリューダ	65	48.7	166	68	45.4	194	53	48.2	170	48	45.1	195	30	51.0	125
カールスポリ	66	49.8	149	71	49.4	149	67	63.2	20	34	31.2	278	18	37.8	259
クングスエルブ	80	66.4	11	83	65.2	13	69	65.4	14	63	59.9	39	40	62.1	32
レールム	70	54.6	84	80	61.3	27	62	57.8	57	57	54.0	87	37	58.7	45
リードショーピン	70	54.6	84	76	56.0	67	58	53.5	99	57	54.0	87	36	57.6	51
リッラ・エーデット	69	53.4	99	66	42.8	224	48	42.8	223	76	72.8	6	33	54.3	79
リーセシール	58	40.4	235	61	36.2	270	54	49.3	156	47	44.1	204	20	40.0	244
マリーエスタード	62	45.1	201	65	41.5	239	43	37.4	257	59	56.0	63	14	33.4	273
マルク	66	49.8	149	65	41.5	239	57	52.5	111	60	57.0	56	33	54.3	79
メッレリュード	54	35.7	262	62	37.5	263	42	36.4	266	49	46.1	186	22	42.2	223
ムンケダール	72	56.9	59	80	61.3	27	67	63.2	20	55	52.0	107	20	40.0	244
ムルンダール	54	35.7	262	63	38.8	259	46	40.7	233	47	44.1	204	19	38.9	250
ウールスト	66	49.8	149	72	50.7	137	57	52.5	111	50	47.1	171	27	47.7	169
パティッレ	53	34.5	269	67	44.1	208	46	40.7	233	47	44.1	204	17	36.7	263
スカーラ	65	48.7	166	80	61.3	27	67	63.2	20	43	40.2	240	37	58.7	45
ショヴデ	63	46.3	188	71	49.4	149	50	45.0	200	47	44.1	204	32	53.2	96
ソーテネース	72	56.9	59	78	58.6	48	55	50.3	144	64	60.9	36	22	42.2	223
ステーヌングスンド	74	59.3	40	76	56.0	67	55	50.3	144	52	49.1	147	19	38.9	250
ストレムスタ	74	59.3	40	82	63.9	16	67	63.2	20	43	40.2	240	40	62.1	32
スヴェンユンガ	68	52.2	117	74	53.3	98	60	55.7	74	63	59.9	39	34	55.4	67
ターヌム	76	61.6	32	84	66.6	11	56	51.4	124	57	54.0	87	29	49.9	141
ティーブロー	85	72.3	4	90	74.5	2	74	70.7	5	57	54.0	87	27	47.7	169
ティーダホルム	74	59.3	40	64	40.1	250	50	45.0	200	42	39.2	249	43	65.4	18
シェーン	61	43.9	212	62	37.5	263	48	42.8	223	42	39.2	249	35	56.5	59
トラーネモー	73	58.1	48	79	60.0	38	65	61.1	31	67	63.9	26	48	70.9	9
トロルヘッタン	61	43.9	212	66	42.8	224	57	52.5	111	50	47.1	171	26	46.6	179
テーレボーナ	58	40.4	235	71	49.4	149	46	40.7	233	58	55.0	75	28	48.8	153
ウッデヴァッラ	66	49.8	149	70	48.1	166	55	50.3	144	54	51.0	120	28	48.8	153
ウルリスハムン	71	55.7	76	73	52.0	120	56	51.4	124	61	58.0	50	25	45.5	194
ヴァーラ	51	32.1	276	49	20.3	285	27	20.3	286	38	35.2	270	12	31.2	279
ヴォールゴーダ	56	38.0	248	58	32.2	275	50	45.0	200	71	67.9	15	30	51.0	125
ヴェンネシュボリ	67	51.0	131	72	50.7	137	53	48.2	170	53	50.0	128	26	46.6	179
オーモール	78	64.0	22	82	63.9	16	78	75.0	3	61	58.0	50	32	53.2	96
エッケレー	85	72.3	4	88	71.8	3	63	58.9	47	46	43.1	215	35	56.5	59

ヴェルムランド

アルヴィーカ	69	53.4	99	76	56.0	67	56	51.4	124	50	47.1	171	33	54.3	79
エーダ	67	51.0	131	69	46.7	180	43	37.4	257	33	30.3	280	23	43.3	212
フィーリップスタ	73	58.1	48	68	45.4	194	51	46.0	193	54	51.0	120	26	46.6	179
フォーシュハーガ	62	45.1	201	64	40.1	250	53	48.2	170	46	43.1	215	27	47.7	169
グルムス	59	41.6	226	65	41.5	239	53	48.2	170	61	58.0	50	14	33.4	273
ハーグフォシュ	72	56.9	59	72	50.7	137	60	55.7	74	62	59.0	42	30	51.0	125
ハンマルエー	55	36.9	256	62	37.5	263	46	40.7	233	40	37.2	261	24	44.4	203

カールスタ	60	42.8	220	71	49.4	149	46	40.7	233	58	55.0	75	16	35.6	270
シール	74	59.3	40	86	69.2	6	63	58.9	47	57	54.0	87	20	40.0	244
クリスティーネハムン	54	35.7	262	62	37.5	263	48	42.8	223	53	50.0	128	24	44.4	203
ムンクフォシュ	52	33.3	274	65	41.5	239	67	63.2	20	61	58.0	50	22	42.2	223
ストールフォシュ	—	—	—	—	—	—	—	—	—	—	—	—	—	—	—
スンネ	63	46.3	188	69	46.7	180	44	38.5	251	55	52.0	107	25	45.5	194
セッフレ	66	49.8	149	78	58.6	48	59	54.6	85	55	52.0	107	27	47.7	169
トーシュビィ	61	43.9	212	68	45.4	194	56	51.4	124	40	37.2	261	22	42.2	223
オールイェング	56	38.0	248	69	46.7	180	53	48.2	170	45	42.1	224	26	46.6	179

エーレブロー

アスケシュンド	41	20.3	288	49	20.3	285	27	20.3	286	43	40.2	240	13	32.3	276
デーゲフォシュ	83	69.9	8	85	65.2	13	70	66.4	12	53	50.0	128	37	58.7	45
ハルスベリ	56	38.0	248	66	42.8	224	40	34.2	271	59	56.0	63	26	46.6	179
ヘッレフォシュ	72	56.9	59	75	54.7	80	64	60.0	38	43	40.2	240	35	56.5	59
カールスクーガ	65	48.7	166	71	49.4	149	54	49.3	156	54	51.0	120	29	49.9	141
クムラ	62	45.1	201	75	54.7	80	60	55.7	74	50	47.1	171	17	36.7	263
ラクソー	77	62.8	27	*69	46.7	180	*57	52.5	111	*67	63.9	26	*33	54.3	79
レーケベリ	80	66.4	11	*79	60.0	38	*59	54.6	85	*76	72.8	6	*21	41.1	235
リンデスベリ	72	56.9	59	80	61.3	27	61	56.8	66	57	54.0	87	31	52.1	113
ユースナシュベリ	51	32.1	276	62	37.5	263	37	31.0	279	32	29.3	282	27	47.7	169
ノーラ	71	55.7	76	72	50.7	137	56	51.4	124	38	35.2	270	32	53.2	96
エーレブロー	59	41.6	226	69	46.7	180	51	46.0	193	51	48.1	158	19	38.9	250

ヴェストマンランド

アルボーガ	50	31.0	281	67	44.1	208	49	43.9	217	53	50.0	128	32	53.2	96
ファーゲシュタ	68	52.2	117	68	45.4	194	55	50.3	144	53	50.0	128	32	53.2	96
ハルスタハンマル	70	54.6	84	67	44.1	208	45	39.6	241	56	53.0	97	22	42.2	223
クングスエール	70	54.6	84	69	46.7	180	62	57.8	57	47	44.1	204	33	54.3	79
ショーピン	57	39.2	243	67	44.1	194	42	36.4	266	55	52.0	107	21	41.1	235
ノールベリ	72	56.9	59	79	60.0	38	64	60.0	38	50	47.1	171	14	33.4	273
サーラ	65	48.7	166	71	49.4	149	47	41.7	230	55	52.0	107	21	41.1	235
シンスカッテベリ	80	66.4	11	*87	70.5	4	*54	49.3	156	*33	30.3	280	*21	41.1	235
スーラハンマル	68	52.2	117	69	46.7	180	44	38.5	251	59	56.0	63	19	38.9	250
ヴェステロース	63	46.3	188	73	52.0	120	57	52.5	111	50	47.1	171	35	56.5	59

ダーラナ

アヴェスタ	58	40.4	235	64	40.1	250	43	37.4	257	39	36.2	266	34	55.4	67
ボーレンゲ	62	45.1	201	68	45.4	194	55	50.3	144	53	50.0	128	30	51.0	125
ファールン	51	32.1	276	68	45.4	194	43	37.4	257	49	46.1	186	19	38.9	250
ガグネフ	68	52.2	117	71	49.4	149	49	43.9	217	47	44.1	204	48	70.9	9
ヘーデモーラ	74	59.3	40	86	69.2	6	72	68.6	10	69	65.9	22	43	65.4	18
レクサンド	59	41.6	226	73	52.0	120	50	45.0	200	46	43.1	215	22	42.2	223
ルドヴィーカ	65	48.7	166	74	53.3	98	61	56.8	66	50	47.1	171	37	58.7	45
マールングセーレン	78	64.0	22	81	62.6	20	57	52.5	111	72	68.9	12	51	74.2	4

ムーラ	88	75.8	2	86	69.2	6	80	77.2	2	72	68.9	12	33	54.3	79
オッシャ	72	56.9	59	70	48.1	166	50	45.0	200	64	60.9	36	37	58.7	45
レットヴィーク	62	45.1	201	64	40.1	250	49	43.9	217	58	55.0	75	8	26.7	287
スメージェバッケン	67	51.0	131	72	50.7	137	56	51.4	124	52	49.1	147	40	62.1	32
セーテル	69	53.4	99	74	53.3	98	53	48.2	170	43	40.2	240	33	54.3	79
ヴァンスブロー	65	48.7	166	74	53.3	98	58	53.5	99	63	59.9	39	28	48.8	153
エルブダーレン	77	62.8	27	70	48.1	166	67	63.2	20	54	51.0	120	32	53.2	96

イェーヴレボリ

ボルネス	68	52.2	117	68	45.4	194	51	46.0	193	48	45.1	195	24	44.4	203
イェーヴレ	64	47.5	178	73	52.0	120	58	53.5	99	51	48.1	158	30	51.0	125
ホーフォシュ	69	53.4	99	74	53.3	98	54	49.3	156	51	48.1	158	21	41.1	235
フディックスヴァル	68	52.2	117	73	52.0	120	54	49.3	156	53	50.0	128	30	51.0	125
ユースダール	72	56.9	59	75	54.7	80	60	55.7	74	53	50.0	128	23	43.3	212
ノーダンスティーグ	63	46.3	188	63	38.8	259	38	32.1	274	55	52.0	107	26	46.6	179
オッケルボー	55	36.9	256	52	24.3	282	43	37.4	257	48	45.1	195	23	43.3	212
オーヴァノーケル	73	58.1	48	67	44.1	208	56	51.4	124	53	50.0	128	26	46.6	179
サンドヴィーケン	64	47.5	178	70	48.1	166	57	52.5	111	49	46.1	186	25	45.5	194
セーデルハムン	73	58.1	48	74	53.3	98	59	54.6	85	62	59.0	42	32	53.2	96

ヴェステルノルランド

ヘーネサンド	64	47.5	178	63	38.8	259	55	50.3	144	59	56.0	63	25	45.5	194
クラームフォシュ	69	53.4	99	66	42.8	224	57	52.5	111	39	36.2	266	25	45.5	194
ソルフテオ	65	48.7	166	71	49.4	149	48	42.8	223	51	48.1	158	23	43.3	212
スンスヴァル	70	54.6	84	75	54.7	80	61	56.8	66	51	48.1	158	31	52.1	113
ティムロー	68	52.2	117	76	56.0	67	53	48.2	170	43	40.2	240	22	42.2	223
オンゲ	69	53.4	99	66	42.8	224	63	58.9	47	64	60.9	36	42	64.3	22
エンショルスヴィーク	67	51.0	131	69	46.7	180	54	49.3	156	54	51.0	120	26	46.6	179

イェムトランド

ベリ	51	32.1	276	60	34.9	271	35	28.8	284	48	45.1	195	11	30.1	283
ブレッケ	67	51.0	131	74	53.3	98	56	51.4	124	70	66.9	17	23	43.3	212
ヘリエダーレン	57	39.2	243	55	28.3	279	36	29.9	280	48	45.1	195	24	44.4	203
クローコム	49	29.8	284	72	50.7	137	39	33.1	272	61	58.0	50	28	48.8	153
ラーグンダ	54	35.7	262	60	34.9	271	39	33.1	272	53	50.0	128	18	37.8	259
ストレムスンド	73	58.1	48	82	63.9	16	64	60.0	38	72	68.9	12	36	57.6	51
オーレ	74	59.3	40	77	57.3	60	55	50.3	144	52	49.1	147	26	46.6	179
エステルシュンド	64	47.5	178	68	45.4	194	52	47.1	184	53	50.0	128	35	56.5	59

ヴェステルボッテン

ビューホルム	89	77.0	1	*78	58.6	48	*50	45.0	200	*78	74.8	4	*33	54.3	79
ドロテーア	48	28.6	285	52	24.3	282	42	36.4	266	42	39.2	249	19	38.9	250
リクセレ	64	47.5	178	62	37.5	263	50	45.0	200	31	28.3	285	23	43.3	212
マーロー	73	58.1	48	*67	44.1	208	*36	29.9	280	*53	50.0	128	*31	52.1	113

ノードマーリング	61	43.9	212	71	49.4	149	60	55.7	74	49	46.1	186	23	43.3	212
ノーシェー	43	22.7	287	55	28.3	279	38	32.1	274	44	41.1	234	12	31.2	279
ロバーツフォシュ	70	54.6	84	73	52.0	120	52	47.1	184	51	48.1	158	9	27.9	286
シェレフテオ	65	48.7	166	70	48.1	166	45	39.6	241	49	46.1	186	17	36.7	263
ソッシェレ	68	52.2	117	76	56.0	67	65	61.1	31	52	49.1	147	41	63.2	30
ストゥールーマン	70	54.6	84	69	46.7	180	64	60.0	38	46	43.1	215	30	51.0	125
ウーメオ	67	51.0	131	71	49.4	149	58	53.5	99	51	48.1	158	21	41.1	235
ヴィルヘルミーナ	76	61.6	32	81	62.6	20	68	64.3	18	50	47.1	171	29	49.9	141
ヴィンデルン	76	61.6	32	66	42.8	224	58	53.5	99	39	36.2	266	22	42.2	223
ヴェンネス	55	36.9	256	65	41.5	239	45	39.6	241	55	52.0	107	12	31.2	279
オーセレ	71	55.7	76	73	52.0	120	60	55.7	74	50	47.1	171	23	43.3	212

ノールボッテン

アリエプローグ	88	75.8	2	*81	62.6	20	*60	55.7	74	*81	77.8	1	*29	49.9	141
アルヴィシャウー	75	60.5	38	75	54.7	80	65	61.1	31	60	57.0	56	31	52.1	113
ボーデン	65	48.7	166	78	58.6	48	52	47.1	184	42	39.2	249	27	47.7	169
イェッリヴァレ	57	39.2	243	67	44.1	208	51	46.0	193	45	42.1	224	23	43.3	212
ハパランダ	66	49.8	149	77	57.3	60	57	52.5	111	56	53.0	97	33	54.3	79
ヨックモック	63	46.3	188	65	41.5	239	43	37.4	257	38	35.2	270	17	36.7	263
カーリクス	59	41.6	226	66	42.8	224	49	43.9	217	46	43.1	215	27	47.7	169
キールナ	53	34.5	269	63	38.8	259	43	37.4	257	41	38.2	258	26	46.6	179
ルーレオ	56	38.0	248	67	44.1	208	50	45.0	200	39	36.2	266	20	40.0	244
パヤラ	62	45.1	201	68	45.4	194	56	51.4	124	56	53.0	97	22	42.2	223
ピーテオ	56	38.0	248	66	42.8	224	50	45.0	200	37	34.2	273	25	45.5	194
エルヴスビーン	53	34.5	269	72	50.7	137	47	41.7	230	45	42.1	224	10	29.0	285
エーヴェルカーリクス	80	66.4	11	82	63.9	16	62	57.8	57	66	62.9	31	50	73.1	7
エーヴェルトルネオ	80	66.4	11	69	46.7	180	53	48.2	170	59	56.0	63	24	44.4	203

(注1) 以下の出典に最大値90と掲載されているが、正しくは92である。
(注2) 以下の出典に最大値52と掲載されているが、正しくは53である。
(注3) AからEの各項目に関し、第1位のコミューンには、素点・偏差値・順位に網掛けをし、さらに、コミューン名に下線を引いている。
(注4) AからEの各項目に関し、最下位のコミューンには、素点・偏差値・順位に下線を引き、さらに、コミューン名にも下線を引いている。
(注5) 素点の数字の前に＊が付いている場合は、回答率が低いために (Låg Svarsfrekvens)、数字および順位の信頼性に乏しいことを意味する。例えば、ストックホルム・レーンの10番目、Nykvarn (ニークヴァーン) のGの欄に35とあり、その数字の前に＊が付けられている。
(出典) Socialstyrelsen & Sveriges Kommuner och Landsting[2010c] ÖPPNA JÄMFÖRELSER 2010－Vård och omsorg om äldre pp.74～91より筆者作成。

3　アンケート調査の概要

104ページから111ページに掲載した表6-1は、本データベースのうち、以下に述べるAからEの介護の付いた特別住宅に関する5項目について、各コミューン別評価の素点、偏差値、順位を示したものである。

Aは、介護の付いた特別住宅の介護全般に対する利用者の全体的評価、Bは介護職員の対応に関する利用者評価、Cは利用者の希望に対する介護職員の対応に関する利用者評価、Dは介護の付いた特別住宅における食事に対する利用者評価、Eは介護の付いた特別住宅において外出の希望が叶えられる可能性に対する利用者評価である。

BとCはその差が明確ではないが、Bが介護職員の全体的な対応が評価の対象であるのに対して、Cは利用者が表明した意見や希望に対して介護職員がどのように対応するかについての利用者評価である。

今回分析対象にしたデータは、いずれの指標に関しても、そのほとんどが「利用者評価」に関するものである。SKLが2007年に公表した高齢者ケアに関する客観的なデータとは質を異にしている（西下［2009b］pp.59〜71）。

こうした一連の作業から言えることは、様々な角度から明らかにしてきたように、大きな「コミューン間格差」、「レーン間格差」が生じていることである。こうした著しい格差を是正する一つの戦略が、社会保健庁およびSKLによる「高齢者ケアに関する情報公開」の取り組みであると言えよう。

4　サービス利用者の満足度に関する結果

表6-1の表中の素点は、「利用者満足度指数」を表している。これ

は、スウェーデン中央統計局（SCB）が公的機関の調査のために発展させた指数であり、利用者にそれぞれの質問に対し「まったく満足していない」（１点）から「とても満足している」（10点）の点数で答えてもらい、それを１～100の指数に置き換えて計算した指数であり、前述したように「NKI」（97ページ参照）と呼ばれている。

　サービス利用者は、介護の付いた特別住宅に入居する重度要介護高齢者であり、あるいはホームヘルプサービスを受ける在宅要介護高齢者である。彼らに、五つの項目について１点から10点までの点数で回答してもらう方法により、こうしたコミューン別の平均値が示されるわけである。

　日本の社会調査では、満足度を質問する場合、「５件法」を採ることが多い。５件法とは、「満足」、「やや満足」、「どちらとも言えない」、「やや不満」、「不満」の五つの選択肢から一つを選ぶ方式である。どちらも満足度を測る方法であるが、回答者が要介護高齢者であることからすれば、日本の５件法のほうが負荷がかからないという意味で望ましいと言えるだろう。なお、AからEまでの利用者満足度に関する５項目に対応するアンケート調査票を巻末に**資料１**（222～226ページ）、**資料２**（227～232ページ）として示した。

　ここでは、介護の付いた特別住宅に入居する重度要介護高齢者に対するアンケートによる利用者評価について分析する。同表のA欄から分かるように、介護の付いた特別住宅の介護全般に対する利用者の全体的な評価が最も高かったのは、ビュールホルム（㉔）コミューンで素点89（偏差値77.0）、以下、第２位が二つあり、ムーラ（㉕）コミューンの素点88（偏差値75.8）、アリエプローグ（㉖）コミューンの素点88（偏差値75.8）と続いている。素点の最大値は89、最小値は40、平均値66.1、標準偏差は8.5である。

　逆に、介護の付いた特別住宅に対する利用者の全体的な評価が最も低かったのは、同表A欄から分かるように、スンドビイベリコミューン

表6－2　2010年の上位・下位コミューンと2008年の状況

	2010年の現況			2008年の現況		
	コミューン名	素点	偏差値	素点	偏差値	順位
第1位	ビューホルム	89	77.0	70	39.3	243
第2位	アリエブローグ	88	75.8	76	53	103
第3位	ムーラ	88	75.8	61	46.8	192
	コミューン名	素点	偏差値	素点	偏差値	順位
ワースト1位	スンドヴィベリ	40	19.2	56	22.6	290
ワースト2位	アスケシュンド	41	20.3	63	35.5	259
ワースト3位	ノーシェー	43	22.7	69	40.9	237

（出典）筆者作成。

で素点40（偏差値19.2）、以下、アスケシュンド（㉗）コミューンの素点41（偏差値20.3）、ノーシェーコミューンの素点43（偏差値22.7）と続いている。なお、介護の付いた特別住宅に関しては、ストールフォシュコミューンがデータを提供していないためにブランクとなっている。そのため、コミューンの合計は289となる。

表6－2は、2010年のランキングの上位3コミューン、下位3コミューンが2008年の段階ではランキングでどのような位置であったかを示したものである。また**表6－3**は、2008年時点でのランキングで上位3コミューン、下位3コミューンに入っていたコミューンが、2010年のランキングでどう変化しているかを示したものである。

なお、ここでの分析は煩雑になるので、項目Aの介護の付いた特別住宅に入居する利用者の全体的評価に限定する。残りの項目BからEに関する個別の分析は割愛せざるを得ない。

まず、**表6－2**から分かるように、三つのコミューンとも2008年と比較して急激に利用者評価が良くなったことが分かる。すなわち、第1位のビューホルムコミューンは2008年には243位と著しく利用者評価の悪いレベルにあった。この2年間に、ビューホルムコミューンがどのような取り組みをして成果を上げてきたかを具体的に確認することが必要で

第6章　高齢者によるサービス利用満足度と結果の公開　115

表6－3　2008年の上位・下位コミューンと2010年の状況

	2008年の現況			2010年の現況		
	コミューン名	素点	偏差値	素点	偏差値	順位
第1位	グルスポング	88	81.6	82	68.7	10
第2位	トラネモ	84	74.2	73	58.1	48
第3位	エーデスヘーグ	83	72.4	83	69.9	8
	コミューン名	素点	偏差値	素点	偏差値	順位
ワースト1位	スンドヴィベリ	56	22.6	40	19.2	289
ワースト2位	フルツフレーデ	57	24.4	59	41.6	226
ワースト3位	ボーレンゲ	58	26.3	62	45.1	201

(出典) 筆者作成。

あるし、そうした成果の上がるような取り組みは、他の利用者評価の低いコミューンにとって大いに参考になるはずである。

　同様に、第2位のアリエプローグコミューンも、同じく第2位のムーラコミューンも、それぞれ2008年の103位、192位から上昇しており、これらのコミューンの取り組みも参考になろう。

　2010年のランキング下位3コミューンについて、2008年の順位を確認すると、三つのコミューンともやはり下位に位置づいていた。ワースト1位のスンドヴィベリコミューンは、2008年調査時点でも最下位であった。

　このコミューンでは、利用者評価を高めるためにどのような取り組みを行ってきたのか、あるいは努力をしてこなかったのかを調べる必要があろう。ワースト2位、ワースト3位のそれぞれのコミューンも、2008年にはそれぞれ259位、237位なので、相関が高いことが分かる。

　他方、2008年の利用者評価を起点に2010年にどのような変化が見られるかを表6－3により確認してみたい。

　同表によれば、2008年第1位であったグルスポング(㉘)コミューンは2010年に10位であり、第3位のエーデスヘーグ(㉙)コミューンは2010年に8位となっており、相関は高い。第2位のトラネモ(㉚)コミュー

ンは、2010年に48位と下がってきている。

　2008年にワースト１位であったスンドヴィベリコミューン（ストックホルムレーン内）は、前述したように2010年も最下位となっている。ワースト２位、ワースト３位のコミューンもそれぞれ2010年に、226位、201位と下位に位置づいており、相関が高い。

　以上、2010年を起点にした場合の利用者評価の変化も、2008年を起点とした場合も、基本的には相関が強く、利用者評価の高いコミューンはその高さをキープできている場合が多く、反対に利用者評価の低いコミューンは相変わらず利用者評価が低いままである。そのなかで、例外的な変化を遂げたのがビューホルムコミューンである。2008年の利用者満足度調査では243位であったものが、２年間の努力によって見事１位を獲得している。

　ビューホルムコミューンはヴェステルボッテン（Vasterbotten）レーンに属しており、スウェーデンの北部に位置する人口約2,500人、高齢化率17％、人口密度２人／km^{2}の典型的な過疎コミューンである。

　高齢者ケアの利用者評価が著しく低いコミューンについて具体的な名前を示したが、そうしたコミューンが当事者としてどれだけ危機感をもっているかが問題である。この点については、インタビュー調査などを通じて明らかにしなければならない。

　なお、社会保健庁は2008年に初めて、介護の付いた特別住宅の居住者およびホームヘルプサービス利用者に対し満足度調査を行っている。2008年の満足度質問項目は、2010年の質問項目と若干異なっている。2008年の利用者満足度調査の分析結果に関しては以下を参照されたい（西下[2010b] pp.13～28）。

5　利用者満足度調査の問題点

　2010年に行われた利用者満足度調査に関しては、まず利用者評価の方法論に関する課題がある。この点は、すでにSKLが公表した2009年報告書を分析した際にも指摘したことであるが（西下［2010b］p.27）、現在に至るまで同様の問題点として残っている。

　本書で重点的に分析の対象としてきた介護の付いた特別住宅に関して、特に大きな問題があると言わざるを得ない。すなわち、アンケート調査を送付した介護の付いた特別住宅入居者の58％が回答しているが、その回答率が低いことを指摘しなければならない。

　その有効回答者のうち、介護の付いた特別住宅に入居する要介護高齢者自身が回答した割合は38％で、以下に述べるホームヘルプサービスの場合の半分程度である。本人以外が回答したケースが60％で、ホームヘルプサービスの場合の3倍も多くなっている。

　誰が回答したのか不明なものが3％存在した。本人以外が回答した60％の内訳は、近親者・家族（配偶者あるいは子ども）が回答したケースが83％、知り合いが1％、ゴードマン（法定後見人）が15％、介護の付いた特別住宅の介護職員が1％、その他が1％であった（Socialstyrelsen［2011c］）。

　もう一つのホームヘルプサービスに関しては、アンケート調査を送付したサービス利用対象者の70％が回答した。その有効回答者のうち、サービス利用者自身が回答した割合は74％で、本人以外が回答したケースが20％、誰が回答したのか不明なものが6％存在した。本人以外が回答した20％の内訳は、家族・近親者（配偶者あるいは子ども）が回答したケースが83％、知り合いが3％、ゴードマン（法定後見人）が8％、ホームヘルパーが2％、その他が2％、無回答が1％であった（Socialstyrelsen［2011c］）。

こうした内訳が分かるのは、巻末に掲載した**資料1**と**資料2**に示したように、介護の付いた特別住宅利用者およびホームヘルプサービス利用者に対する調査票の最後の質問において、当該本人が回答できない場合に誰が代理で回答しているかについて選択肢で回答してもらっているからである。

　ここで問題になるのが、代理回答者が、サービス利用者である高齢者に各質問項目を読み上げ、各質問に対する評価（満足度）を聞き出しているかどうかである。この手続きが踏まれていれば、代理回答でも何ら問題はない。しかし、要介護度が高かったり、重度の認知症高齢者であれば、本人自身が評価や満足度を表明することができないことが多く、また回答を拒否することにもなりかねない。結果的に、代理回答者の側から見た、代理回答者自身の当該サービスに対する満足度になってしまう。

　要するに、代理回答者による回答には、代理ではあるが利用者本人による評価が適切になされている場合と、そうではなく、代理回答者による評価がなされている場合が混在していることが懸念される。特に、その懸念は、ホームヘルプサービスよりも介護の付いた特別住宅に関して強いのでないだろうか。その点で、本章で分析検討している情報公開のうち、特に**表6－1**で紹介した結果については、ある種の構造的な問題を孕んでいると言わざるを得ない。

　こうした問題点は、実はスウェーデンに限ったことではない。あらゆる国の要介護高齢者を対象とする大量アンケート調査に共通する問題点と言える。施設に入居する高齢者の場合、認知症高齢者の割合が高い、あるいはADLの低い高齢者も多い。そうした高齢者を対象に利用者評価を求めることがそもそも方法論的に問題なのであって、評価結果の分析検討に関して困難が伴う作業とならざるを得ない。

　さて、今回分析できなかった項目は数多い。なかでもターミナルケアおよび死に関するデータ群は、高齢者ケアに直接つながるデータ群であ

る。高齢者ケアの先には、ターミナルケアの問題が横たわっているという意味において、さらにその先には、死をめぐる社会状況の問題があるという意味において速やかに分析検討しなければならない。

　ここまで、高齢者ケアの分野に関してコミューン間格差とレーン間格差を指摘することができたが、ターミナルケアや死をめぐる社会状況に関して大きなコミューン間格差、レーン間格差が存在するかどうか早急に確認することが必要不可欠である。これが、今後の課題の第3である。

6　2011年の高齢者ケアに関する情報公開

　社会保健庁とSKLは、毎年高齢者ケアに関して情報公開を行っている（Socialstyrelsen & Sveriges Kommuner och Landsting [2011e]）。ここでは、先に行ったようなコミューンごとの比較分析はできないが（表省略）、2011年の報告書でどのような項目が設定されているかについて大略を述べることとしたい。

　この報告書には、以下のように大きな柱が13個設定されている。

1 対応
2 参加と影響力
3 安心感
4 食事と食環境
5 外出とアクティビティ
6 転倒・栄養失調・褥瘡
7 アクセシビリティ
8 脳梗塞後のサポート・援助
9 ターミナルケア
10 医薬品
11 高齢者によるケア評価
12 職員の継続度および教育
13 コスト

　同報告書は、基本的に前年度に発表された2010年の報告書の情報公開の項目を引き継いでおり、在宅サービスの利用者および介護の付いた特

別住宅への入居者の満足感に関するコミューン別平均点を提示している部分と、高齢者ケアシステムの具体的な側面に関する各コミューンのレベルを提示している部分から構成されている。

まず、「1 対応」については、①ホームヘルプにおける対応、②介護の付いた特別住宅における対応が設定されている。①は、ホームヘルプ職員の対応に「とても満足をしている」と答えた65歳以上の高齢者の割合（2011年）を表す。「とても満足」というレベルは、巻末の**資料2**で8点から10点までを選択した人の割合を示す。

②は、介護の付いた特別住宅の介護職員の対応に「とても満足をしている」と答えた65歳以上の高齢者の割合（2011年）を表す。「とても満足」というレベルは、ホームヘルプと同様、巻末資料の**資料2**で8点から10点までを選択した人の割合を示す。

第2に、「2 参加と影響力」については、三つの項目から構成される。③ホームヘルプにおける意見や希望に対する配慮（2011年）、④介護の付いた特別住宅における意見や希望に対する配慮（2011年）、⑤実施プランへの参加である。

③と④は、①と②と同様、巻末資料で8点から10点までを選択した人の割合を示す。⑤は性質の異なる項目である。この項目は、2010年において、ホームヘルプサービス、デイサービス、介護の付いた特別住宅といった高齢者福祉施策に関して最低一つ以上の実施プランに参加している高齢者の数を示しているが、その判断は職員の主観による点で問題を含んでいる。

第3に、「3 安心感」については、⑥ホームヘルプサービスを受けて自宅で生活する高齢者の大きな安心感（2011年）と、⑦介護の付いた特別住宅に住む高齢者の大きな安心感（2011年）である。両項目とも①と②同様、巻末資料で8点から10点までを選択した人の割合を示す。

以下、「4 食事と食環境」は1項目（2011年）、「5 外出とアクティビティ」は2項目（2011年）、「6 転倒・栄養失調・褥瘡」は5項目、「7

アクセシビリティ」は 2 項目、「⑧ 脳梗塞後のサポート・援助」は 2 項目、「⑨ ターミナルケア」は 4 項目、「⑩ 医薬品」は 3 項目が設定されている。

「⑪ 高齢者によるケア評価」は、「ホームヘルプに対する全体評価」と「介護の付いた特別住宅に対する全体評価」から構成される。前者は、65 歳以上の高齢者におけるホームヘルプ全般に対する利用者満足度指数（2011 年）を、後者は、65 歳以上の高齢者における介護の付いた特別住宅全般に対する利用者満足度指数（2011 年）を表している。

前者は、巻末**資料 2** の「Q12 の a、b、c」に示されたホームヘルプに関する 3 項目から算出される NKI 指数（97 ページ、113 ページを参照）を意味し、後者は同じく巻末**資料 1** の「Q13 の a、b、c」に示された介護の付いた特別住宅に関する 3 項目から算出された NKI 指数を意味している。

以下、「⑫ 職員の継続度および教育」は 2 項目からなり、最後の「⑬ コスト」は 1 項目からなっている。

以上のうち、「⑦ アクセシビリティ」の第 2 項目の「介護の付いた特別住宅への待ち時間」は、前述した「特別費用」（32 ページ参照）との関連で少し詳しく見ておくことにしたい。同項目の情報は、介護の付いた特別住宅への申請日から入居の提供日までの待ち時間を示したものであり、2009 年から 2010 年の平均日数である。また、特別費用が発生する条件は、介護の付いた特別住宅への措置決定から 3 か月経過した段階で、申請を行った当該高齢者が入居できていない場合である。

この項目の平均日数が長いほど、構造的問題を孕んでいることを意味する。平均日数が 90 日をオーバーするコミューンは全部で 71 コミューンあり、そのうち問題がより深刻な 150 日をオーバーするコミューンが 13 コミューンある。同報告書を調べると、情報公開をすべき事実であるにもかかわらず、SKL への報告を怠っているコミューンが 129 にも上っていることが判明する。この未発表という事実こそ最悪の問題であろう。

問題がなければ公表できるはずなので、スウェーデン全体の半数弱のコミューンは、特別費用が発生する90日を超えている可能性が高い。もし、これが事実だとするならば、介護の付いた特別住宅に入るべき要介護度の高い高齢者が、その措置を受けながら、在宅サービスを利用しながら、あるいはショートステイサービスを利用しながら待機していると推測できる。

　大都市部にとどまらず、全国的に、各コミューンの客観的ニーズに対して、介護の付いた特別住宅の絶対数が不足しているのではないかと危惧される。

　スウェーデン全体の半数近くのコミューンで特別費用が発生し、その金額を支払っているという事態は極めて深刻である。第1章で確認した通り、2020年から2030年にかけて、介護の付いた特別住宅に入る割合が高くなる年齢となる80歳以上の人口が、5.4％（53.9万人）から7.6％（78.8万人）に急増する。80歳以上は認知症を患う確率も高くなるわけだから、政府は計画的に介護の付いた特別住宅を増やす国家プランを早急に発表すべきであろう。

第7章

高齢者虐待防止法と医療過誤防止法
——サーラ法とマリア法

1　サーラ法（Lex Sarah）

　1997年、ストックホルム郊外のソルナ・コミューンにある介護の付いた特別住宅「ポールヘムスゴーデン（Polhemsgården）」において、高齢者虐待事件が発生した。施設長予定者が過労で退職したこと、必要な数の介護職員を用意せず、そのうえ本来必要なリフトが配置されていなかったこと、またオープン時に多くの高齢者を一度に入居させたなどの悪条件が重なったため、結果的に「放置」という虐待が発生した。

　このような問題状況をテレビ番組の取材に答える形で告発したのが、当時、ポールヘムスゴーデンで准看護師として介護の仕事に就いていたサーラ・ヴェグナート（Sarah Wägnert）であった。

　2年後の1999年、彼女の名前を冠にした法律「サーラ法」が施行された。この法律は、介護の付いた特別住宅の介護スタッフが職場で虐待の事実を発見した時には（虐待が疑われる時には）、直ちに施設長に報告しなければならないという趣旨の条項で、社会サービス法第14章の第2条として加えられた。具体的には以下の条項である。

> 　高齢者介護、または機能が十分でない人々の介護に携わるすべての人達は、これらの人々が質の高い介護を受け、安心できる環境の下で生活できるように注意しなければならない。個人への介護において深刻な不当行為に気付いたり、知らされたりした人は直ちに社会サービス委員会に通告しなければならない。不当行為が直ちに是正されない場合は、委員会は監督官庁にその事態を通告しなければならない。

　この条項は、問題のある状況を発見し対処すること、および通報義務を導入することで職員やその他の関係者が報復を恐れることなく「重大

な問題」を通報できるようにすることを目的としている。

　ここでいう「重大な問題」とは以下の3点である。

❶ケアサービスの受け手の自己決定、不可侵性、安心感および尊厳を尊重するという基本的義務から明らかに逸脱した対応。

❷ケアサービスの受け手の生命、健康もしくは安全を脅かす虐待行為として、身体的暴力（殴る、つねる、強くつかむなど）、精神的虐待（脅し、嫌がらせ、侵害行為など）、経済的虐待（金銭や所有物の盗難、脅迫行為）、性的虐待が含まれる。

❸ケアサービスの受け手の生命、健康もしくは安全を脅かすようなケアの不備であり、身体的介助、食事介助、歯科衛生、見回りや訪問の不備などを指す。

　ここで注意すべきは、不備の一つ一つが重大なものと見なされない場合であっても、それが度重なれば重大な問題だと判断されることである（西下［2008b］pp.72〜73）。

　同法は、介護スタッフ同士が相互に相手の行動に注意を払い、虐待を組織として未然に防いでいくことが狙いとなっており、同法の対象となるのは、コミューンの介護職員だけではなく民間事業者の介護スタッフも含まれる。

　安いコストで質の高いケアを期待されるのは何も民間組織だけとは限らない。コミューンが運営する場合も同様である。事実、ウプサラ㉛コミューンでは、1997年10月末、コミューン自体が運営するグループホーム「フローデゴーデン（Frodegården）」において、ポールヘムスゴーデンと同様の理由から人件費がカットされ、その結果、虐待が発生している（井上［2003］p.174）。

2　サーラ法強化の背景

　2004年11月に社会保健庁が示した通達書「高齢者および障害を有する人のケアに関するリスクおよび不備の報告と調査」によれば、強化には以下のような背景がある（西下［2008b］pp.71〜75）。

　2003年に社会保健庁が社会サービス法第14章第2条に基づくケア職員の通報義務適用に関するフォローアップ調査を実施した結果、「義務の明確化の必要性」が浮き彫りにされた。同時に、高齢者および障害を有する人に対するコミューンの福祉・ケアの質に不備やリスクが存在することを報告することに関して、法にどのように規定されているのか確信をもてない人が多く存在することも明らかになった。

　そこで、社会保健庁はこの通達書を通じて、社会サービスおよび医療における体系的な質向上の実施および通報義務に関する法律、社会保健庁の法令集に規定されている条項に関する情報を提供しなければならないと考えるに至った。

　この通達書では、リスク分析、逸脱行為および苦情への対処、高齢者や子ども、障害を有する若者や成人にケアを提供している職員に適用される様々な報告義務と通報義務について取り扱われている。

　高齢者および障害を有する人は、社会サービスと医療の両方から施策を受けることが多い。社会サービス法（Socialtjänstlagen：SoL）にも医療法（Hälso och sjukvårdslagen：HSL）にも、体系的に質の向上を行う必要性があると規定されているが、特定の機能が十分でない者に対する援助およびサービスに関する法律（Lag om stod och service till vissa funktionshindrade：LSS法）には、2004年現在、そういった規定が存在しない。

　社会サービス法の第3章第3条には、「社会委員会の施策は、質の高いものでなくてはならない」、そして「業務の質は、系統的および継続

的に発展および保障されなくてはならない」と規定されている。

この規定の適用に関するサポートおよびガイダンスとして、社会保健庁は一般的指針「高齢者および障害者のケアに際するクオリティシステム」を発行している。また、社会サービス法に規定されている質の高さを発展および確保するために、高齢者および障害を有する人のケアは、事業における計画・遂行・フォローアップ・質の向上のためのシステムに含まれなくてはならない、と同指針には書かれている。

社会保健庁の一般的指針「医療におけるクオリティシステム」には、クオリティシステムによって何が保障されなくてはならないのかなどが記載されている。取り上げられている基本的価値観は、患者の尊厳・不可侵性・参加性・安全であり、そしてクオリティシステムが有効に機能していることを医療提供者が責任をもって保障することが大切である、と書かれている。

クオリティシステムの必要性は、自己管理、フォローアップ、および経験より学んだことをフィードバックすることの重要性とともに挙げられている。自己管理とは、事業の計画・遂行・成果の評価・改善措置に関して定期的にフォローアップすることを意味する。

2004年時点では、LSS法には、質の確保および向上に関する規定は存在しなかった。同年11月に、内閣はLSS法にも社会サービス法と同様の規定を導入すること、および当該新規定を2005年7月から施行することを提案していた。

3　強化されたサーラ法の内容

1999年に施行されたサーラ法（サーラ条項）は、年を追って徐々に強化されることになった。2005年段階で、一部のLSS法の対象者もサーラ法の対象になった。

その後、2011年7月1日からは、サーラ法の適用範囲が、それまでの高齢者・障害者福祉と一部のLSS法対象者から、社会サービス法施策全般（社会サービス法に基づく施設収容も含む）へと拡大されるに至った。

　さらに、社会保健庁への報告義務も強化された。かつては、早急に（具体的には1週間以内に）問題が解決できれば報告する必要がなかったが、同年7月1日からは、「重大な不備、もしくは重大な問題につながる可能性のあった不備」については、問題解決の如何にかかわらず報告が義務づけられるようになった。ここで、問題が解決されたかどうかについてその判断に迷うことがなくなり、かつ報告すべきかどうかについても判断に迷うことがなくなったのである。

　前著『スウェーデンの高齢者ケア』で指摘したように（西下［2007］p.105）、当時は10日間という期間内に問題解決できれば監督官庁に通報しなくてもよいというルールが存在していたし、このルールとも関連して、問題が解決できたかあるいはできなかったかという判断が極めて曖昧だった。

　問題解決に関する判断には、主観的要素が強く反映する。あるコミューンでは厳しく判断し、別のコミューンでは緩く判断するという、「判断のコミューン間格差」が広がっていたというのが実情である。

　社会保健庁が2011年に公表した「サーラ法に関する社会庁の一般的指針」は、サーラ法が適用される対象を明確化し、それまで曖昧であった報告の基準を明確にして一般化することが目的であった。その指針の主要な内容は以下の8項目である（Socialstyrelsen［2011b］）。

❶不備もしくは不備につながる危険性について報告する義務は、介護職員（従業員）、研修生もしくは教育課程にある者、労働政策プログラム参加者が負う。
❷報告を受理する担当者名などの情報は、職員の雇用時もしくは情報変

更時に、介護職員などに提供されなければならない。
❸報告されるべき不備とは、実施された行為もしくは過失その他の理由により実施されなかった行為のうち、個人の生命や安全性、身体的および精神的健康を脅かすもしくは悪影響を及ぼすものを指す。
❹介護職員らが、不備もしくは不備につながる危険性について発見したり気付いたりした場合に報告することになるが、その報告の対象は、介護職員らが所属している組織の種類によって異なる。例えば、介護の付いた特別住宅で不備が発見された場合、コミューンが運営している場合であれば、当該コミューンの「社会サービス委員会」であるし、民間組織が運営している場合であれば、その「民間組織の責任者」である。

その他、サーラ法の対象には施設ケア庁が含まれており、この場合には「施設ケア庁の執行部」である。なお、施設ケア庁とは、青少年や依存者を対象とした、施設における強制的ケア提供を運営する国の機関である。
❺介護職員などから報告された不備もしくは不備につながる危険性に関する調査は、上記❹の各機関が行うことになるが、その記録には以下の情報が含まれなければならない。
・報告された不備もしくは不備につながる危険性の概要および個人が被った（もしくは、被る危険性があった）悪影響について。
・口頭もしくは文書による報告が受理された日時。
・いつ、どのように不備もしくは不備につながる危険性が注目されたのか。
・不備が発生した日時。
・不備もしくは不備につながる危険性の原因（確認されたもの）。
・事業内で類似の不備が過去において発生したかどうか、その場合は再発した理由。
・類似の不備が再発する可能性の分析。

表7－1　サーラ法に基づく通報のフォーマット

サーラ法に基づく通報　　社会保健庁

SoL14章7条もしくはLSS24f条

利用者の公文書登録番号　　　　　　　重大な不備
……………………………………　　　　　重大な不備につながる明白な危険性
通報は、重大な不備もしくは重大な　　社会保健庁
不備につながる危険性が発生した事　　監督地域 ……………………………………
業の監督地域に提出する。　　　　　　……………………………………

通報者（運営事業者のみ）
☐ ………………コミューン／ランスティング ……………… 委員会
☐ 民営事業　………………………………（企業・財団名）
☐ 施設ケア庁
☐

連絡者	役職・肩書き
職場	住所
郵便番号	地名
電話番号	メールアドレス

重大な不備あるいは重大な不備につながる危険性が発生した日時および場所

ユニット名	事業の種類	
住所	郵便番号	地名
電話番号（市外局番を含む）	不備発生の日付・曜日・時刻	

重大な不備あるいは重大な不備につながる危険性の概要および人に及ぼした影響

☐ 重大な不備もしくは重大な不備につながる危険性に関する通報を行うことを、関係者たる個人に通知している

付録文書
☐ SoL14章6条に基づく調査
☐ LSS24e条に基づく調査
☐ 当不備にとって重要だと思われる、事業手順文書
☐ その他　………………………………………………………

事業の組織および人材配置・職員数

職員の学歴、就業率、雇用形態（当該ユニットにおける）

類似の不備再発を防止するために取られた処置、もしくは取ることを計画されている処置

日付	通報責任者　署名	氏名

（出典）　Socialstyrelsen[2011b]

・不備もしくは不備につながる危険性を是正・排除するために取られた処置および処置実施の日時。
・それ以外に調査により明らかになったこと。
・調査終了時の決定もしくは結論。

❻事業責任者である「社会サービス委員会」、「民間組織の責任者」、「施設ケア庁の執行部」は、介護職員などから通報のあった事案すべてに対して直ちに調査を開始しなければならない。と同時に、重大な不備もしくは重大な不備につながる危険性の存在に関して、社会保健庁に通報しなければならない。

　社会保健庁には6か所の支部があるので、通報を受けた事業所は、その地域を管轄する社会保健庁の支部に通報の書類を送付することになる。なお、社会保健庁に通報する場合の報告書には統一の書式が設けられている。前ページの**表7－1**がそれである。

❼社会保健庁支部への通報と調査終了のタイミングはケースバイケースとなる。介護職員などによる通報が事業責任者に対して行われた段階で、すぐさまその不備が重大でないことが判明したり、調査の終盤になって分かることがあるが、社会保健庁支部への通報は必ず行わなければならない。

　事業者による調査は最後まで行われる必要がある。社会保健庁への通報から遅くても2か月以内に調査を完了し、社会保健庁にその結果を送付しなければならない。

❽重大な不備もしくは重大な不備につながる危険性は、介護職員だけが問題行動の主体として対象になるわけではない。場合によっては、サービスの利用者間で発生する可能性もあり、このケースもサーラ法の対象となる。一方で、家族間で重大な不備もしくは重大な不備につながる危険性も発生しうるが、家族員が問題行動の主体である場合にはサーラ法の対象とはならない。

4 マリア法（Lex Maria）による通報

（1）制定の背景と目的

　医療分野に関しては、医療過誤防止法（マリア法＝Lex Maria）が存在する。医療過誤に対する通報義務は、1937年にストックホルムのマリア病院で、4人の患者が局部麻酔薬の代わりに誤って消毒液を注射され死亡するという痛ましい事件が発生したことをきっかけに導入された。

　1999年から施行されている保健医療分野における業務法第6章第4条がマリア法（マリア条項）である（奥村［2008］pp.93～99）。

　マリア法の基本的な目的は、重大な怪我もしくは疾患が起きた原因、もしくはそれらが起きる危険性が存在する原因を客観的に調査し、将来同様の事件が起きるのを防止することにある。これに加えて、事件の当事者となった患者（もしくはその近親者）に対し、実際に何が起きたのか、そして何故怪我や疾患を被ることになったのかを、調査を通じてできる限り明らかにすることが目的となっている。

（2）通報の手順

　医療関係職員は皆、マリア法に含まれると思われるようなケースについて通報を行う義務を有している。医療機関および各科（ケアユニット）の責任者は、すべてのケースが通報責任者まで報告されるよう、通報の手順に関する知識を全職員に知らせる責任を有している。

　各医療機関は、マリア法に基づいて通報責任を遂行する任務を負う職員を任命しなくてはならない。その通報責任者は、医療機関の組織において、通報されたケースの比較を行ったり、患者の安全対策や系統的なクオリティ管理に参加したりすることができる役職に就いているべきで

ある。

　看護師、理学療法士、作業療法士および権限委任により医療行為をする介護職員がマリア法に含まれると思われるような行為に及んだケースについては、次ページにある**表7−2**の書類を通じて通報する。

（3）通報の内容

通報すべき内容としては、以下に挙げるような可能性がある。

❶検査、ケアおよび治療の不備によって起きた転倒事故で、患者の状態に重大な影響を及ぼす結果につながった場合。

❷医薬品ミス、指示ミス、投薬量ミス、および看護ミス。

❸医薬品が関係した事故により、より積極的な医療行為、もしくはほかの医療機関への移送が必要となった場合。

❹検査、ケアおよび治療の際に起きたミス。

❺患者およびその近親者に誤った（不十分もしくは誤解を与えるような）情報提供が行われた場合。

❻医療技術製品もしくはその他の設備の使用および整備ミス。

❼通常使用されている方法や手順を適用した際に起こった、以前には知られていなかったダメージや危険性。

❽業務や組織自体に不備な点がある場合、もしくはほかの医療機関との協力体制の欠落により起きたミス。

❾看護に関係する感染症。

❿検査、看護および治療の不備が原因で、患者が自殺を試みたと判断される行為。

　6週間以内に、医療責任看護師（medicinskt ansvarig sjuksköterska：MAS）に書類は提出される。こうした医療過誤が疑われるケースについて、医療責任看護師は調査を行い、社会保健庁に報告すべきかどうか

表7－2　マリア法に基づく通報のフォーマット

```
                                              社会保健庁
                                     □ 重大な怪我・疾患につながった事故
                                     □ 重大な怪我・疾患につながる危険性が存在した
                                       日付
  記録番号
  ─────────────             ─────────────
                                     社会保健庁　地域監督課
```

医療機関名	事業名	ユニット名
住所		
郵便番号	郵便地区	電話番号	FAX 番号

事件の起きた曜日、日時	患者のパーソナルナンバー

事件のあらましおよび患者への影響（現在の病状および予後）

□ 患者／近親者に対し、事件および通報に関する情報提供が行われた。
□ 患者／近親者には、事件に関して発言する機会が与えられた。
□ 医療技術製品が事件に関与している。
□ 事件が製造および／もしくは医薬品庁に対して通報されている（社会保健庁の指令および一般的指針〔医療における医療技術製品の使用〔SOSFS2001：12〕〕第6条）

同封書類
□ 事業責任者もしくは MAS により行われた内部調査
□ 事件が起きた当時の患者のカルテのコピー
□ 事件に関連性のある業務の手順
□ 関係職員による報告書
□ 患者もしくはその近親者による口述・文書
□ 医療技術製品の使用説明書
□ 医療技術的調査
□ 医療技術的逸脱行為に関する通報・報告
□ その他

事業の組織構成および人員配置

関係職員の学歴および雇用形態

事件は
□ 法医学上の検査実施のため、警察に通報・届出が行われた
□ それ以外の理由により、警察に通報・届出が行われた

通報責任者　署名	役職	
氏名	電話番号	FAX 番号
住所	E mail	
郵便番号	郵便地区	

(出典)　Socialstyrelsen[2010b]

を判断する。同庁に対して、通報後2か月以内に文書で報告することが求められる。

医療行為に際し、患者が重大な怪我もしくは疾患を被った場合、もしくはその危険性があると認められた場合には、通報が行われなくてはならない。ただし、上記の症状が患者の身体状況からして避けられない合併症であった場合には適用されないものとする。

新しく追加された規定によれば、医療に関連して起こった自殺も、その原因が医療不備にあるかどうかにかかわらず、すべて報告しなくてはならないようになった。

書類には、社会保健庁への報告が必要とされる事項や文書が明記されている。通報はできるだけ早く行われるべきであり、遅くとも2か月以内に行われなくてはならない。特に緊急を有するケースについては、MASによる医療機関の内部調査が完了する前に通報を行うことも可能である。その場合、調査完了後に報告書を完成させ、できるだけ早く社会保健庁に送付しなくてはならない。

迅速に調査を行うためにも、マリア法に基づく通報書に必要な情報および適切な情報がすべて記入されていること、そして内部調査と対応処置が報告されていることが重要となる。調査の範囲は、ケースの種類により決定される。例えば、適切な処置がすでにとられているケースなどでは、社会保健庁による調査が簡素化されることもある。

(4) 社会保健庁における調査

社会保健庁は、マリア法に基づく通報を受けた後、調査および監督を行う。その際、患者の安全性を中心に置いて実施する。社会保健庁が行う事業監督の枠内では、事業目標に関する記述、組織、責任分担、職員数および手順について調査が行われる。

同庁は、監督を通じ、事業および医療関係職員の処置を支援・調査す

るのである。可能な場合、社会保健庁の調査員は対象となる病棟やケアユニットを訪問調査することもある。決定を下す前には専門家の意見を仰ぐことが多い。

（５）患者および近親者への情報提供

　患者もしくはその近親者に対し、被った怪我や疾患が医療行為やケアと関連していると考えられるのかについて、さらに、社会保健庁への通報が行われたのかどうかについての情報を提供しなくてはならない。また、その出来事をどのように体験したかを語る機会を患者に与えなくてはいけない。またそれは、実際に事件が起きたケースだけではなく、重大な危険性が認められた場合においても、情報を提供する適切性を判断したあとに実施されるべきである。

　そのうえ、法的安全性という面より、社会保健庁の調査が再発予防を第一目的として行われるものだという情報および認識を患者に提供することも大切である。マリア法のケースについて社会保健庁からの決定が下された場合、通報責任者は再度患者にコンタクトをとり、できるだけ早くその決定を通知しなくてはならない。

　患者は、どのようなケースにおいても、事件発生から2年以内なら医療責任委員会[★1]に自らコンタクトを取ることが可能である。よって、医療機関はその手続きの仕方についての情報を患者に提供するか、それができない場合には患者委員会[★2]に引き継ぎを行うべきである。

★1　（Hälso-och sjukvårdens ansvarsnämnd：HSAN）患者やその近親者からの訴えを受け付け、医療ミスや過失を犯した医療職員に対する処罰を決定する国の機関。2011年1月に患者安全法（patientsäkerhetslag）が施行されてからは、社会保健庁が患者からの訴えを受け付けている。

★2　（patientnämnden）各ランスティングに一つ設置することが義務づけられている。医療機関や、その処置・対応に不満や意見がある時にコンタクトを取る機関である。

第8章

認知症高齢者などの人権を擁護するシステム

1　ゴードマンの位置づけ

　日本では、2000年4月の介護保険のスタートと同時に新成年後見法が施行され、認知症高齢者などの権利を擁護するシステムが完成した。ただし、日本的な文化の影響もあって、新成年後見制度の活用が一般化しているとは言えない状況にある。一方、スウェーデンには、認知症高齢者の権利を擁護するシステムとしてどのような仕組みがあるのだろうか。

　スウェーデンには、権利擁護のための重層的なシステムが存在する。まず、最も基本的なシステムとして「ゴードマン（god man）」の制度が存在している。「法定後見人」と訳することも可能であるが、後述の「法定管財人」と紛らわしいので、本書では「ゴードマン」という表現をそのまま用いることにする。

　ゴードマンは、自分の権利および利益を自ら擁護できない人の後見人として機能する人のことを指す。ゴードマンという他者を有している人を「被後見人」と呼ぶ。

　自らを擁護できずゴードマンを有している人にも、当然、自己決定権が存在しているので、ゴードマンは常に被後見人から同意を得て行動をしなくてはならない。ただし、日常生活に関する行為は、同意が必要とされない例外とされている。

　被後見人からの同意が得ることが困難もしくは不可能な場合には、ゴードマンは被後見人にとって最良となる状態を考えながら、委任された範囲内で法律行為を遂行することができる。被後見人に同意をする能力が存在しない場合には、医師の診断書にその不存在に関する記載がされていなければならない。

2　ゴードマンの必要性

　疾病、精神的疾患、健康上の不備もしくは相当の条件により、一成人が権利擁護・財産管理・身上監護に関して他者の助けを必要とする場合、裁判所は申請に基づきゴードマンを選定する決定を下さなくてはならない（両親法第11章4条）。

　ゴードマンの必要性が指摘される例としては、ある人が自力で商品の購入、支払いなどの経済的行動を遂行することができない、もしくは自己の財産管理を行うことができないといったケースが挙げられる。それには、認知症や精神的疾患、知的障害などを有している場合が多い。

　例えば、家族のサポートや委任状の使用、銀行の信託課、その他の社会サービスおよびサポートなどでニーズを満たすことが可能な場合、ゴードマンの配置が決定されることはない。法律にも、法定後見人が決定される前に、まず対象者の自律性を脅かす干渉の度合が低い方法を試さなくてはならないことが強調されている。

3　ゴードマンの申請

　ゴードマンを申請できるのは、本人、その婚姻者もしくは同居人パートナー、近親者またはコミューンの「後見監督機関（överförmyndarnämnd、överförmyndaren）」である。近親者には、夫婦以外に嫡子、両親、兄弟姉妹が含まれる。

　また、ゴードマンの必要性が「申請」ではなく、福祉課職員、ソーシャルワーカー、ホームヘルパー、援助判定員、銀行職員、遠縁の親族などによって「通報」されることもある。対象者にゴードマンが必要ではないかという通報は、コミューンの後見監督機関に対して行われ、必要

性が確認できた場合には後見監督機関自身が申請を行う。

　社会サービス委員会に課せられた通報義務については、社会サービス法第42条およびLSS法第15条6項に規定されている。そこでは、社会サービス委員会には、両親法の規定に基づきゴードマンもしくは後述の法定管財人（förvaltare）を配置する必要性があると考えられるケース（144ページを参照）、もしくはゴードマンなどの必要性がすでに存在しないと考えられるケースについて、後見監督機関に報告する義務があるとされている。

　また、後見監督機関の監督事業にとって必要とされる状況（すなわち、あるゴードマンが任務を十分に果たしていないなどの問題となるケース）を関知している場合、社会サービス委員会はその事実を後見監督機関に対して報告しなくてはならない。

　ゴードマンは、被後見人本人の同意に基づいて配置される、いわゆる「任意に基づく法的処置」である。当事者に判断能力があり、自分の意志を表明する能力を有している限り、ゴードマンを強制されることはない。

　申請にあたっては、以下の六つの情報が必要となる。

❶ゴードマン配置決定を申請する文書
❷ゴードマンを必要とする理由
❸本人の個人情報
❹ゴードマンの立候補者・推薦者名（存在する場合のみ）
❺存在する子どもおよび親戚に関する情報
❻財産の管理・権利の擁護・身上監護のなかで委任を希望する範囲

　また、必要に応じて申請書に同封する書類として以下の五つがある。

❶家族証明書
❷ゴードマンの必要性を強調する援助判定員・ソーシャルワーカーなどによって書かれた書面
❸可能な場合には本人の同意書

❹ゴードマンの必要性および同意を与える能力の有無を証明する医師の診断書
❺本人からの同意が得られない場合には近親者の同意書

　なお、ゴードマンの必要性の認定および配置決定は「地方裁判所」によって行われる。ゴードマンが問題行動をするなどゴードマン交代の必要性が生じた場合には、コミューンの後見監督機関によって新しいゴードマンが選定される。

　例えば、ゴードマンの問題行動としては、被後見人の銀行口座にある貯金の着服や被後見人が適切な規模のお金の引き出しを希望しているにもかかわらず、口座の引き出しを行わないといった怠慢などが含まれる。また、一人のゴードマンが数多くの被後見人のゴードマンをしているケースも見られ（20人というケースもある）、問題が生じやすい状況にあるため、この点についても規制が必要であろう。

4　ゴードマンに委任できる範囲

　ゴードマンが委任される範囲分野は、「①財産管理」、「②権利擁護」、「③身上監護」の3領域に分けられている。ゴードマンへの委任は被後見人のニーズに合わせて行われるものであり、その委任分野は①から③の1項目に限定されることもあれば3項目全部に及ぶこともある。また、委任範囲がある一定の法律行動に限定されることもある。

　その例として、社会サービス法やLSS法に基づく施策に際して被後見人の権利を擁護すること、介護の付いた特別住宅やホームヘルプ施策、生活保護の申請を行うことなどが挙げられる。

　3領域のうち「①財産管理」とは、ゴードマンが被後見人の経済を管理することを意味する。具体的には、請求書の代金を支払ったり、小遣

いを渡したり、有価証券、不動産などを管理することである。ただし、被後見人が給与もしくは年金を受給している場合、当人が希望しない限り、ゴードマンが管理する財産に含まれないものとする。

　言うまでもないことであるが、被後見人の財産がゴードマンの財産と混同されることがあってはならない。被後見人の収入は、生活費、教育費、その他必要な経費の支払いに充てられ、その残金は適切な利子が得られる口座に貯蓄される。

　ゴードマンには、被後見人の代理として財産を譲渡するという権限は与えられてはいない。両親法の第14章12条には、譲渡の禁止が定められている。それは、コミューンの後見監督機関の同意がなければ譲渡を行うことができないという意味である。また、ゴードマンが被後見人の代理として遺産相続を放棄したり、被後見人の代理として遺言状を作成することも禁止されている。

　決定から２か月以内に、ゴードマンは被後見人の財産および借金のリストを後見監督機関に提出しなくてはならない。被後見人の有する銀行口座はすべて「後見管理封鎖」され、銀行口座情報にはその旨が記載される。

　唯一の例外は「自由口座」であり、その口座からはゴードマンが後見監督機関の同意なしにお金を引き出すことができる。年金やその他の収入は自由口座に振り込まれ、ゴードマンはそこから被後見人の生活費やその他の経費の支払いを行う。

　ここで重要なのは、口座の後見管理封鎖はゴードマンに対してのみ適用されるものであって、被後見人はどの口座からも自由にお金を引き出すことができるということである。

　二つ目の「②権利擁護」とは、特定の法的行為において、被後見人の権利や利益を擁護することを意味する。具体的には、相続権を擁護したり、賃貸契約の解約や住宅の売却を行う際に被後見人の代理を務めたり、債権者に対し返済計画などについて交渉する際に被後見人の権利を擁護

したり、自己破産の申し立てを行うといった行為が含まれる。

　また、より身近な権利擁護としては、例えば様々な社会サービスをコミューンに申請したり、社会保険庁（Försäkringskassan）に住宅手当の申請を行ったり、措置決定に対して異議申し立てをしたりすることなどが含まれる。

　最後の「③身上監護」とは、個人的ケアを指しており、被後見人が必要としているケアやサポートを受けられるよう取り計らうことを意味する。ホームヘルプサービスを増やす必要性について述べたり、送迎サービスを予約したりするのがその例である。また、被後見人の社会的交流や余暇活動、レクリエーションのニーズに注目したり、家具やテレビなどの大きな買い物を手配したりする。

　被後見人のニーズを詳しく把握するために、ゴードマンは定期的に被後見人を訪問することが期待されている。つまり、被後見人のニーズを詳しく把握するように努めなければならないということである。ただし、ゴードマン自身が被後見人に、直接ケアや日常的サポートを提供することは要求されない。

5　ゴードマンの任命資格

　両親法には、ゴードマンは「誠実で経験豊かであり、その他の点においても適切だと判断される男性もしくは女性」と規定されている。ゴードマンとなる人は18歳以上の成人で、かつ法定管財人（次ページの6を参照）を有していてはならないと規定されている（両親法第11章12条）。候補者の的確性を判断する材料としては、任務を遂行するのに必要な資格をもっていること、経済的な問題を有していないこと（つまり、借金をしていないこと）、そして任務に当てることのできる時間を有しているということが挙げられる。

コミューンの後見監督機関は、その人が過去に借金をしたことがないか、また犯罪歴がないかどうかをチェックする。可能な場合には、被後見人は推薦されたゴードマンと事前に面談を行う。

ゴードマンにとって大切なのは、慎重に丁寧に事を進め、被後見人のニーズや希望に耳を傾ける謙虚な姿勢をもち、被後見人の最良・最善のためにケア職員や近親者、その他の人達と協力することができるという資質である。

6　法定管財人（Förvaltare）

法定管財人は、両親法の規定に基づいて任命される（第11章4条および第11章7条）。両親法の第11章4条に基づくゴードマンの必要条件を満たしており、かつ「自分自身および自己財産を管理する能力を有していない」と見なされる人には法定管財人の配置が決定される。すでにゴードマンから手助けを得られている場合には、法定管財人の決定が下されることはない。

つまり、疾病、精神的疾患、健康上の不備もしくは類似の条件により、一成人が財産の管理や様々な契約の締結、身上監護などに他者の助けを必要とする場合に法定管財人の配置決定が下されるということである。

ところで、前述のゴードマンと法定管財人には、どのような違いがあるのだろうか。ゴードマンは被後見人を「補佐する存在」なので、被後見人には自己決定権が残されている。すなわち、ゴードマンが法律行為を行う際には常に、被後見人の同意を得なくてはならないということである。他方、法定管財人は、被後見人の同意を得ることなく、権限の範囲内において自己判断で行動を起こすことが可能となっている。

法定管財人が必要かどうかの認定、その権限の範囲の拡大・縮小に関しては、地方裁判所が審議して決定を下す。また、法定管財人の解除を

決定するのも地方裁判所である。法定管財人が交代する場合には、コミューンの後見監督機関が新しい法定管財人を選任する。

7 法定管財人の必要性と委任範囲および申請

　法定管財人が必要であるかどうかの認定は、個人の不可侵性を著しく侵害するものである以上、すなわち自らの財産に関する決定権を失う以上、その適用は極めて限定的であることは言うまでもない。

　法定管財人の委任範囲は、ゴードマンと同様、「①財産管理」、「②権利擁護」、「③身上監護」の三つに分けられている。法定管財人への委任は被後見人のニーズに合わせて行われるものであり、その委任分野は①から③のうち1項目に限定されることもあれば3項目すべてにわたることもある。

　また、委任範囲がある一定の法律行動に限定されることもある。その例としては、社会サービス法やLSS法に基づく施策に際して被後見人の権利を擁護すること、ホームヘルプサービス、介護の付いた特別住宅への入居、生活保護などに関する申請を行うことなどが挙げられる。

　法定管財人の申請は、ゴードマンの申請と同様、両親法の第11章4条に基づいて行われる。ゴードマンの申請と異なっているのは、ゴードマンが（被後見人の代理として）法定管財人の申請を行うことができるという点である。なお、法定管財人の申請を行う際には、医師の診断書の提出が義務づけられている。

　財産の管理に法的管財人が必要となる場合、財産の一部（例えば、一定の不動産やある銀行口座の預金など）にその管理を限定することもある。

8　法定管財人をもつ意味

　法定管財人をもつということは、被後見人が自己決定権の一部もしくは全部を失うことを意味する。その分、法的管財人が被後見人の最良・最善のために行動する権利を得るということも意味する。

　被後見人には通常、サービスやその他の仕事に関する契約を締結する権利が残されている。その場合、被後見人には仕事を通じて得た収入を自由に使う権利が認められているが、地方裁判所の決定を経て、必要であればその権利が制限されることもある。

　法定管財人は、様々な対処に際して被後見人の同意を得る必要はなく、よって被後見人の利益のために自分自身の裁量で判断し行動することができる。これが、ゴードマンと本質的に異なる点である。しかしながら、法定管財人が委任範囲外で行動した場合、その行動は無効と見なされる。被後見人が法定管財人の同意を得ることなく行動を起こした場合、未成年が親権者の同意なしに行動を起こしたのと同じ扱いになる。つまり、契約が有効と見なされるためには、親権者としての法定管財人の同意が必要不可欠となる。

　被後見人の個人的問題、例えば住宅や医療・ケアなどについては法定管財人の見解が考慮されるとしても、まず被後見人自身が決定を下せるよう配慮されなければならない。法定管財人の必要性については、毎年審議が行われ、必要がなくなれば即刻廃止となる。

　なお、不思議なことであるが、ゴードマンと法定管財人の人数に関する全国データもコミューンデータも存在しない。また、第5章で扱った情報公開のシステムには高齢者の人権擁護のデータは含まれておらず、この点も大きな課題と言わなければならない。

9　日本の成年後見制度

2000年4月の介護保険制度開始と同時に、民法改正により新成年後見制度がスタートした。新成年後見制度は、法定後見制度と任意後見制度から構成される。このうち法定後見制度は、認知症などによりすでに判断能力の不十分な状態にある人に対して、家庭裁判所がその人の判断能力の程度を判断し、代理権、同意権、取消権の権限を与えられた後見人・保佐人・補助人が法定後見人として選任される制度である。

後見人の対象となる人は、通常の状態において判断能力が欠けている人であり、保佐人の対象は、判断能力が著しく不十分な人であり、補助人は判断能力が不十分な人である。本人、配偶者、4親等内の親族などが申し立てを家庭裁判所に対して行い、同裁判所が審判を行う。

スウェーデンがゴードマンと法定管財人の2段階であるのに対し[★1]、日本は後見人・保佐人・補助人の3段階に分かれており、きめの細かい制度設計となっている。また、任意後見制度が設けられていることも日本の特徴である。

後見人の選任の方法に関しては、スウェーデンのシステムが大いに参考になる。後見人の問題行動が起こらないように未然にシステムとして防止する形をスウェーデンは取っており（ここでは論じることができないが、それでもなお、問題行動が発生しているようだ）、この点で、日本はスウェーデンの人権擁護システムに学ぶ点は多い。

★1　スウェーデンには18歳以上の子どもに対する法定代理人の制度があり、「förmyndare（フォルミンダレ）」と呼ばれる。両親もしくはどちらかの親が健在であれば、親が förmyndare となる。親自身が förmyndare を有しているような場合や両親が事故や病気などで死亡した場合には、別に förmyndare が選定される。

10 介護スキャンダルの続発
——民間委託の構造的問題

　前節までは、認知症高齢者などの権利を法的に擁護する重層的なシステムを紹介してきた。ここでは、介護の付いた特別住宅に入居している認知症高齢者や要介護高齢者の人権が蹂躙されたスキャンダルについて見ておきたい。

　2011年10月12日、スウェーデンの代表的な新聞〈ダーゲンス・ニーヘーテル紙（Dagens Nyheter：DN）〉にスウェーデン全土を震撼させる介護スキャンダルが掲載された。同記事によれば、民間会社カレマ（Carema）がストックホルムのヘセッルビイ・ベリンビイ（Hässelby-Vällingby）地区から運営を委託されている介護の付いた特別住宅「コッパルゴーデン（Koppargården）」の様々な不備に関して、担当医が報告書を提出したとされる。

　そこには、感染症で死亡した高齢者、褥瘡に対するケアの不備、入居者の栄養失調、頻繁に起きる転倒事故、医薬品の不足、職員数不足および職員の経験不足などが具体的に指摘されており、医療の安全性は保証できないと書かれていた。もちろん、社会保健庁にその報告書は提出された。

　コッパルゴーデンの看護師と准看護師が、その1か月前に、当該コミューンに匿名で以下のようなメールを出している。

　「助けて下さい。私達の声を聞いて下さい。私達は、上司に、このままでは入居者に対するケアの安全性やクオリティを保証することができないと訴えているのですが、上司は私達の話や意見を聞き入れてくれないのです」

　前著『スウェーデンの高齢者ケア』において、入札によって委託先を決めるという方法そのものがもつ構造的問題点について指摘したところ

である（西下 [2007] pp.78〜92）。入札に応募した当該コミューンや民間組織が提出する運営計画をコミューンの社会サービス委員会が比較検討し審査を行い、1組織に数年間運営を委託するのであるが、運営費の安さだけが審査基準の最大のポイントになるようなやり方を早急に改めなければならない。

　実は、こうした介護スキャンダルは今回が初めてではない。1997年10月、ストックホルム近郊のソルナコミューンで、やはり民間会社に運営が委託された介護の付いた特別住宅「ポールヘムスゴーデン」で高齢者虐待事件が発生している。先にも述べたように、この事件をきっかけに、高齢者虐待防止法としてのサーラ条項が2年後の1999年に誕生している。

　このスキャンダルでも、主な原因は、委託費用から利益を得るために行われた人件費のカットである。本来、存在すべき介護スタッフが介護の付いた特別住宅にいなければ入居者のケアが疎かになり、結果として放置という形の虐待が発生してしまう。

　やや厳しい見方になるが、スウェーデンの高齢者ケアの現場は、サーラ法が誕生するきっかけとなったソルナコミューンで起きたスキャンダルから何も教訓を学べなかったことになる。それは、運営を委託された高齢者ケアのサービス提供組織だけでなく、審査によって委託先を一つに絞るコミューンの社会サービス委員会に対しても言えることである。難しい課題ではあるが、審査の責任をもつ社会サービス委員会が、運営費の安さだけではなく、運営費に見合った介護の質が確保できるかどうかについても慎重に検討できる能力をもたなければならない。

　また、審査基準を各応募組織の過去の実績だけに絞ることにも問題がある。カレマのように、どれだけ実績があっても、会社自身の運営主体が外国の資本、特に投機的資本が入るなどして著しく入れ替わるような場合には、そのことも斟酌し慎重に検討しなければならない。

　このことに加えて、高齢者虐待の二重構造に留意しなければならない。サーラ法は、あらゆる施設で働く介護労働者の「入居者に対する望まし

くない態度・行動・言動」を撲滅するためにつくられた法律であるが、1997年のスキャンダルも、今回の2011年秋のスキャンダルも、会社組織の運営体質が結果として高齢者虐待を招いている。とするならば、介護労働者による個人レベルの虐待だけでなく、介護に携わる社会組織による組織ぐるみの虐待を防止できるシステムが必要となる。

　事実、今回のカレマのように、介護の付いた特別住宅で働く介護スタッフ自身は極めて適切な介護を提供していることも多い。つまり、委託を受けた組織が、結果として介護スタッフに虐待をさせていたという構図になる。

　今後は、介護の付いた特別住宅で働く良識のある介護労働者が雇用主である民間会社あるいはコミューンのサービス提供セクションの運営方針の問題性を内部告発できる仕組みが必要不可欠となる。

　ところで、カレマのスキャンダルはいくつも同時に発生していた。もう一つの深刻なスキャンダルは、2011年11月11日に同じくDN紙によって報じられた。カレマは、人件費のカットだけではなく、あらゆる物品のコストカットを行った。特に深刻なのは、介護の付いた特別住宅の入居者のおむつを定期的に交換することをせず、おむつが最大限に吸収できる限界を待ってから交換するように指示していたケースである。

　その使用後のおむつの重量を量ったり、おむつの替え時を知らせるセンサーを導入したりしている。これほど利用者の人権を蹂躙する事例をいまだかつて聞いたことがない。この会社には、omsorg（オムソーリ）という気遣い、配慮、思いやりはまったく感じられない。

11　アンケート調査に見る高齢者に対する尊厳の意識

　では、スウェーデンと日本において、高齢者自身は社会から尊厳のある存在として見られていると自己認識できているのであろうか。この点

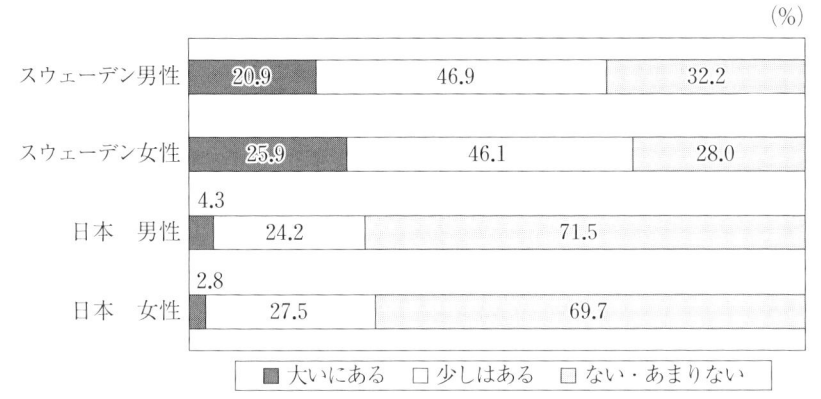

図8-1 高齢者の尊厳が傷つけられているという意識

(%)

	大いにある	少しはある	ない・あまりない
スウェーデン男性	20.9	46.9	32.2
スウェーデン女性	25.9	46.1	28.0
日本 男性	4.3	24.2	71.5
日本 女性	2.8	27.5	69.7

(出典)内閣府[2002]p.696から筆者作成。

について、あるアンケート調査から確認しておきたい。

図8-1は、内閣府が5年ごとに行っている『高齢者の生活と意識調査』において、「あなたは、日頃、生活している中で、高齢者が他の人々から自己の尊厳や自尊心を傷つけられていると思いますか」と質問した結果を示したものである(内閣府[2002]p.696)。

同調査では、毎回、日本および外国4か国が選ばれ、ランダムサンプリングまたは有為抽出法で選ばれた各国60歳以上の在宅一般高齢者約1,000名に対しアンケート調査が実施されている。第5回の2000年では、スウェーデンが対象国として選ばれたので、データを日本と比較することができる。

驚くことに、人権国家スウェーデンの高齢者のほうが、日本の高齢者に比べて高齢者が自己の尊厳や自尊心を大いに傷つけられていると思っている割合が著しく多い。

「大いにある」と答えた高齢者の割合は、日本の男性4.3%、スウェーデンの男性20.9%で5倍近くになっている。日本の女性では、2.8%であるのに対し、スウェーデンの女性は25.9%となっており、9倍強の多さである(実は、5か国のなかで最も多い)。「少しはある」と回答した

高齢者も含めると、日本は29％から30％程度である一方、スウェーデンでは68％から72％に達しており、意識に非常に大きな乖離のあることが明らかとなった（西下［2008a］pp.161〜162）。これほど、2国間で差が出る質問項目も珍しい。

　何故そう思うのか、その根拠を尋ねる質問項目がないのでこれ以上深掘りできないが、世代間関係という点では、日本以上のコンフリクトや無視などの深刻な問題がスウェーデンに潜んでいるということではないだろうか。

　スウェーデンという福祉国家が、すでに述べたように国家的な計画のなかの主要な目標の一つとしなければならないほど、「高齢者に対する尊厳」が脅かされている深刻な状況がありそうだ。この調査が、カレマ・スキャンダルののちに行われたならば、さらに深刻な結果が出ていたことであろう。

　後述するように、筆者はいくつかのコミューンにおいて、在宅の高齢者および介護の付いた特別住宅の介護職員を対象にアンケート調査を実施している。質問項目の一つに、「高齢者の尊厳」に関する意識を聞いている。内閣府の国際比較調査と同様の傾向を確認することになるかもしれない。

第 9 章

介護労働者の就労実態と就労意識

1　介護労働者の労働環境と就労意識

（1）スウェーデンの介護労働者の給与水準と就労の特徴

　これまでは、高齢者ケアサービスのありようと利用者の関係性に焦点を当て、様々な角度から論じてきた。ここでは、高齢者ケアサービスを提供する主体である介護労働者の賃金に関する就労実態と就労意識にスポットを当てて分析を行う。

　はじめに、いくつかの資料から介護労働者の給与水準を明らかにしたい。まず、スウェーデン中央統計局（SCB）によれば、2006年時点における介護関係職員数は、女性が39.7万人、男性が5.9万である。平均月収は、女性の場合19,600クローナ（約235,200円）、男性の場合19,700クローナ（約236,400円）でほぼ同じである。同年における看護師等の職員数は、女性5.4万人、男性0.6万人であり、平均月収は、女性が24,800クローナ、男性が25,100クローナとなっており（SCB [2008] p.77）、こちらもほぼ同じである。

　SKLによれば、2006年の准看護師の月額平均賃金が18,600クローナ（約223,200円）、介護職員の平均賃金が17,800クローナ（約213,600円）であった（SKL [2007] p.75）。

　また、スウェーデン労働総同盟（Landsorganizationen：LO）によれば、2007年における平均賃金は、コミューン職員の場合の准看護師（95,600人）で20,300クローナ（約243,600円）、民間の准看護師（約17,300人）の場合は20,900クローナ（約250,800円）であった。また、コミューン職員の介護職員（105,900人）は19,200クローナ（約230,400円）、民間の介護職員（42,000人）は19,900クローナ（約238,800円）であった（斉藤 [2009] p.7）。

　2008年における「最も一般的な職種10」という資料によれば、介護関

係職員の賃金は、女性（41.1万人）が21,200クローナ（約254,400円）、男性（6.4万人）が21,300クローナ（約255,600円）であった（SCB［2010c］p.66）。さらに、2010年現在では、男女の賃金格差はなく、准看護師は23,500クローナ（約282,000円）、介護士は22,000クローナ（約264,000円）となっている（SCB［2011］p.234）。

　同じくSCBであるが、別のデータベースによれば、コミューンの准看護師の月額の給与水準は過去10年間に大幅に増加している。2000年では、男性16,700クローナ（約200,400円）、女性16,800クローナ（約201,600円）、全体16,800クローナ（約201,600円）であったが、2010年段階では、男性23,300クローナ（約279,600円）、女性23,600クローナ（約283,200円）、全体23,600クローナ（約283,200円）と1.4倍に増えている。

　一方、資格をもたないコミューンの介護士についても、准看護師と同様、月額の給与水準は過去10年間に大幅に増加している。2000年では、男性15,900クローナ（約190,800円）、女性16,000クローナ（約192,000円）、全体16,000クローナ（約192,000円）であったが、2010年段階では、男性21,700クローナ（約260,400円）、女性22,100クローナ（約265,200円）、全体22,000クローナ（約264,000円）と1.38倍に増えている。

　スウェーデンにおけるコミューンの介護労働者の給与の特徴は、准看護師と資格をもたない介護士の間の賃金格差がほとんどないことである。また、示されているように男女格差もない。実は、年齢層格差も地域格差もほとんどないことが分かる（SCB［2012］Lönedatabasen）。

　以上はフルタイムの介護労働者の平均賃金であるが、スウェーデンではパートタイム労働が多い。特に、ケア関係の労働者のパートタイム労働が多い。パートタイム労働者のなかには、フルタイム労働を切望していながら不本意にパートタイム労働に従事している場合が少なからずあり、こうした就労形態を「パートタイム失業」と呼ぶ。医療介護分野のパートタイム失業者は女性就労者の37.8％、男性就労者の10.7％に上っている（斉藤［2009］p.7）。

他方、日本の介護労働者の給与水準はどうであろうか。介護労働安定センターの『平成22年度介護労働実態調査』によれば、日本の介護労働者のフルタイムの月額賃金は、ホームヘルパーが189,718円、介護職員が196,142円、看護師が262,717円となっている（介護労働安定センター［2011］p.5）。

　スウェーデンの介護労働者の賃金水準は、2006年以降の資料に基づけば21万円から28万円と、日本に比べればやや高いように見える。しかしながら、序章で述べたように、スウェーデンでは賃金の30％強が、コミューン（市町村）税およびランスティング（県）税として徴収される。可処分所得としては日本よりも若干低く、低賃金の状態である。

（2）ソルナコミューンの介護労働者の就労意欲

　スウェーデンの介護労働者の就労意識、就労意欲に対するアンケート調査はほとんど行われていない。先行研究がないなか、家族社会学および労働社会学の立場から介護労働の研究をしている笹谷春美らが2001年、ストックホルム郊外のソルナコミューンの介護の付いた特別住宅の介護職員合計45名、ホームヘルパー29名の合計74名（有効回答数）のコミューン職員を対象にアンケート調査を実施しているので紹介する（笹谷・今井［2003］pp.1～52）。

　スウェーデンの高齢者ケア施設は、要介護高齢者のためのナーシングホームや認知症高齢者のためのグループホームがメインであり、サービスハウスは廃止されつつあるので、施設ケアの代表性という点では問題がないわけではないが、介護労働者に直接アンケート調査を実施した点では注目に値する。

　対象者の資格は、准看護師が24名、資格をもたない介護士が46名である。エーデル改革の1992年以降の入職者が45名、特に准看護師の9割が1992年以降の入職者となっている。

介護労働者の就労継続意思については、笹谷らによれば、10年以上勤務者（30名）では、「現状のまま働きたい」という対象者は27.6％、「別の職場で介護の仕事をしたい」が10.0％と明確な介護労働の継続意思をもつ者は約38％と著しく少ない。「分からない」が34.0％、「他の職種に変わりたい」が17.0％という分布である（無回答が11.4％）。

　また、1992年以降の入職者（45名）では、「現状のまま働きたい」という対象者は24.0％、「別の職場で介護の仕事をしたい」が同じく24.0％と、明確な介護労働の継続意思をもつ者は48.0％と半数を切っている。そして、「分からない」が29.0％、「他の職種に変わりたい」が9.0％という分布である（無回答が14.0％）。なお、有効回答数が1名増えており矛盾があるが、引用文献に従っている。

　資格別では、詳細は省くが、准看護師（24名）の場合、介護の仕事を継続する意思はあるが他の職場を希望する傾向が強く、他方、介護士（46名）の場合は、現状のまま働きたいと希望する傾向が強い。また、「分からない」という回答も多い。予想に反して職場移動希望が強く、定着率が低いことが分かる。

　笹谷らは、「困った時の相談相手は誰か」についても質問している。集計結果は示されていないが、資格などの条件によって異なるものの、70％～90％の人が「同僚」を最も多く選んでおり、続いて「上司」が選ばれている。友人や専門家はほとんど選ばれていない。スウェーデンでは仲間意識が強く、お互いに相談し合う環境が整えられていると言えよう。

　すでに確認したように、スウェーデンの介護労働者は低賃金であるが、そのことは当事者である介護労働者にとっては大きな不満となっている。同調査により、賃金と社会的地位に関する自己評価が低く、とりわけ在宅のホームヘルパーのほうが不満度の高いことが明らかにされている。

　ソルナコミューンの介護労働者は、低い賃金や低い社会的評価だけでなく、全国的な施設運営費のコストカットのなかでスタッフ不足の影響

も受けている。労働時間は正確に守られているものの、結果として多忙を極め、仕事に伴うストレスは多い。多忙であることに加えて、介護労働者のストレスを高めている大きな要因がある。以下、その要因について述べていく。

　スウェーデン人は一般的に合理主義であるが、高齢者ケアに従事する介護職員については、仕事の意味を、多岐にわたる身体介護というプラクティカルな部分の実践に求めているのではなく、要介護高齢者や認知症高齢者に対する「精神的ケアや寄り添うコミュニケーション」に求めている（笹谷・今井［2003］p.31, p.33）。しかし、人数の少ない介護スタッフの配置のなかで、「ケアを必要とする高齢者の人権や尊厳が守られない傾向」（傍点筆者）やその現状に自ら怒り、不満をもち続けている。

　同じ職場にい続けたいとは思わない背景には、職場が変わればこうした高齢者の尊厳が守られない問題状況が改善するかもしれないと思っていると解釈できる。また、別の職業に変わりたいと考えているのは、こうした現状にいたたまれなくなっているからであろうと推察される。

　介護労働者が、精神的なケアや寄り添うケアができず、仕事の意味を見いだしたくても結果として見いだせない労働環境は、国の政策やコミューンの政策に対する不満となって噴出している。福祉・ケア政策の満足度を尋ねた結果、施設介護スタッフでは76.0％が不満に感じており、ホームヘルパーではさらに多く81.5％が不満に感じている（笹谷・今井［2003］p.44）。

　本稿の前半では、エーデル改革以後のスウェーデン政府による三つの高齢者ケア政策プランを見てきたが、いずれのプランにも現場の介護労働者の就労継続意思を高める戦略、仕事の意味を十分に得られるための戦略は見られない。認知症高齢者が増えることを踏まえて、研修の充実やスキルアップの機会を増やすことなどが計画に盛り込まれているが、介護労働者側の不満やストレスに耳を傾け政策的に改善していくための

プランはまったく存在していない。唯一、2006年の「高齢者看護・高齢者ケアに関する国家推進プラン」の第6分野としてこの問題に関連づけられた方針が示されているが、残念ながらプランの具体性に乏しい。

日本でもまったく同様の問題が存在するが、高齢者ケアシステムの質を高めるためには、スウェーデンにおいても政策立案者と現場の介護労働者の希望や思いをつなげる「リエゾン専門職」といった存在が必要不可欠ではないだろうか。

（3）あるコミューンの介護労働者の就労意欲

前述したように、スウェーデンの介護労働者に関する研究は驚くほど少ない。ここでは、2006年にスウェーデンのあるコミューンにある高齢者ケア施設で働く介護労働者91名（コミューン職員であるか民間組織の職員であるかは不明）を対象に行われたアンケート調査の結果を紹介する（井上・Owe［2008］pp.85～111）。

アンケート調査では、15項目から構成される職務満足度尺度が用いられた。各項目の平均値を高い順に並べたものが次ページの表9－1である。最も平均値が高いのは、「同僚は仕事の上で協力的であると思う」で5.25、以下、「私と同僚との関係は良いと思う」の5.24、「この仕事には幅広い知識が必要であると思う」の4.93、「この仕事で自分の持つ資格が活かせると思う」の4.79と続いている。

逆に、最も平均値が低かったのは、「給料は私の年齢や業務内容に見合っていると思う」の2.60、以下「仕事の成果と給料は釣り合っていると思う」の2.62、「私と上司との間には信頼関係がなりたっている」の3.40、「職場の福利厚生は適切だと思う」の3.57と続いている。

平均値からは、スウェーデンの介護職員が同僚職員との関係に満足している一方で、給料と業務内容および仕事の成果との関係については否定的であり、満足度は相対的に低いことが分かる。

表9－1　職業生活の質尺度、全般的職務満足度、職場継続意向

	平均値	全くあてはまらない	あてはまらない	ほとんどあてはまらない	あまりあてはまらない	あてはまる	かなりあてはまる	非常によくあてはまる
● 同僚は仕事のうえで協力的であると思う	5.25	0	1.1	3.3	16.5	27.5	51.6	
● 私と同僚との関係は良いと思う	5.24	0	0	4.3	12.1	38.5	45.1	
● この仕事には幅広い知識が必要であると思う	4.93	0	0	8.7	15.4	49.5	26.4	
● この仕事で自分の持つ資格が活かせると思う	4.79	0	2.2	7.7	22.0	45.1	23.0	
● 私と同僚との間には信頼関係が成り立っている	4.78	1.1	2.2	9.8	18.7	40.7	27.5	
● 職場の人間関係は良いと思う	4.66	2.2	1.1	9.9	24.1	40.7	22.0	
● この仕事は私の信念・信条にかなうものである	4.56	0	3.2	11.0	29.7	38.5	17.6	
● この仕事は「やり甲斐のある仕事」だと思う	4.53	1.1	2.2	14.4	21.2	46.7	14.4	
● 私と上司との関係は良いと思う	3.96	6.6	9.9	23.0	16.5	29.7	14.3	
● 私はこの仕事を通じて人間的に成長していると思う	3.91	1.1	9.9	24.2	29.7	31.9	3.2	
● 給料は同僚と比べて適当だと思う	3.81	10.1	7.9	16.9	31.5	23.6	10.0	
● 職場の福利厚生は適切だと思う	3.57	8.8	12.0	31.9	18.7	17.6	11.0	
● 私と上司との間には信頼関係が成り立っている	3.40	13.2	15.4	26.4	17.6	18.7	8.7	
● 仕事の成果と給料は釣り合っていると思う	2.62	25.4	25.3	24.2	15.4	7.7	2.1	
● 給料は私の年齢や業務内容に見合っていると思う	2.60	24.4	31.1	18.9	13.3	10.0	2.3	

（出典）井上・Owe［2008］pp.90～92

表9－1の15項目のなかに、現在の介護職の仕事を継続するかどうかの意思を確認できるものはないが、仕事の意味そのものを肯定的に捉える傾向が強いことが分かる。ここで直ちに付言しなければならないが、調査対象になった介護労働者91名のうちフルタイムは37.4％（34名）であり、最も多いのがアルバイトで59.3％（54名）と6割近くも占めていることである。本来はまず、フルタイムとパートタイムを含め、正規の介護労働者の就業意識を把握する必要がある。正規の介護労働者を早急に調査しなければならない。

　スウェーデンは、日本同様、介護職員の給与水準が低い。業務内容も多忙を極めハードである。ゆえに、仕事に対する満足度は決して高いとは言えない。また、紹介した二つの研究の結果には不一致も見られる。特に、仕事の意味を見いだせているかどうかという就労意欲や働き甲斐にかかわる部分では異なっていた。

　スウェーデンにおいても離職意思が強いことが、笹谷らの研究から明らかにされているし、筆者が別のところで明らかにしたように（西下［2009a］pp.59～71）、スウェーデン全体を見ると、日本と同様、高齢者ケアに従事する介護労働者の離職率が特に都市部で高いことが分かっている。その結果は、社会保健庁およびSKLが公表したそれぞれの情報公開データで確認できる。

　結局のところ、スウェーデンの介護労働者をめぐる問題状況は日本と近似している部分が多い。介護労働者を安定的に確保するシステムとしてのスウェーデンモデルは存在しないのであって、我が国は日本型の介護労働者確保システムを独自に構築しなければならない。

2　結論と今後の課題

　高齢者ケアに従事する介護労働者に注目すると、現場の介護職員は、

自らの仕事時間や同僚との人間関係に満足しつつも、かなりの程度不満とそれに伴うストレスを抱えていることが確認できた。さらに、政府やコミューンの介護政策に対する不満も 8 割前後の介護労働者で確認できた。

　低賃金や離職率の高さの問題もさることながら、介護労働という専門性を必要とするスウェーデンの労働者が介護の仕事に深い意味を見いだし、就労意欲を高め、日本的な意味での生き甲斐、働き甲斐が得られるようなケアシステムを早急に構築しなければ、2020年から急増する80歳以上の高齢者のケアに対処することができなくなろうであろう。スウェーデンの高齢者ケア施策計画は切れ目なく展開されてきているが、残念ながら、介護労働者の心理や意識に寄り添う姿勢の計画が見られない。

　参考にできる先行研究が僅か二つしかないうえに、高齢者ケアに従事する介護労働者の就労意識に関して得られている知見が二つの研究の間で微妙に食い違う部分もあった。研究対象者の選定に関しても、どちらの先行研究も問題点があった。

　今後は、都市部、非都市部から人口規模を同じくするコミューンをいくつか選び、高齢者ケアに従事する介護の付いた特別住宅の介護労働者と在宅ケアのホームヘルパーを対象に大量調査を実施し、介護労働者の就労意識、とりわけ就労意欲や介護労働の意味づけについて現状を明らかにすることが大きな課題である。

　筆者は、2012年7月、一つのコミューンにおいて、介護の付いた特別住宅の介護職員を対象にした比較的規模の大きいアンケート調査を実施した。今秋には、もう二つのコミューンで同様の調査を実施する予定である。その結果については年末までに集計し、別の機会を設けて研究成果を公表したいと思っている。

第10章

社会問題としての高齢者の自殺

1 スウェーデンに対する誤解

　かなり前になるが、ゼミの学生に「スウェーデンでは高齢者がよく自殺するそうですが、どうしてですか」と聞かれたことがある。「どうしてそう思うのか」と逆に尋ねると、中学か高校の先生が授業中に教えてくれたとのこと。おそらくその先生は、どこかの講演で聞いたことを受け売りで生徒に伝えたのだろう。こんな話は、何も学校の先生に限ったことではない。評論家などの講演でも、スウェーデンや北欧に関するこういった根拠のない言説に出くわすことがある。

　本章では、上記の例に見られるようなスウェーデンの自殺率に対する偏見や誤解が生じた背景について考察し、誤解のもとになった1950年代当時の自殺率を、日本を含めていくつかの国について実証的に調べて明らかにしたい。加えて、最近の10年間の動向もあわせて確認し、スウェーデンの置かれた状況について見ておきたい。

2 スウェーデンに対する偏見が生じた背景

　アメリカの第65代大統領アイゼンハワー（Dwight D. Eisenhower）は、1960年7月にシカゴで行ったテレビ演説において、スウェーデン社会のグルーミーなイメージを国民に伝えようとした。彼の演説の主旨は、スウェーデンは確かに福祉国家かもしれないが、自殺率が高いことを含めて病理的な社会であるという主張である。

　この演説が原因となり、50年以上経った現在でも、スウェーデンでは自殺者が多いというまことしやかな言説が跋扈している。そのため、スウェーデンは福祉が進みすぎているから、あるいは孤独であるから高齢者の自殺率が高いと思い込んでいる日本人も少なくない。

1960年は、大統領選挙の年であった。共和党はニクソン（Richard M. Nixon）、民主党はケネディ（John F. Kennedy）がそれぞれ次期大統領候補として鎬を削っていた。共和党は現職のアイゼンハワー大統領の応援を得てニクソンの支持率を高めようと、そして若いケネディを退けようとしていた。より保守的な共和党のアイゼンハワーは、民主党が掲げるスウェーデン型の福祉国家を目指す政策を攻撃しようと目論んでいた。

　ちょうどその時期に、共和党にとってはタイミングが良いことに「スエーデン――悩みをもつパラダイス」というレポートが〈リーダーズ・ダイジェスト〉に掲載された。レポートを執筆したピーター・ワイデン（Peter Wyden、サタディ・イブニング・ポスト編集部）以下のように言っている。

「スウェーデンでは、非行に暴力が伴うことはめったにない。しかし、『福祉犯罪』と言われるものが増加してきている。自動車の盗難件数は1950年以来4倍に増加している。（中略）アルコール分の高い酒類の国民一人当たりの消費量で世界最高となった。精神科医の報告によると神経症患者の数が目立って増えている。自殺も過去10年間に35％近く増加し、1957年には人口10万人につき19.9に達している。（中略）こうした望ましくない傾向は、すべて過度の社会保障制度のために生じたものであるという証拠はもちろんない」（ピーター・ワイデン［1960］pp.100〜105）

　ワイデンは、ジャーナリストとして最後に慎重な留保をつけているにもかかわらず、アイゼンハワーはケネディ候補を攻撃する目的で、この記事を共和党に都合よく解釈した。

　レポートを直接引用したわけではなかったが、「多少友好的関係にある一つのヨーロッパの国（スウェーデンのことを指す）がほぼ完璧と言ってもよい温情的政治の実験を試みたが、その結果として、自殺者の数は急激に増加し、節度は失われ、アルコール中毒患者はアメリカの倍以

上になった」とテレビで演説し、福祉国家づくりは深刻な社会病理を生み出すと強く主張したのである。

共和党は、民主党に勝つために社会病理に蝕まれるスウェーデンというスケープゴートをつくり上げ、卑劣な戦略で選挙に勝とうとしたが、結果的には適わず民主党に敗れ去ったのである。

アイゼンハワーは大統領を辞してのち、自分の誤りを率直に認め、スウェーデンを中傷したことを詫びるためにスウェーデンに謝罪の旅に出たが、時すでに遅しであった。アメリカ大統領の権威に基づいて流布された社会病理説は、一個人アイゼンハワーの謝罪によっては打ち消すことができなかったのである（武藤編［1967］pp.264～267）。

現職の大統領によって権威づけられた北欧福祉国家の社会病理説は、当時のビッグニュースとしてまことしやかに全世界に伝えられていった。何故か、この根拠のないスウェーデンの社会病理説は日本でいまだにはびこっている。

ところで、菅直人氏が首相（2010年6月～2011年9月）だった頃、政府・与党社会保障改革検討本部に有識者検討会が組織された。その座長を務めた宮本太郎は、自著のなかで、スウェーデン型生活保障に対する誤解の二つ目として以下のことがあると述べている。やや長いが、そのまま引用する。

> 行き過ぎた社会保障が家族や地域のコミュニティを解体し、孤独な社会を作ってしまった、というものである。しばらく前までは、スウェーデンの高齢者は家族から切り離され、施設に隔離され、自殺率が突出しているという「神話」も根強かった。筆者も講演などでしばしばこの質問に往生した。この話は、1960年にアメリカのアイゼンハワー大統領が誤った新聞記事に基づいたスピーチで断定して急速に広まったもので、事実ではない。たしかに1960年前後のスウェーデンの高齢者福祉は、今日に比べてサー

ビスの質は著しく劣っていた。だがその当時からスウェーデンの自殺率は多くのヨーロッパ諸国を下回っていた（朝日新聞1972年12月16日夕刊）。誤ったスピーチをしたアイゼンハワーは、大統領を辞して後にスウェーデンを訪問した際に、エルランデル首相に謝罪したが、日本ではこの「神話」が再生産されていったのである。ちなみに、WHOが発表している人口10万人あたりの自殺者の数を、75歳以上の高齢者についてみると、日本は29.6人（2006年）とスウェーデンの20.3人（2002年）を大きく上回っている。（宮本［2009］pp.102〜103）

　宮本が、スウェーデン型生活保障に対する誤解がいくつかあるなかで、2番目の要因としてスウェーデンの自殺率突出神話に着目している点は興味深い。昔の〈朝日新聞〉の記事を引用する形で宮本は、アイゼンハワー大統領が誤った新聞記事に基づいたスピーチで断定して急速に広まったと記しているが、正しくは新聞記事ではなく、当時の〈リーダーズ・ダイジェスト〉に掲載されたピーター・ワイデンによるレポートである。
　ところで、日本に目を向けると、バブル崩壊以後不況社会が続くなか、毎年自殺者の数が3万人を超え続けており、しかもその深刻な数字が10年以上も続いている。政府もやっと国を挙げての自殺防止対策に乗り出した。既遂者が3万人であるということは、未遂者や「死にたい」という願望をもち続けている人々はさらに数多く存在しているということであり、深刻な社会問題の一つとなっている。
　自殺するのも生きるのも個人の自由である、自己決定であるという風潮が一方であるものの、やはり自殺者の少ない社会が社会として健全であり、人間として生を受けるという幸運に恵まれた我々は、たとえどんなに苦しくても天寿をまっとうするまで生き抜くことが人間としての責任であると考える。

うつ病などの病気により自ら命を絶つ場合もあるが、経済的な困窮から自殺する場合もある。我々の社会は、人を死に至らしめる精神的な病気の罹患を抑える責任があり、また経済的な困窮から人々を救う責任がある。

以上、自殺が極めて深刻な社会問題であり、社会政策の大きな課題であることを確認した。

以下では、アイゼンハワーがテレビ演説を行った時期に遡って、1955年と1960年の自殺率について、いくつかの国を取り上げて比較してみることにしよう。さらに、1990年代後半から2000年代前半の自殺率も確認し、1950年代、1960年代と比較してみよう。

3　1955年および1960年における自殺率の国際比較

図10−1は、1955年（単年）における日本、スウェーデン、デンマーク、アメリカ、フランス、オランダの6か国における男性の年齢階層別の自殺率を示したものである（WHO［1958］pp.27〜28）。なお、図の縦軸の自殺率は、当該人口10万人当たりの人数を示している。例えば、日本の75歳以上の自殺率は119.90であるが、この数字は、75歳以上の男性10万人当たり119.9人の方が自殺したことを意味している。

日本以外の5か国は年齢の上昇とともに自殺率が高くなっており、年齢と自殺率に明らかな正の相関が見られる。いずれの国も高齢期、特に75歳以上の後期高齢期において急激に自殺率が上昇している。一方、日本は特徴的な傾向を示しており、10代後半と高齢期に自殺率の山があり、J型のグラフになっている。6か国のなかで見ると、若者と高齢者の自殺率が最も高い国となっている。

アメリカとその標的にされたスウェーデンについては、グラフとその下にある表から分かるようにほとんど差がないと言ってよい。

第10章 社会問題としての高齢者の自殺　169

図10−1　主要6か国の年齢階層別男性の自殺率（1955年）

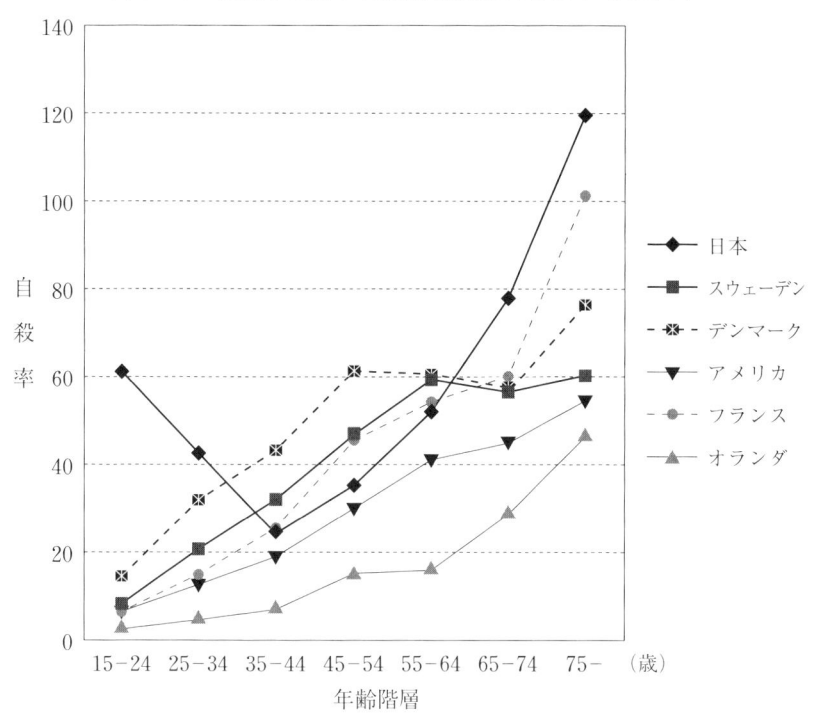

自殺率

年齢階層 (歳)

― ◆ ― 日本
― ■ ― スウェーデン
― ※ ― デンマーク
― ▼ ― アメリカ
― ● ― フランス
― ▲ ― オランダ

主要6か国の年齢階層別男性の自殺率　　　　　　　　　　（1955年）

国＼年齢	15−24	25−34	35−44	45−54	55−64	65−74	75−
日本	61.20	42.60	24.00	34.90	52.00	77.80	119.90
スウェーデン	8.00	21.00	32.00	47.20	59.40	56.60	60.20
デンマーク	14.10	31.50	43.20	61.30	60.50	57.70	76.00
アメリカ	6.30	12.40	18.90	30.00	40.80	44.60	54.20
フランス	6.10	14.70	25.50	45.60	54.30	60.30	101.30
オランダ	2.90	4.50	6.80	15.20	16.10	28.90	46.50

（出典）　WHO [1958] より筆者作成。

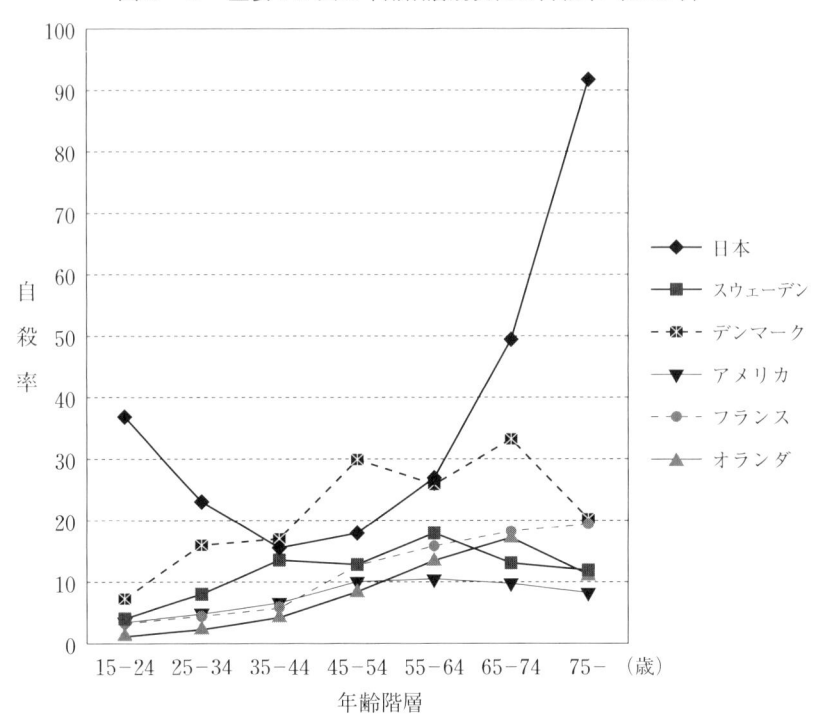

図10－2　主要6か国の年齢階層別女性の自殺率（1955年）

主要6か国の年齢階層別女性の自殺率　　　　　　　　　　　（1955年）

国＼年齢	15－24	25－34	35－44	45－54	55－64	65－74	75－
日本	36.80	23.00	15.40	17.70	26.80	48.90	91.40
スウェーデン	3.00	7.80	13.40	12.60	17.60	12.50	11.20
デンマーク	7.20	15.80	16.80	29.60	25.50	32.70	19.60
アメリカ	2.00	4.60	6.10	9.60	9.80	9.10	7.60
フランス	3.30	4.30	5.90	12.60	15.50	17.70	19.20
オランダ	1.60	2.50	4.40	8.40	13.40	17.00	10.90

（出典）　図10－1と同じ。

同じく**図10－2**は、1955年（単年）における日本、スウェーデン、デンマーク、アメリカ、フランス、オランダの６か国における女性の年齢階層別の自殺率を示したものである（WHO［1958］pp.27～28）。日本以外の国は、どの年齢層でも自殺率は低くなっている。デンマークのみ中年期と前期老年期でやや高くなっていることが特徴として指摘できる程度である。

　縦軸の数値が男性に比べて低いことから分かるように、世界的に見て女性のほうが男性よりも自殺率が低いことが分かる。日本は、男性同様特徴的な傾向を示しており、10代後半と高齢期に自殺率の山があり、J型のグラフになっている。日本は６か国のなかで、若者と高齢者の自殺率が最も高い。フランスの女性高齢者については特徴的である。男性が高齢期に自殺率が急上昇しているのに対し、女性はほとんど変化がなく、低いままである。

　結局のところ、アメリカとスウェーデンについては、男性の場合も女性の場合もグラフと表から分かるように両国にほとんど差がない。前述のピーター・ワイデンは、スウェーデンの自殺が過去10年間に35％近く増え、1957年には人口10万人につき19.9に達しているとレポートしているが、どのような資料からの引用なのか分からない。

　当該の10年間の自殺率の推移が分からないので、データの得られた1955年の単年データから推測する以外に方法はない。アメリカが福祉国家スウェーデンを攻撃する材料として自殺率に言及することの妥当性がないことだけは明らかである。一国の大統領が、エビデンスのないレポートを引用し、でっち上げのテレビ演説をしたことになるのであって、その責任は重いと言わざるを得ない。

　図10－3は、アメリカ大統領の選挙が行われた1960年（単年）における、日本、スウェーデン、デンマーク、アメリカ、ハンガリー、フランス、オランダの７か国の男性自殺率を示したグラフである（WHO［1963］pp.492～493）。

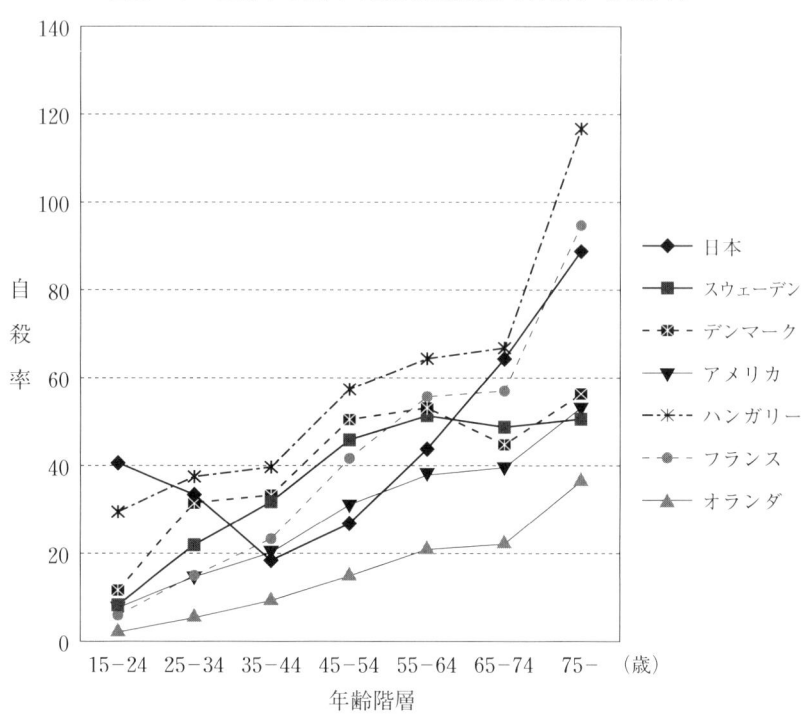

図10-3　主要7か国の年齢階層別男性の自殺率（1960年）

（自殺率　縦軸、年齢階層　横軸）

凡例：日本、スウェーデン、デンマーク、アメリカ、ハンガリー、フランス、オランダ

主要7か国の年齢階層別男性の自殺率　　（1960年）

国＼年齢	15-24	25-34	35-44	45-54	55-64	65-74	75-
日本	41.10	33.90	18.60	27.30	43.70	64.70	88.80
スウェーデン	9.10	22.60	32.00	46.10	51.30	48.40	50.70
デンマーク	12.10	32.10	33.50	50.80	53.40	44.80	56.00
アメリカ	8.20	14.70	21.00	31.60	38.10	39.60	53.20
ハンガリー	29.80	38.20	40.10	57.30	64.40	66.80	116.80
フランス	6.30	15.30	23.90	41.90	55.80	57.00	94.70
オランダ	2.80	5.90	9.80	14.40	21.20	22.80	36.80

（出典）　WHO［1963］より筆者作成。

図10－4　主要7か国の年齢階層別女性の自殺率（1960年）

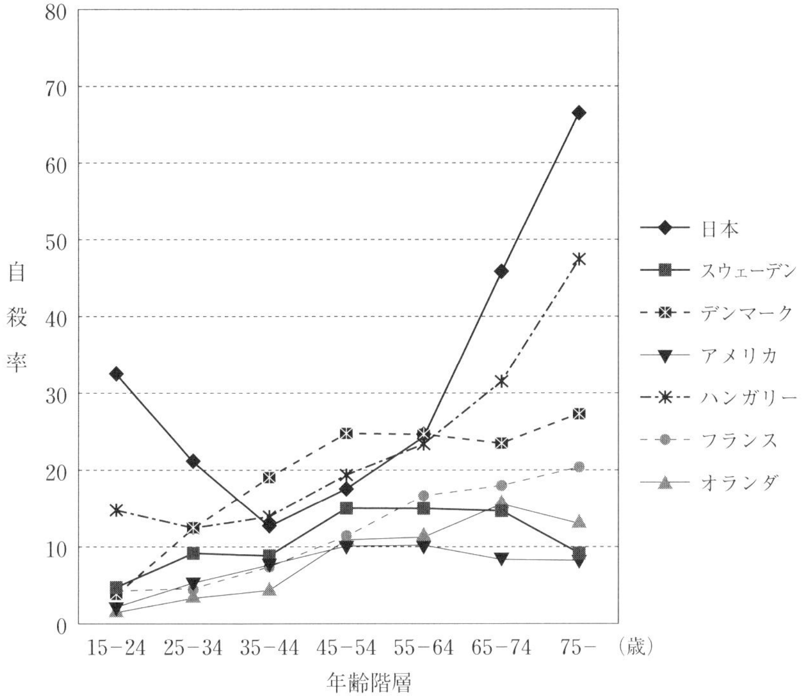

主要7か国の年齢階層別女性の自殺率　　　　　　　　　（1960年）

	15－24	25－34	35－44	45－54	55－64	65－74	75－
日本	32.80	21.30	12.90	17.80	24.40	46.20	66.70
スウェーデン	5.30	9.50	9.00	15.00	15.10	14.70	9.40
デンマーク	4.20	12.60	19.40	25.10	24.70	23.60	27.50
アメリカ	2.20	5.50	7.70	10.20	10.20	8.40	8.30
ハンガリー	15.00	12.60	14.10	19.60	23.60	31.70	47.70
フランス	3.70	4.80	7.70	11.50	16.80	18.10	20.60
オランダ	1.70	3.70	4.50	11.20	11.60	15.90	13.10

（出典）　図10－3と同じ。

日本以外の各国は年齢の上昇とともに自殺率が高くなっており、年齢と自殺率には正の相関が見られる。日本は特徴的な傾向が見られ、高齢期だけでなく15～24歳層にもやや高い自殺率の山がありJ型のグラフである。ただし、1955年と比べると10代後半の山は低くなっている。

　ハンガリーは10代後半を除く全年齢階を通じて自殺率が高く、7か国のうちでは最も自殺率が高い国である。なお、ハンガリーは、1955年段階ではデータが存在しなかったために、**図10－1**、**図10－2**には掲載されていない。また、スウェーデンとアメリカに関しては、図とグラフが示すようにほとんど差がない。いずれの国も、程度の差はあるが、後期高齢期に自殺率が上昇している。

　図10－4は、同じく1960年（単年）における、日本、スウェーデン、デンマーク、アメリカ、ハンガリー、フランス、オランダの7か国の女性の自殺率を示したものである（WHO［1963］pp.492～493）。日本とハンガリー以外の各国は、どの年齢層でも自殺率が低くなっている。日本は特徴的な傾向が見られ、15～24歳層と高齢期に自殺率の山がありJ型である。15～24歳層と25～34歳層、65～74歳層、75歳以上層の各層では、日本はハンガリーよりも自殺率が高く、7か国のなかで日本が最も自殺の多い国であったことが分かる。この結果は、男性の自殺率とまったく様相を異にしている。

　アメリカとスウェーデンに関しては、同じくグラフとデータから分かる通り、男性の場合よりも近似しており、両国の自殺率には差がないと言ってよい。データから得られた1960年から推測するしかないが、アメリカが福祉国家スウェーデンを攻撃する材料としてスウェーデンの自殺率に言及する妥当性も必然性もないことが、女性データからも確認することができる。

4 1990年代後半における自殺率の国際比較

　WHO（世界保健機構）のデータベースを用いれば（WHO［2012］）、国ごとに、最も古くは1979年から最も新しくは2006年まで各年ごとに、年齢階層別、男女別、死因別に、死亡者の実数および比率を引き出すことができる。

　図10－5は、1995年から1999年までの8か国の男性に関する年齢階層別の自殺率をグラフにしたものである。比較の対象とする国は、日本、スウェーデン、韓国、アメリカ、ハンガリー、フランス、オランダ、ドイツの8か国である。図は、10歳刻みの七つの年齢階層に分けて、1995年から1999年までの男性の自殺率の「平均値」を算出し、値をプロットしたものである。

　全年齢階層を通じて最も自殺率が高かったのはハンガリーである。ハンガリーは45～54歳で自殺率の山があり、75歳以上層で著しく自殺率が上昇する。こうした傾向は、1960年と1965年においても確認できた。次に高いのはフランスであり、特に75歳以上層で自殺率が上昇している。同様の傾向は3番目のドイツにも見られる。

　後期高齢期で4番目に高いのは韓国である。5番目が日本であり、55～64歳層で小さな山ができているのが大きな特徴である。深くて長い不況というトンネルのなかで葛藤し、定年退職を前にして、リストラや経済的な困窮が原因でうつ病などのメンタルな疾患に罹患し、自ら命を絶つケースも決して少なくない。韓国は日本とほぼ同じような形のグラフになっているが、高齢期の自殺率が日本より若干高めである。

　この年齢階層で山ができているのは、8か国中日本だけである。ハンガリーは中年期の前半層で山が見られる。デンマーク、アメリカ、スウェーデンの3か国は各年齢階層ともほとんど同じ自殺率であり、グラフが重なるほど一致している。オランダはすべての年齢階層について、8

図10－5　主要8か国の年齢階層別男性の自殺率（1995年～1999年の平均値）

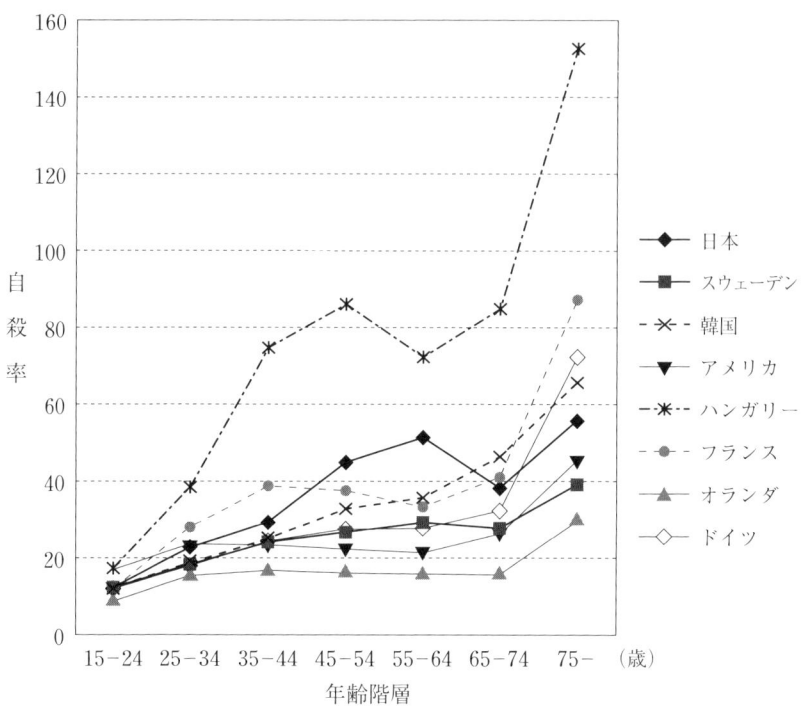

主要8か国の年齢階層別男性の自殺率　　　（1995年～1999年の平均値）

	15－24	25－34	35－44	45－54	55－64	65－74	75－
日本	13.45	23.11	29.66	45.59	51.67	38.54	55.74
スウェーデン	12.27	19.01	24.97	27.23	29.78	28.12	39.76
韓国	13.14	20.24	25.88	33.38	36.78	46.74	66.22
アメリカ	19.44	23.68	23.81	22.73	21.74	26.80	45.27
ハンガリー	17.67	38.87	75.06	85.99	72.70	85.01	152.01
フランス	13.38	28.41	39.09	37.78	33.95	41.37	87.49
オランダ	9.32	15.92	17.54	16.88	16.42	16.72	30.38
ドイツ	12.84	19.14	25.12	28.36	28.32	32.32	71.94

（出典）　WHO［2012］より筆者作成。

図10－6　主要8か国の年齢階層別女性の自殺率（1995年〜1999年の平均値）

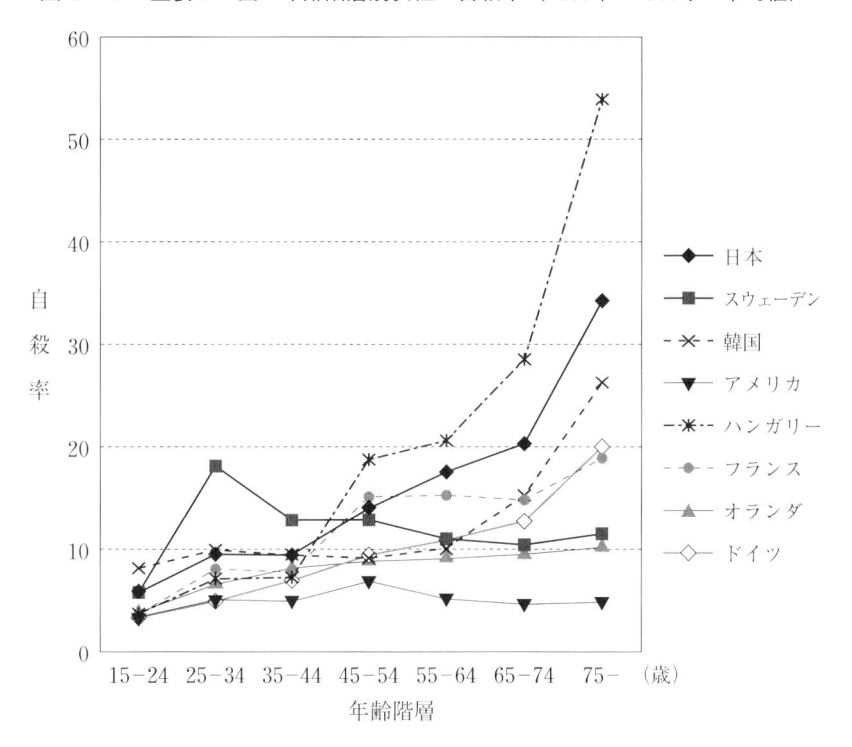

主要8か国の年齢階層別女性自殺率　　　　（1995年〜1999年の平均値）

	15－24	25－34	35－44	45－54	55－64	65－74	75－
日本	6.23	9.86	9.45	14.27	17.74	20.58	34.67
スウェーデン	5.73	6.83	9.53	13.02	11.12	10.37	11.71
韓国	8.32	9.98	9.46	9.18	9.98	15.64	26.68
アメリカ	3.45	4.98	4.98	6.93	5.40	4.69	5.02
ハンガリー	3.84	7.32	7.32	19.00	20.78	28.84	54.51
フランス	4.03	8.15	8.15	15.33	15.44	15.01	19.23
オランダ	3.86	6.62	8.38	9.18	9.38	9.76	10.46
ドイツ	3.42	5.02	7.08	9.64	11.08	12.94	20.26

（出典）　図10－5と同じ。

か国のなかで最も自殺率が低い。スウェーデンとアメリカの自殺率の比較では、ほとんど差がないと言える。

図10－6は、1995年から1999年までの8か国の女性に関する年齢階層別自殺率をグラフにしたものである。比較の対象とする国は男性と同じ国々であり、平均値を用いた図のプロットの仕方も男性と同じである。

縦軸の数値が男性に比べて低いことから分かるように、女性が男性より自殺率が低いことは世界的な傾向である。比較の対象となっている8か国間の差は小さくなっているが、男性に比べてやはりハンガリーが女性のなかでは全年齢階層を通じて最も自殺率が高い。特に65歳以上の高齢者に関しては、自殺率がかなり上昇している。

ハンガリーの男性45～54歳で見られた自殺率の山は、女性の場合には存在しない。次に高いのは日本であり、35～75歳以上層までの五つの年齢階層において2番目に高い。とりわけ、75歳以上層の自殺率はハンガリーについで2番目に高い。

同様の傾向を示しているのが韓国である。フランス、スウェーデン、オランダの3か国は、各年齢階層ともほとんど同じ自殺率である。アメリカは、35歳から75歳以上層までの五つの年齢階層において最も自殺率が低い。スウェーデンとアメリカの比較では、スウェーデンのほうが若干アメリカよりも自殺率が高いと言える。

5　2000年代前半における自殺率の国際比較

図10－7は、同じくWHOのデータベースを用い、年齢階層別の自殺率の平均値を算出しプロットしたものである。対象国は、1990年代後半と同じく、日本、スウェーデン、韓国、アメリカ、ハンガリー、フランス、オランダ、ドイツの8か国である。本来、2000年から2004年までの過去5年間のデータの平均値を取ればよいのであるが、データベース

第10章 社会問題としての高齢者の自殺　179

図10－7　主要8か国の年齢階層別男性の自殺率（2000年～2006年の平均値）

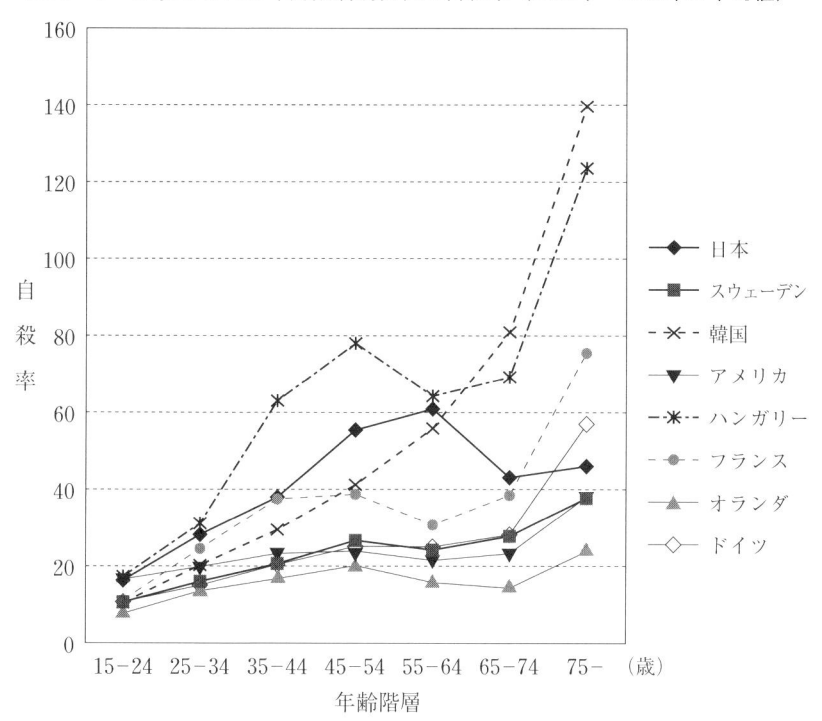

主要8か国の年齢階層別男性の自殺率　　　（2000年～2006年の平均値）

	15－24	25－34	35－44	45－54	55－64	65－74	75－
日本	16.19	28.60	38.46	55.90	61.30	43.17	46.51
スウェーデン	12.82	16.03	21.87	26.53	24.70	28.30	37.97
韓国	10.71	20.63	30.03	41.86	56.57	81.77	140.08
アメリカ	16.47	20.27	23.13	24.05	21.50	23.42	39.37
ハンガリー	15.75	31.23	63.33	78.32	64.57	69.57	123.83
フランス	11.80	25.05	38.12	39.15	30.93	39.02	75.73
オランダ	8.01	13.84	17.57	20.37	16.03	14.64	24.48
ドイツ	11.06	15.51	20.91	25.64	25.43	29.16	57.66

（出典）　図10－5と同じ。

図10−8　主要8か国の年齢階層別女性の自殺率（2000年〜2006年平均値）

主要8か国の年齢階層別女性の自殺率　　　　（2000年〜2006年平均値）

	15−24	25−34	35−44	45−54	55−64	65−74	75−
日本	7.95	12.08	11.51	13.84	17.40	19.00	25.10
スウェーデン	5.45	6.46	8.50	10.96	12.20	9.83	10.25
韓国	8.38	11.14	14.85	12.84	15.40	28.85	61.30
アメリカ	3.13	4.55	6.68	7.60	5.80	3.91	3.93
ハンガリー	3.50	5.31	12.81	19.06	16.08	20.26	35.96
フランス	3.46	6.58	11.86	15.38	14.33	13.40	15.93
オランダ	3.45	4.78	7.35	10.55	9.44	7.61	8.34
ドイツ	2.78	3.87	5.92	8.01	9.44	10.31	16.65

（出典）　図10−5と同じ。

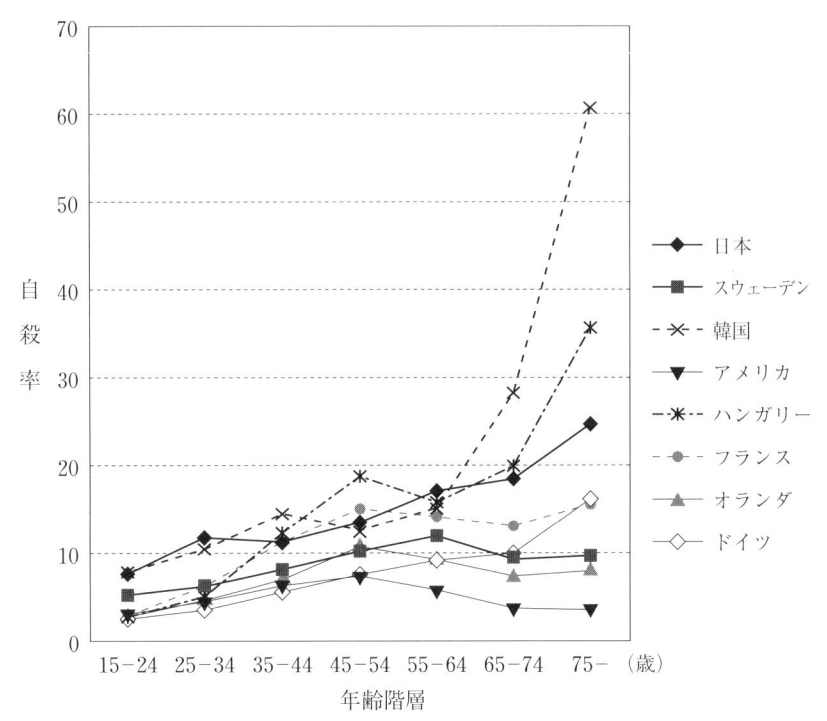

に掲載された最新のデータまでを範囲に入れて平均値を算出している。

　これまでとグラフの様子が異なっていることが分かる。すなわち、韓国の高齢者の自殺率が急激に上昇しているのである[1]。ハンガリーを追い越して、最も高くなっている。3番目に高いのはフランスで、以下ドイツ、日本と続いている。

　ハンガリーでは45～54歳層で山ができており、日本では55～64歳層で同じく山ができている点で、1990年代後半の傾向は続いていると見てよい。スウェーデンとアメリカに関しては、若干アメリカのほうが高い傾向にある。スウェーデンは、アメリカ、オランダとともに高齢者の自殺率が低い国となっている。

　図10-8は、男性と同じく、日本、スウェーデン、韓国、アメリカ、ハンガリー、フランス、オランダ、ドイツの8か国である。女性に関しても、これまでと様相を異にするグラフとなっている。すなわち、韓国の高齢期における自殺率が著しく高くなっており、男性と同じ傾向となっている。高齢期の自殺率が2番目に高いのがハンガリーであり、以下、日本、ドイツ、フランスと続いている。なお、スウェーデンとアメリカに関してはほぼ同じと言ってよい。男性同様、スウェーデンは、アメリカ、オランダとともに高齢者の自殺率が低いグループに入っている。

　結局、共和党のアイゼンハワー大統領がテレビ演説で強調したスウェーデンの自殺率が高いという言説は、1955年、1960年当時も、2000年を境にした前後5年間を見ても、まったくあてはまらないことが確認できた。

★1　WHOのデータベースは、各年でデータを取ることができる。韓国に関して、2000年以降の年ごとの変化を見ると、男性の場合、65～74歳層では2002年から2003年にかけて急上昇している。75歳以上層に関しては、2001年から2002年にかけて急上昇している。女性では、65～74歳層での変化は見られないが、75歳以上層に関しては、男性同様2001年から2002年にかけて急上昇している。社会経済情勢の遠因としてはIMF通貨危機が考えられるが、家族構成の変化や家族意識の変化など総合的に把握する必要があろう。

6　結論と課題

　スウェーデンの自殺率に関する言説は、1960年当時のアメリカ大統領による悪意に満ちた組織的な「流言飛語」であったことが明らかとなった。つまりスウェーデンは、本来、アメリカやオランダ同様、男女とも自殺率の低い国であることが明らかになった。

　副産物として明らかになったのは、日本が1955年、1960年当時、若者の自殺率がほかの国々に見られないほどの高さであったことだ。2000年以降では、女性高齢者の自殺率の高さが気になるところである。加えて、2000年以降の韓国において、高齢者の自殺率が急増するという由々しき事態を確認した。日本も韓国も、自殺対策、自殺予防に向けて、社会的排除、社会的孤立、経済状況、うつ病の罹患といった様々な要因から分析検討することが求められる。

　WHOのデータベースに依拠した関係で2006年までのデータしか得ることができなかったが、継続して最新データを得て分析検討することが不可欠であり、今後の課題となる。

第11章

多様化する終い後の棲家
──自己選択・自己決定としてのお墓

1　ミンネスルンドの誕生

　最終章では、社会保障の終点としての墓場を取り上げることにする。スウェーデン独特の文化的背景をもつと言われている「ミンネスルンド（minneslund）」に焦点を当てる。ミンネスルンドは、「終い後の棲家」と表現することもできよう。

　プロテスタントを国教とするスウェーデンでは、火葬に否定的であったカトリックが1963年に火葬禁止令を撤廃して以来、その割合は上昇した。1963年に約38％であったものが、1995年には約66％まで上昇している（森［2000］p.94）。

　火葬後の遺灰のあり方をめぐるライフスタイルの多様化は、スウェーデンにおいてかなり早く現れ、1950年代後半に、遺灰を墓地内の決められた場所に撒いたり、ペーパーボックスに遺灰を入れて、墓地内の決められた場所に納めるというミンネスルンドのシステムが登場し、1980年代に入って普及し始めた。

　スウェーデンの火葬後の遺灰処理の仕方には、この匿名性の共同墓地であるミンネスルンドに埋葬すること以外に、遺灰を骨壷に入れて個人が専有する墓地区画や納骨堂に納める伝統的な方法か、もしくはランスティング（県）の許可を得て湖や海などの墓地以外の公共の場所に遺灰を撒くいわゆる自然葬の方法（1963年以降に許可された）が存在する（善積［1998］p.135）。

　写真1は、リンショーピングコミューン内の墓地にある一般的な墓石である。埋め込み型の墓石と、立てるタイプの墓石が見られる。墓石には、故人の名前の生年と没年が記される。これは、遺灰を骨壷に入れて個人が専有する墓地区画に納める伝統的な方法を示している。

写真1　リンショーピングの一般的な墓地

2　ミンネスルンドの普及

　ミンネスルンド（minneslund）は、minne が memory または memorial の意味を、lund が grave または park の意味を表し、「追憶の杜」（善積京子［1998］p.140）、あるいは「追想の木立」（高橋［2001］p.44）、「追悼の杜」（菱木［1995］p.46）と呼ばれる。1957年に埋葬法（jordfästning-slag）が改正され、1958年から匿名性の共同墓地であるミンネスルンドが認められた。

　ミンネスルンドのデザインの基本的構成要素としては、①流れる水、②共通の花を置く場所、③芝生、④モニュメントになる芸術作品の4点がほぼ必須のようである（善積［1998］p.142）。

　次ページに掲載した**写真2**はニイショーピングコミューンのミンネスルンドであり、確かにモニュメントが存在する。これは、男性と女性の親密性をイメージしたモニュメントである。**写真3**はルンドコミューンにあるミンネスルンドであり、こちらもモニュメントが存在している。そして、**写真4**はマルメコミューンにあるミンネスルンドである。マルメのミンネスルンドは、街中の明るい陽気な雰囲気とは異なり、いたっ

写真2　ニーショーピングのミンネスルンド

写真3　ルンドのミンネスルンド

写真4　マルメのミンネスルンド

写真5　ノルショーピングのミンネスルンド

写真6　ミンネスルンドの解説文

写真7　ハリーダのミンネスルンド

て素朴な佇まいである。**写真5**はノルショーピングコミューンにあるミンネスルンドであり、マルメ同様モニュメントがなく、質素である。**写真6**はハリーダコミューンのミンネスルンドの解説文を示したものであり、**写真7**は同コミューンのミンネスルンドを写したものである。これらのミンネスルンドも質素な雰囲気である。

それぞれに個性のあるミンネスルンドであるが、こうして見ると、同じような都市部でも、モニュメントのある場合とない場合が存在することが分かる。

モニュメントのないミンネスルンドはやや質素な感じがするが、ごく自然に故人を偲び、故人を追憶するのに適している環境であるとも解釈できる。大都市にはモニュメントのないミンネスルンドも存在すると述べている文献もあるが（善積［1998］p.142）、このようにいくつかの比

コラム ❹ 森の墓地（Skogskyrkogården）
スコーグシュルカゴーデン

スコーグシュルカゴーデンは、1994年に世界遺産に登録されている。ストックホルムの地下鉄グリーンラインで南へ9駅目の「スコーグシュルカゴーデン駅」に隣接して存在している。

1914年のコンペで、グンナール・アスプルンド（Erik Gunnar Asplund）と友人のシーグルド・レベレンツ（Sigurd Lewerents）の設計案が選ばれ、その後1640年まで施工が続けられ、同年竣工した。設計者アスプルンドのお墓も同地にあるほか、第1章で紹介したイヴァル・ロー＝ヨハンソンのお墓もここにある。

アスプルンドのお墓

較的大きな都市の墓地を見る限りでは、むしろモニュメントのないミンネスルンドのほうが多いような印象を受けた。今後は、数量的な把握が必要となろう。

　ストックホルムはどうであろうか。**写真 8**と**写真 9**は、ストックホルム郊外の「森の墓地」のミンネスルンドを写したものである。**写真 8**の、向かって右側のエリアがミンネスルンドである。この森の墓地は、ストックホルムで最も大きな墓地であるが、モニュメントはなく素朴な佇まいとなっている。また、**写真10**はミンネスルンドの解説文であり、**写真11**は「森の墓地」の入り口から写したものである。

　さて、こうしたミンネスルンドは、法律上どのように定義されているのであろうか。実は、ミンネスルンドの法的な定義については明確にされていない。1990年に改正された埋葬法では、その第 1 章第 1 条において、「墓地とは、死者の遺体または焼骨を埋葬するために設けられた一定の区域で、特に教会その他の墓域、ミンネスルンド（撒骨場所）、納骨堂、納骨壁のことである」（菱木［1995］p.143）と述べられるにとどまっており、法的には定義されていない。

　スウェーデン第 2 の都市ヨーテボリの教会連合の埋葬規則では、「ミンネスルンドとは、火葬された死者の灰を（教区）墓地管理事務所により埋葬される共同の墓地である」と定義され、以下の 8 項目が規定されている。

❶どこに遺灰が埋められたかを特別に示してはいけない。
❷各々に墓石のようなものをつけたり花を植えることもしてはいけない。
❸遺灰の埋葬には身内の者が出席してはならない。
❹遺灰の埋葬は、墓地管理事務所の職員により、畏敬をもって適当な時期に行うこと。
❺遺灰を容器に入れず直接埋葬すること。
❻墓地管理事務所がミンネスルンドに花を植えることなどの墓地の世話

写真8　右側に拡がるミンネスルンド

写真10　ミンネスルンドの解説文 　　写真9　ミンネスルンドの案内板

写真11　「森の墓地」の入り口からの風景

に全責任をもつ。
❼訪問者は切り花や花輪やキャンドルを定めた場所に置くこと。
❽枯れた花や古くなったキャンドルなどは、墓地管理事務所が捨てること。（善積［1998］p.141）

　スウェーデン国内の各墓地では、ある部分が芝生になっており、その芝生の下に一辺50cmのスロットが区画されており、そのスロットに火葬された灰を入れた壺が墓地管理人によって埋められる。そのため、ミンネスルンドには定員がある（木下［1992］p.227）。
　事実、リンショーピングコミューン内のある墓地では、ミンネスルンドが1971年に造られたが、定員を超えたために、墓地中央にある墓地管理事務所前に新しいデザインによる二つ目のミンネスルンドが造成され、2000年に誕生している。
　ミンネスルンドに土を盛り再び遺灰を撒くという方法もあり、その場合にはミンネスルンドは1か所だけということになる。ミンネスルンドには多様なスタイルがあって、漸次場所を増やしていく必要のあるミンネスルンドもあれば、1か所で足りるミンネスルンドもあるということであろう。
　ミンネスルンドには、遺灰を文字通り撒くタイプと、今述べた小さな壺やペーパーボックスに遺灰を入れてスロットにそれを収納するタイプとがあるが（善積［1998］pp.142〜143）、前者は非常に少ない。
　ミンネスルンドでは、集合匿名墓地なので、故人の氏名の記録はなく、すべてナンバーで管理している。ミンネスルンドでは、遺族や故人と縁のあった人々は埋める場面に立ち会うことはできないので、遺族は芝生のどのスロットに故人の灰が埋められているのか知ることができない（木下［1992］p.226）。遺族には、事前に埋葬する日時は知らされず、どこの埋葬場のミンネスルンドに何年何月何日に埋葬したかを記入した記録カードが後日渡されるだけである（善積［1998］pp.142〜143）。

なお、墓地に関する帳簿または登録簿には、ミンネスルンドに骨灰を撒かれた者の氏名、個人番号、死亡年月日および死亡地、骨灰が撒かれた年月日が記載される（森［2000］p.98）。

このように通常、ミンネスルンドでは、遺族や故人と縁のあった人々は埋める場面に立ち会うことはできないので、遺族、縁者は芝生のどのスロットに故人の灰が埋められているのか知ることができないことになっているが、ケースとして少ないと言われる遺灰を文字通り撒くタイプについてはどうも地域的な差があるようだ。

例えばヨーテボリでは、1981年にスウェーデン中部の田舎で亡くなったある祖母が、遺言で息子達の住むヨーテボリのミンネスルンドを選び、孫としてその場に立ち会った男性が「牧師がボールのようなものに遺灰を入れて、聖書の言葉を唱えながら撒いた。風に乗って遺灰が流れるように散るのは素敵だった」と述べている（高橋［2001］p.44）。

孫が遺灰を撒くのを見たということは、その親も同席していたと推測され、遺族は立ち会わないという原則に反している。その男性は続けて言う。

「遠くにお墓参りをしないで、そんな風を感じるとき、おばあさんがいい人だったなあって思い出すんだ。自然に還っていくミンネスルンドはなかなかいいと思うね」（高橋［2001］p.44）

風に乗って遺灰が流れるように散るのは素敵だったと感じられる原体験があって、風を感じる時にふとおばあさんとの素晴らしい思い出を想起できるとするならば、むしろ積極的に遺灰を撒く日時を遺族や縁者に知らせることのほうが追憶の杜、追想の木立としてのミンネスルンドの存在価値が高まるように思われる。風に乗って遺灰が流れるように散ることは、匿名性の原則に矛盾しないのだから。

1996年の全国データによると、全国に500か所ほどミンネスルンドが存在し、教区住民のミンネスルンドへの埋葬数は13,000件を超えている。

これは、全火葬件数の38.9%に相当する（善積［1998］p.136）。スウェーデン葬送協会（Sveriges kyrkogårds och krematorieförbund）によれば、2000年現在、火葬率が70%となり、その50%がミンネスルンドを選択するとのことである。（高橋［2001］p.44）

　ストックホルムにあるフーディンゲコミューンでは、2002年中に401名が死去し、そのうちの91%が火葬、火葬のうちの52%がミンネスルンドを利用している。大都市を中心に、ミンネスルンドへの志向性はかなり高くなっていると言えよう。ただし、一般的な個人墓地の場合は掘り起こして移動させることができるものの、ミンネスルンドでは一度入れたら移動させることはできない点も大きな特徴であり、ミンネスルンドを検討する際の大きなバリアーにもなっている。

　リンショーピングコミューンの葬儀社社員によれば、1998年現在、リンショピングコミューン全体で、70%が火葬、30%が土葬である。70%の火葬のうち、4分の1がミンネスルンドで、残りの75%が骨壷に遺灰を入れ、その壷を埋葬している。つまり、全体の17.5%がミンネスルンドという計算になる。

　この割合は、先の全国データあるいはフーディンゲコミューンのデータの半分弱にしかならない。一般的に、都市部ほどミンネスルンドが普及していると言われているものの、スウェーデン第5の都市であるリンショーピングコミューンの場合、地域特性が影響しているのかかなり少ないと言える。

　ミンネスルンドをめぐる最新の状況を、スウェーデン葬送協会の報告書から明らかにしてみよう。

　スウェーデン全体で64か所の火葬場が存在している。2011年の1年間で火葬されたキリスト教徒の数は33,074名、そのうちミンネスルンドの利用者が16,584名に上り、50.1%の人々がミンネスルンドを選択している。ちなみに、ミンネスルンドはキリスト教徒でない場合も利用することができる。2011年の1年間で、全国で2,926名がミンネスルンドを利

用している。

　ミンネスルンドの利用率は、火葬場所による地域差が確認できる（以下の固有名詞は、コミューンではなく火葬場の名称である）。最も利用率が高かったのは、ソレンチューナ（Sollentuna）で97.8％（ミンネスルンドを305名が利用、以下利用者数を表記）、以下、ノルショーピング（Norrköping）の81.6％（824名）、イースタッド（Ystad）の80.1％（189名）と続いている。

　一方、ミンネスルンドの利用率が最も低かったのは、フェールスタ（Fagersta）の10.7％（16名）であり、以下、スケレフテオー（Skellefteå）の14.1％（19名）、テュラネース（Tranas）の15.4％（28名）と続いている。

　なお、フーディンゲ（Huddinge）のミンネスルンド利用者は281名で、利用率は54.9％、リンショーピング（Linköping）でのミンネスルンド利用者は375名で、利用率は50.1％であった（Sveriges kyrkogårds och krematorieförbund ［2012］ p.8）。リンショーピングは、この13年間で3倍近くに利用率が高まったことが分かる。

　ところで、ミンネスルンドが利用できるためには、火葬であることが前提となる。スウェーデンも他の国と同様、土葬の時期が長く続いた。1936年時点での火葬率は4.5％とごく僅かであった。その後、1979年に50.0％に達し、2011年現在では78.6％に達している（Sveriges kyrkogårds och krematorieförbund ［2012］ p.3）。

3　ミンネスルンド流行の理由

　ミンネスルンドが全埋葬数の50％前後を占めるほどに流行し、普及してきた背景にはどのようなことがあったのだろうか。さしあたって、増加の理由として挙げられるのは以下の3点である。

第1の理由としては、従来の埋葬に比べて費用が安いことが挙げられる。リンショーピングコミューンの場合、埋葬にかかわる費用は無料であるし、ペーパーボックスに入れて納骨する場合でも500クローナ（約6,000円）程度である。墓石を立てる場合には、お墓の敷地を25年間賃貸するのにお金が必要で（更新は可能）、墓石（grave stone）そのものも、スタンド型であれば8,000〜12,000クローナ（約9,600〜14,400円）、埋め込み型であれば10,000クローナ（約120,000円）かかると言われている。

　ストックホルムの場合について、埋葬料、墓地使用料、墓地管理料の3点から、市民が土葬個人墓、火葬個人墓、ミンネスルンドを利用する場合を比較してみよう。

　まず、埋葬料は土葬では2,100〜2,500クローナ（約25,200〜約30,000円）かかるのに対し、ミンネスルンドは300クローナ（約3,600円）と極めて安価である。もっとも、個人あるいは家族として墓を設け、骨壷を埋蔵する場合も450クローナ（約5,400円）と比較的安く、ミンネスルンドと大差はない。

　ストックホルム市民でない場合は金額が異なる。土葬の埋葬料は3,800クローナ〜4,600クローナ（約45,600〜55,200円）になる。ミンネスルンドは倍の600クローナ（約7,200円）となるが、それでも安価である。

　大きく異なるのは、以下の墓地使用料と墓地管理料である。墓地使用料は、土葬の場合と、墓を設け骨壷を埋蔵する場合どちらも賃貸契約を結ぶことになる。25年間につき、墓地1㎡当たり1,850クローナ（約22,200円）の費用がかかる（ストックホルムの市民でない場合は倍の3,700クローナ）。他方、ミンネスルンドは無料である。

　そして、1年間の墓地管理料は、土葬の場合と墓を設けて骨壷を埋蔵する場合、どちらも1㎡から6㎡の墓地については、基本料金245クローナ（約2,940円）と面積1㎡当たり40クローナ（約480円）を加算した料金となる。6㎡以上の大きな墓は、基本料金485クローナ（約5,820

円)に6m²を超える面積1m²当たり15クローナ(約30円)を加算した料金となる。こちらも、ミンネスルンドは無料である。なお、墓地管理料については、居住地に関係なく設定されているので、ストックホルム以外の市民も同額となっている(森［2000］pp.93～117)。

　第2の理由としては、ミンネスルンドでは維持管理を墓地管理人が代行してくれるので、子ども達家族を墓守の手間から解放できることが挙げられる。1960年代以降の都市化の進行により社会移動が激しくなり、親は田舎に残り、子ども達が大都市に移動するというパターンが増えてきている。その結果として、子ども達に墓を訪問してもらい管理してもらうことは申し訳ないこととされているのだ。

　迷惑をかけたくないという意識が高齢者に広がり、維持管理が一切不要なミンネスルンドが高齢者によって選ばれるようになってきた。あるいは、遺言のない場合に残された遺族がミンネスルンドを選ぶようになってきたと言える。

　第3の理由としては、共同性への回帰といわれる心理的な動機が挙げられる。この心理的な動機を福祉国家形成と関連づけて分析する研究も見られるが、やや強引な解釈であろう。最近の研究では、大岡頼光(中京大学現代社会学部准教授)の研究がある(大岡［2002］pp.51～86)。彼はこの第3の理由に注目し、スウェーデンの福祉国家形成とミンネスルンドをめぐる心性との間に強い関連性があると見ている。

　しかし、彼の研究のなかではミンネスルンドを選択する第1の経済的動機が無視されており、さらに第2、第3の理由は捨象されているので違和感を覚えざるを得ない。

4　ミンネスルンドのもつ隠微的性格

　木下康仁(立教大学社会学部教授)は、ミンネスルンドのもつ隠微的

性格について以下のように語っている。

「ミンネスルンドの匿名性は、葬送の時に自分とこの世の接点を放棄して永遠性を意味する円というシンボルと風景によって演出された共同空間に入っていくことであると規定しつつも、他方で芝生1枚によって隔てられる現実のミンネスルンドの形態がある種の隠微さを感じさせるとも言う。続けて、芝生の下には故人の灰壷が専有スペースに分かれて納められているわけであり、灰になった人間が地表面に向かっては一挙に匿名的存在になる一方で、芝生の下では永遠に専有スペースを保持することからすれば、ミンネスルンドの匿名性は偽装ではないかと」（木下［1992］p.225, pp.234〜235）

　木下の指摘に全面的には賛同するものの、依然としてある点に関しては判断を控えなければならない。というのも、前述した通り、ミンネスルンドには、遺灰を決められた芝生に撒くタイプと小さなペーパーボックスに遺灰を入れてそれを収納するタイプがある。木下が隠微的性格があるとして批判したミンネスルンドは、この二つのタイプのうち、主として後者のタイプ、小さなペーパーボックスに遺灰を入れてそれを収納するタイプのものである。前者の遺灰を決められた芝生に撒くタイプのミンネスルンドについては、木下の言う「隠微的性格」は含まれないと考えられる。

　この前者のタイプのミンネスルンドは少数であると言われているが、大岡は逆に前者のタイプのミンネスルンドだけを論じている。実際のミンネスルンドはどちらのタイプが多いのか現時点では不明であるので、この点を明らかにすることも必要不可欠な課題となる。

5　ミンネスルンドが抱える課題

　ミンネスルンドがミンネスルンドたる所以は、その匿名的性格にある。経済的に安価であることや、お墓の維持管理を残された家族がしなくてすむことと引き換えに、故人との関係性を示す証しがミンネスルンドには存在しない。それゆえ、遺族はミンネスルンドに故人に結び付けられるものを求めて、禁止されているにもかかわらず、故人の名札とともに芝生に花を植えたり花輪やキャンドルなどを芝生に置く。特に、ハロウィンやクリスマスなどの祝祭日にミンネスルンドの芝生はそれらによって散らかってしまい、多くのミンネスルンドで問題になっている（善積［1998］p.143）。

　故人は、生前に遺言として、あるいは家族との約束としてミンネスルンドを選ぶ。故人は、家族との関係を超越し、匿名的共同性の世界に入ることを自己決定したのであるから、遺された家族はその遺志を尊重すべきである。あるいは、遺族がミンネスルンドを選択する場合にも、ミンネスルンドの理念を尊重すべきであって、逸脱的な行為は慎むべきであろう。

6　半匿名性墓地の誕生

　現在のミンネスルンドには、今述べたように遺族から見ると不満が少なからずあり、その結果として逸脱的な行為が発生することになる。実は、現在では二つのミンネスルンドの変化形が登場しつつある。

　一つは、「遺灰の木立（asklund）」である。遺灰の場所すら分からない匿名性は家族にとって強い不満であることから、遺族の要望で遺灰の木立ではネームプレートが置けるようになっている（大岡［2003］p.3）。

もう一つは、「やすらぎの丘（vilokullen^{ヴィロークッレン}）」である。リディンゲーコミューンのカール・アクセル・カールバリ氏が発案したもので、「vilo」は「やすらぎ」、「安息」を、「kullen」は「丘」を意味する。これは1996年に完成した形態であり、従来のミンネスルンドを10区画に分けたもので、埋葬される区域が小さいので故人がどの区域に埋葬されているか、そのおおよその範囲を遺族や縁者が知ることができる。さらに、故人が埋葬されている区域が分かるので、その故人の遺族が数世代にわたって埋葬されることも可能である。

やすらぎの丘の訪問者は、切り花を指定された場所に置くことができる。ミンネスルンドと同様、やすらぎの丘は墓地管理事務所が管理し、遺灰は遺族の立ち会いなしに地面に埋葬される（善積［1998］p.19）。

社会学の立場から葬送を研究し、樹木葬を拡める実践を行う井上治代（東洋大学教授）は、スウェーデンのミンネスルンドの匿名性が行政側の試行錯誤の産物であったのではないかとの仮説を設定し、その論拠を匿名とは言えない共同墓が少なからず存在することに求めている（井上［2008］p.80）。

共同性の原則は維持しつつも匿名性の原則が半分崩れ、その結果として死者との接点が得られるタイプ、すなわち死者が特定できるタイプが今述べた「やすらぎの丘」である。ほかに、「共同の灰の墓（gemensamt^{イエメンサム・} aksgrave^{アクスグラーブ}）」と呼ばれることもある（井上［2008］p.73）。

スウェーデンの高齢者に見られる共同性と匿名性に裏打ちされた崇高な精神性からミンネスルンドの興隆を分析する先行研究もあるが（大岡［2002］）、現実には、以上述べてきたように、ミンネスルンドの趣旨から見れば、匿名性という点でやや後退したかに見える共同の灰の墓、やすらぎの丘、遺灰の木立などのスタイルが流行し、「終い後の棲家」の多様性がますます広がっている。

ミンネスルンドの研究を行ってきた木下や大岡は、匿名性の低下した共同の灰の墓、やすらぎの丘、遺灰の木立など、現在の多様化したお墓

の世界をどのように解釈するのであろうか。

 以上の動向から、死者となる高齢者の生前の意向だけでなく、残される遺族の親や配偶者に対する生前の意向など、複雑に絡み合う様相が想像できる。生前の意向に関する社会調査の必要性を痛感する。

7　自己決定としてのミンネスルンド

 ミンネスルンドは高齢者だけが選ぶ死後の住み方ではない。場合によっては、子どもや成人が病気や事故などで命を落とすこともあるだろう。高齢者以外の若い人々の死と死後の住まいの関係については、いまだ研究されていない。

 我々は、死後どこに住もうとしているのだろうか。配偶者とともに墓石のある先祖代々の墓に入るのだろうか。それとも配偶者から離れて宇宙的共同性の世界、すなわちミンネスルンドに入ろうとしているのだろうか。我々は、誰しも寿命により、病気により、あるいは予期せぬ出来事により鬼籍に入る存在である。終い後の棲家をめぐるライフスタイルの選択は、我々が生きているうちに成すべき人生最大の自己決定の一つであると言うことができよう。

8　結論

 ミンネスルンドがスウェーデン独自の匿名墓地であるとの観点から、スウェーデンにおける共同墓と福祉国家の関連性を示唆する研究が存在するし（木下［1992］、善積［1998b］）、共同墓に見られる共同性と福祉国家の共同性がどこかで通底していると感じる論者（大岡［2002］p. 75）も存在する。

しかし、実は、このミンネスルンドのシステムはスウェーデン独特のものではない。例えば、ドイツには「アノニューム墓地（anonymes Grberfeld）」と呼ばれる共同墓がある。この墓地は、「anonymes（無名の）」という文字が示す通り匿名の共同墓地であり、死者の名前はもちろんのこと、誰がどこに埋葬されているのか、外部からは何も分からない墓地である。

　遺骨は、骨壺に入れられて芝生のどこかに埋葬される（森［1993］p. 253）、遺灰を芝生に撒いたりペーパーボックに入れたりする点でスウェーデンのミンネスルンドは、ドイツのアノニューム墓地と若干異なる部分もあるが、死者の名前も埋葬場所も分からない匿名墓地である点ではまったく同じシステムと言ってよい。すなわち、考え方としてはまったく同じシステムを異なるヨーロッパの国々がもっていることを意味する。

　スウェーデン教会（Svenska kyrkan）に確認したところ、ミンネスルンドと同様のシステムは、デンマーク、ノルウェー、フィンランドにも存在することが明らかになった。デンマークでは、特別な名前が付けられておらず、ミンネスルンドのようなこうした形式は「遺灰共同墓地」と呼んでいる（朝日新聞、2001年1月22日付夕刊）。

　日本の先行研究でスウェーデンのミンネスルンドだけが紹介されてきたために、本稿の冒頭で「スウェーデン独特の文化的背景をもつと言われているミンネスルンド」と記してしまった。こうした思い込みは厳に慎まなければならない。

　我々がスウェーデンの独自文化であると思い込んでいるものが、実はヨーロッパの他の国々の文化から影響を受けたものであったり、逆にスウェーデンの文化が他のヨーロッパ諸国の文化に影響を及ぼすものであったりすることもある。マクロな社会学的分析をする時には、我々はこうした点に十分留意し、慎重に研究を進める必要がある。

結章

今後の課題

ここでは、本書で論じてきたトピックスのいくつかについて、今後の課題としなければならなかったことを確認し、さらに今後の研究のなかで掘り下げていきたい課題の一端を示すことにしたい。

（1）介護の質および利用者満足度に関する情報公開

　スウェーデンは、これまで論じてきたように、高齢者ケアの質を向上させ「発展」を持続させるために様々な挑戦を行ってきた。その最もチャレンジングな取り組みが、高齢者ケアの質に関する情報公開である。しかし、そうした挑戦がすべて実ったわけではない。なかには、周りから批判を受けることにより、あるいは自ら気付くなかでシステムの再構築を余儀なくされるものもある。「停滞」することも、社会としては当然あり得ることだと言える。

　本書では、情報公開システムをはじめとして様々な角度から、高齢者ケアという舞台で、スウェーデンという一つの社会が「発展する姿」と「停滞する姿」を可能な限り浮き彫りにしてきたつもりである。

　翻って、日本の情報公開システムはどうであろうか。高齢者ケアに関する情報公開に関連するものとしては「WAM ネット」（http://www.wam.go.jp）があるが、このサイトには、高齢者福祉の領域では、各種高齢者ケア施設の登録情報だけが掲載されているのみである。

　我が国の場合、介護保険の制度再構築で手いっぱいの感があり、スウェーデンのような各種の高齢者ケアサービス提供者に関するコミューンによる第三者評価の試みもなく、評価結果に関する情報公開も存在しない。さらに、スウェーデンのようなホームヘルプサービス利用者および高齢者ケア施設利用者に対する満足度調査も存在しない。したがって、利用者による満足度の結果に関する情報公開も存在しない。

　確かに、日本にはスケール・デメリットがあることを認めなければならない。スウェーデンのように全数調査をすることは完全に不可能であ

る。しかし、次善の策として、都道府県ごとに一定数の在宅ケアサービス提供事業者および施設ケアサービス提供事業者を事業規模別にランダムサンプリングし、国レベルでトレーニングを積んだ専門調査員が、事前予告なく対象事業者を訪問して実態調査を行い、「ケアの質」を点数で評価することは可能であると考える。

　これまで行われてきた第三者評価のための膨大な項目ではなく、スウェーデンが実施してきたような簡便なスケールを開発することが急務である。評価者もこれまでのような第三者評価機関の調査員ではなく、国が養成する専門調査員に限定する必要があろう。

　これまで日本は基盤整備だけに腐心してきたが、整備できた基盤に関する「ケアの質の向上」にもエネルギーを注ぐべきである。今後、日本で期待される介護の質に関する情報公開システムでは、具体的な事業者名を挙げ、簡易スケールに示されたすべての項目の点数を公開することが期待される。と同時に、異議申し立て制度を整え、納得できない項目に関しては、申し立てにより専門調査員に合理的な説明を求める責任を負わせることにするべきである。

　こうした調査員による客観的な評価に対する異議申し立て制度は、情報公開の先進国であるスウェーデンでも実施されていないので、日本独自のシステムということになろう。

　個々の事業者に対する評価だけでなく、都道府県単位のケアの質に関する情報公開も実施し、あわせてスウェーデンのような評価項目ごとのランキングも導入することが望ましい。

　ケアサービス提供事業者に対する評価に加えて、スウェーデン同様、在宅ケアサービス利用者および施設ケアサービス利用者に対しても、全国一律のアンケート調査票による満足度調査を行うべきである。こちらについても、スウェーデンのような全数調査は不可能であるので、対象高齢者をランダムにサンプリングする必要がある。「専門社会調査士」の資格をもち、アンケート調査の経験のある大学院生レベル以上の専門

家が調査するのが望ましい。

　満足度調査に関しては、事業者単位というわけにはいかないので、都道府県レベル、あるいはスウェーデン同様に市町村レベルで満足度の平均値を公開することにすればよいであろう。

（2）認知症高齢者の人権を擁護するシステム

　第8章で説明したように、スウェーデンでは、例えば認知症高齢者が介護の付いた特別住宅に入居している場合には、通常のコンタクトパーソンだけでなくゴードマンが選任される。ゴードマンは、家族・親族が任命される場合もあるし、他人が任命される場合もある。在宅で一人暮らしをする認知症高齢者の場合には、ゴードマンだけでなく法定管財人（フォバレタレ）が選任される。

　このように、社会的な配慮が必要とされ、自律的な行為能力（事理弁別能力）の衰えた高齢者に対して、スウェーデンでは当事者の人権を擁護する強力なサポートシステムが確立している。残念ながら、その数量的な広がりについては社会保健庁も法務省も把握していないので、各コミューンに問い合わせなければスウェーデン全体の状況が分からない。ゴードマンと法定管財人について、その光と影をコミューンベースで調べることが肝要だ。今後の課題としたい。

　翻って日本はどうか。介護保険のスタートと同時に、2000年4月から新成年後見制度が発足している。スウェーデンのような伝統のある人権擁護システムは確立されていないが、21世紀に入って新しい後見制度が誕生したことは評価されてよい。新しい成年後見制度については、第8章で紹介した通りである。

　後見人の選任の方法に関しては、スウェーデンのシステムが大いに参考になる。後見人の問題行動が起こらないように未然にシステムとして防止する形をスウェーデンはとっており、この点で日本は、スウェーデ

ンの人権擁護システムに学ぶ点が多い。

　日本において成年後見制度が徐々に根付いてきた感はあるが、成年後見制度先進国ドイツの足元にも及ばない。人権擁護システムを発展させ、普及に努め、国民がより活用しやすいようにしていかなければならない。

　一般の高齢者に関しては、スウェーデンも日本も「尊厳のある存在」として、他の世代あるいは同世代が見ているかどうか気になるポイントである。アンケート調査により、是非明らかにしたいトピックである。

（3）高齢期の安心を得るための望ましいあり方

　スウェーデンの高齢者ケアシステムのうち、最も優れたシステムの一つが「安心アラーム（tryggetsalarm）」である。1980年代に造られた多くのサービスハウスは、介護を必要とする高齢者が安心感を得るための施設であったが、ペンダント型あるいは時計型の安心アラームの普及とともにサービスハウスの存在意義は薄れてきている。

　在宅の要介護高齢者は、コミューンに申請し、援助判定員による審査を経て措置の結果として安心アラームを持つことになれば、わざわざサービスハウスに入居する必要がない。つまり、安心感をもって住みなれた自宅に住み続けることができるのだ。

　これまでは、在宅高齢者が緊急時に安心アラームを押せば、シンプルなプロセスを経て、看護師やホームヘルパーが駆けつけてくれる形であった（奥村［2010］pp.77～79）。しかし、民間委託化が緊急時対応システムにまで及ぶようになってきた。これまでとは異なり、安心アラームをめぐるコミューンの対応も多様化してきており、またどのような緊急時対応システムが望ましいか各コミューンが再検討する時期に来ているようで、安心アラームをめぐる方針の変化が激しくなってきている。それに、携帯電話が普及するなかで救急車を呼ぶ場合も当然増えてきており、どのような緊急時セーフティネットが望ましいかの検討が急がれる。

しばらくは、多様な安心アラームシステムが並存することになり、コミューン間の多様性が拡大する時期が続くであろう。

　筆者は、スウェーデンの安心アラームに関するシステムが日本でも導入可能であると考えている。介護が必要になった高齢者で、一人暮らしあるいは二人暮らしの場合において、特にこの機械は効果を発揮する。介護予防サービスも必要であるが、介護が必要な状態になってからも安心して自宅での生活を継続するためには、「ボタン一つで外とつながる安心感」ほど重要なものはない。介護保険のサービスメニューに是非加えるべきである。

　具体的には、福祉用具貸与のメニューに含めるのが望ましい。ペンダント型あるいは時計型の安心アラームのボタンを要介護高齢者が緊急時に押したあとのプロセスについては、各保険者単位で独自に構築するのが望ましいと思う。

（4）2012年度誕生の介護保険新サービス

　日本の介護保険制度に認知症高齢者のためのグループホームが導入されたことは望ましいし、スウェーデン発祥のグループホームのシステムが導入された点は評価されてよい。しかし、2012年4月から導入された新サービスの一つ「定期巡回・随時対応型訪問介護看護」のシステムは、スウェーデンとは無縁のシステムであることを予め断っておきたい。

　確かに、重度の要介護高齢者に対するケアプランにおいて、一日何度もスポットサービスでホームヘルパーが巡回し、訪問看護師が訪問するというパターンは存在する。しかし、あくまでも個別の援助判定の結果としてのサービスのパッケージングであることをここで強調しておきたい。つまり、制度としてこのようなものは存在しないのである。特に、随時対応型というのは存在しない。あくまでも、ケアプランの一つとして短時間のスポットサービスを一日に何度も行うケースはある。そして、

そのような15〜20分という短時間の巡回型サービスはゆっくり会話もできないということで、スウェーデンでは極めて不評である。

もちろん、スウェーデンでは、290のコミューンが290通りの高齢者ケアシステムを展開しているので、定期巡回・随時対応型訪問介護看護のような利用頻度無制限のサービスの詰め合わせを展開しているコミューンが皆無であるとは断定できないが、おそらく存在しないであろう。また、スウェーデン以外の北欧のどこかの国が実施しているとも思えない。

新サービスである定期巡回・随時対応型訪問介護看護は、特異的な性格をもつ。2000年4月に始まった介護保険制度は、何度も改正されて複雑怪奇なシステムになってしまったが、これまでは全国一律の平等な制度であった点で評価できる。つまり、介護保険で決められたサービスは全国どこでも利用できるし、サービスの利用料金も、若干の地域差があるものの、ほぼ一律であったと言える。

今回スタートした定期巡回・随時対応型訪問介護看護は、不公平を前提としたサービスである。大手の民間企業が存在する大都市部のなかでも、ごく一部の地域だけで提供されるサービスなのである。

全国一律公平という大原則をこのように大きく変えた背景にはいったい何があるのだろうか。また、何がそうさせたのであろうか。在宅の要介護高齢者の医療ニーズが高まってきていることは確かであるが、それにしても唐突であるとの誹りは免れない。地域間格差を増大させた罪は重いと言わざるを得ない。

厚生労働省によれば、この新サービスを2012年度中にスタートさせる市町村は189にとどまっており（全1,566市町村のうち）、2013年度は283市町村、2014年度は329市町村と微増する。今後も、低調なまま推移する。どうもこの新サービスは、絵に描いた餅になりそうだ。

ここでは、定期巡回・随時対応型訪問介護看護がスウェーデン由来のシステムではないことだけを確認し、日本の介護保険制度に新たな構造的問題点が生じたことを指摘するにとどめたい。

（5）スウェーデン以外の北欧の高齢者ケアシステム

　2011年は、フィンランドのヘルシンキとタンペレおよびノルウェーのオスロを訪問する機会に恵まれた。両国の高齢者ケアシステムの制度を十分には把握できていないなかでの訪問であったが、ある程度の特徴は把握することができたと思う。

　フィンランドの高齢者ケアに関する最大の特徴は、要介護高齢者の介護認定システムである。明らかにアメリカの影響を受けており、スウェーデン、デンマーク、ノルウェーとは異なった方法を採用している。

　フィンランドでは、要介護認定のツールとして3種類のスケールが存在している。13項目から構成されるRAVAインデックスが伝統的に最も多く採用され、270近いクンタ（kunta・基礎自治体で市に相当）がこのツールを採用している。残りの約70のクンタでは、20項目から構成されるMDS-HCあるいはRAI-HCが使われている（これらの尺度に関しては、ここでの趣旨とはずれるので説明を割愛する）。

　フィンランドは、他の北欧諸国とは異なり、サービス申請者の個別事情を可能な限り斟酌しつつも、要介護認定をできるだけ客観的に捉えようという姿勢が強い（西下［2011c］pp.52～53）。要介護認定のツールだけでなく、要介護認定の最終結論を出すのが「SAS」と呼ばれる専門職集団2名からなるチームだということであるが、これもユニークである。なお、スウェーデンでは、援助判定員が一人で判定を下している。

　フィンランドのナーシングホームにも、スウェーデン同様、筆者が名付けた「ジェットコースター・シフト」が存在することが分かった。また、スウェーデンに比べれば、大都市部のヘルシンキにおいても相部屋が多いことも明らかになった。今後の増改築のなかで個室を増やしていく計画のようである（西下［2011c］pp.56～58）。

　2011年の訪問の最大の目的は、最近注目を集めている「ラヒホイタヤ（lahihoitaja）」を調べることであった。ラヒホイタヤは、社会・保健医

療基礎資格であり、保育ケア、障がい者ケア、高齢者ケアのいずれにも従事できる資格である。異業種間の職業移動が可能なため、リタイアを防ぐ機能も強い。このラヒホイタヤの給与水準は、2011年10月現在、年収換算で203～228万円であったが、本章で述べたスウェーデンの給与水準よりは相当低いと言える（西下［2011c］pp.59）。

　他方、ノルウェーのオスロ市はさっぱり要領を得なかった。オスロ市の高齢者ケア課にインタビュー調査を行ったのであるが、自分の市でどのような要介護認定をしているか分からないと言う。すべてを「現場に任せている」ということらしいが、無責任このうえない。ちなみに、フィンランドではヘルシンキとタンペレの高齢者ケア課を訪問し、要介護認定についてインタビュー調査をしたが、ほぼすべての説明を受けている。

　さて、デンマークは、何度かコムーネ（kommune・基礎自治体で市に相当）を訪問し、高齢者ケア課でインタビュー調査を実施してきた。最も驚いたのは、高齢者虐待について質問すると、どこの自治体でも「虐待はない」という返事が必ず返ってきたことだ。どの国においても高齢者虐待は深刻な社会問題の一つであるはずなのだが、デンマークには高齢者虐待は存在しないという。そんなはずはないと思うのだが……。

　スウェーデンと同様、デンマークにも高齢者ケアのコムーネ間格差が存在するはずであるが、そのようなデータベースが存在しないのであろうか。デンマーク全体の自治体間格差を論じた研究はほぼ皆無と言えよう。

　唯一、山田ゆかり（コペンハーゲン大学公衆衛生研究所客員研究員）らが行った訪問介護サービスに関する研究によれば、コムーネによる生活援助サービスの利用率で約2倍の格差が存在すること（最高がコペンハーゲン市の22％に対し、最低がミデルファート市の12％）、そして一人当たりの利用者の週当たり利用時間数で約7.5倍の格差が存在すること（最高は1.5時間で最低は0.2時間、いずれも市の名前は不明）が明ら

かにされているのみである（山田ほか［2011］p.17）。

　スウェーデンが2007年から実施している全国レベルのコミューン別高齢者ケアに関連する現状の情報公開はデンマークに存在しないし、全国レベルでのコミューン別ホームヘルプサービス利用者、プライエボーリ（スウェーデンの介護の付いた特別住宅入居者に相当する）利用者の満足度調査は実施されていない。情報公開に関しては、デンマークはかなり遅れているということができる。大規模な自治体再編成があったせいでもあろうが、その再編成からすでに4年以上が経過している。

　デンマークは、スウェーデンと同様要介護認定の標準化された方法がない。コムーネの数だけ、要介護認定の方法が異なるのである。アセスメントは「ビジテーター」と呼ばれる専門職が一人で行い（多くが看護師）、在宅ケアサービスや入所などの必要性を判断している。

　デンマークの高齢者ケアには、スウェーデン、フィンランド、ノルウェーとまったく様相を異にする点がもう一つある。それは、高齢者ケアにとっては最も大切な点であるのだが、デンマークでは他の北欧3国と異なり、在宅ケアの比率が高く、さらに統合ケアが発達しているということである。

　統合ケアというのは、施設で暮らす高齢者も在宅で暮らす高齢者も一元化して捉え、施設ケアスタッフと在宅ケアスタッフの区別をなくして、地域全体として24時間ケアを提供するものである（松岡［2005］p.189）。ここで言う24時間ケアは、日中巡回、夜間巡回、深夜巡回から構成されている。

　スウェーデンにおいても、できる限り在宅ケアを続け、重度化した要介護高齢者に限り介護の付いた特別住宅への入所が措置として認められる流れとなっている。デンマークのように、重度化した要介護高齢者を在宅ケアで、あるいはエルダボーリ（高齢者住宅）でケアしていくことは他の北欧の国々では不可能である。特に、老夫婦二人暮らしの場合には老老介護の危険性も高まるので、なおさら困難である。

であるならば、デンマークだけ何故それが可能になるのだろうか。どの国でも施設ケアのほうがコスト高なので、在宅ケアがコスト面からもベターな選択であるし、要介護高齢者自身も在宅でのケアを望むであろう。しかし、在宅サービスを担うヘルパーや訪問看護師の数は揃うのであろうか。特に、深夜から早朝にかけて、巡回し緊急時に対応できる体制を整えることができるのであろうか。日本ではその体制が整備できていないために、2012年度に創設された定期巡回型サービスが普及しないのである。

　デンマークも他の北欧諸国と同様に高齢化率が高まるし、80歳以上の高齢者数も増加するであろう。デンマーク全体の高齢者ケアの財源という点からも、現在の方針が貫けるものかどうか不明である。デンマークの地域ケア方式が、すべての基礎自治体で「持続可能な方式」なのかどうかという疑問が涌いてくる。さらに言えば、2007年の基礎自治体構造改革により、271あったコムーネが合併することにより98のコムーネに再編された。人口規模が拡大したコムーネで、地域ケア、統合ケアが果たして可能かどうか。

　以上のように、筆者はスウェーデンの高齢者ケアに主軸を置きながらも、周りのデンマーク、フィンランドといった国々の動きにも注目しながら今後も研究を続けていきたい。

あとがき

　2007年に出版した前著『スウェーデンの高齢者ケア』に引き続き、5年の歳月を経てこうして『揺れるスウェーデン──高齢者ケア：発展と停滞の交錯』を新評論から出版できることをありがたく思う。そして、うれしく思う。前著以上に新評論社長武市一幸氏にはお世話になり、発刊までご迷惑をおかけした。ここに、記して感謝する次第である。

　加えて、研究調査でお世話になった方に謝辞を述べたい。私がこうして2冊目の単著を出版できたのも、ひとえにコミューン職員としてスウェーデンで働いておられる石濱実佳様と安達雪枝様、ストックホルム在住の谷沢英夫様のおかげである。この方々の支援がなければ研究を発展させることができなかったに違いないし、研究がながらく停滞していたに違いない。お三方についても、記して感謝する次第である。

　また、針金まゆみさん（桜美林大学大学院博士課程修了、老年学博士）には、表の偏差値計算や自殺率のグラフ作成でお世話になった。記して感謝する次第である。

　以下、各章の初出論文について述べておきたい。序章、第3章、第8章、結章は、書き下ろしである。第1章は西下［2008a］を、第2章は西下［2012］を、第4章は西下［2009c］を、第5章は西下［2010b］を、第6章は西下［2011b］を着想のもとにしている。また、第7章は西下［2008b］を、第9章は西下［2010c］を、第10章は西下［2011a］を、第11章は西下［2004a］をベースにしている。各章とも過去の筆者自身の

研究を一部参照しているものの、いずれの章もデータを更新し、大幅に加筆し修正を加えている。

　本書の基になった研究の連載の場を現在でも与えていただいている高齢者住宅財団にも感謝したい。

　ところで、私は2002年に、スウェーデンの全290コミューンの高齢者ケア課を対象に郵送によるアンケート調査を実施した。そのアンケート調査がきっかけで石濱様と安達様と知り合うことができた。実証研究をしていればこそ、こうした人的な交流も可能となる。これからも、様々な方々の支援を得ながら、スウェーデンの高齢者ケアの発展と停滞、光と影を、より深いレベルで追い求めていきたい。

　そして、前著にも書いたことだが、相変わらず、自宅のある愛知県春日井市と勤務先の東京経済大学がある国分寺市を毎週往復するという不経済な生活を続けている。妻・美輝子にもたいそう迷惑をかけ続けているが、側面からの支援を日々続けてくれていることに感謝したい。

　2012年8月

西下彰俊

和文引用文献リスト一覧

- 朝日新聞［2001］「北欧の「匿名墓地」実現めざす」1月22日付夕刊。
- 伊澤知法［2006］「スウェーデンにおける医療と介護の役割分担と連携」、国立社会保障・人口問題研究所編『海外社会保障研究』No.156、pp.32～44
- 石原俊時［2006］「スウェーデン高齢者福祉における伝統と革新」廣田功編『現代ヨーロッパの社会経済政策』日本経済評論社、pp.275～299
- 井上誠一［1999］「スウェーデンの高齢者ケア最新情報（6）」〈週刊社会保障〉No.2045、pp.48～55
- 井上誠一［2003］『高福祉・高負担国家 スウェーデンの分析』中央法規出版
- 井上治代［2008］「ポスト近代社会の墓における「共同性・匿名性」の一考察」、東洋大学ライフデザイン学部『ライフデザイン学研究』4、pp.66～87.
- 井上幸江・Owe Anbäcken［2008］「スウェーデンにおける調査研究」、『関西学院大学社会学部紀要』第105号、pp.85～111
- 大岡頼光［2002］「共同墓の比較研究にむかって」、『中京大学社会学部紀要』第16巻第1号、pp.51～86
- 大岡頼光［2003］「公的介護の宗教的基盤を求めて」第1回福祉社会学会配付資料
- 大岡頼光［2004］『なぜ老人を介護するのか』勁草書房
- 奥村芳孝［2000］『新スウェーデンの高齢者ケア最前線』筒井書房
- 奥村芳孝［2008］「高齢者ケアにおける質の保障システム」、東京市政査会編『都市問題』第99巻、pp.93～99
- 奥村芳孝［2010］『スウェーデンの高齢者ケア戦略』筒井書房
- 介護労働安定センター［2011］『平成22年度介護労働実態調査』http://www.kaigo-center.or.jp/report/pdf/h22_chousa_kekka.pdf
- 木下康仁［1992］『福祉社会スウェーデンと老人ケア』勁草書房
- 高齢社会研究委員会編［1991］『高齢社会のコーホート的分析』統計数理研究所
- 国立社会保障・人口問題研究所［2009］『人口の動向―日本と世界』
- 国立社会保障・人口問題研究所［2012］『日本の将来推計人口（平成24年1月推計）―詳細結果表―』
- 斉藤弥生［2008］「スウェーデンにおける介護職員の労働条件向上へのアプローチ」、北ヨーロッパ学会編『第7回研究大会共通論題報告集』、pp.1～28

・斉藤弥生［2009］「スウェーデンにおける介護職員の労働条件向上へのアプローチ」、北ヨーロッパ学会編『北ヨーロッパ研究』、pp.1〜15
・笹谷晴美・今井陽子［2003］「スウェーデンにおけるケアワークの変容と高齢者ケア政策」、日本労働社会学会編『労働社会学研究』第4号、pp.1〜52
・高橋ユリカ［2001］「追想の木立―散骨墓地の流れ―」、〈AERA〉No.41朝日新聞社、pp.44〜45
・竹崎孜［2004］『スウェーデンはどう老後の安心を生みだしたのか』あけび書房
・内閣府［2002］『高齢者の生活と意識―第5回国際比較調査結果報告書―』ぎょうせい
・西下彰俊［2003］「スウェーデンに対する誤解と偏見」、高齢者住宅財編『いい住まい いいシニアライフ』Vol.57、pp.12〜19
・西下彰俊［2004a］「スウェーデンのミンネスルンド」、高齢者住宅財団編『いい住まい いいシニアライフ』Vol.58、pp.56〜61
・西下彰俊［2004b］「高齢者ケア施設の運営に関する入札制度と官民間競争原理」、高齢者住宅財団編『いい住まい いいシニアライフ』Vol.62 pp.7〜12
・西下彰俊［2007］『スウェーデンの高齢者ケア―その光と影を追って―』新評論
・西下彰俊［2008a］「スウェーデンの高齢者と家族関係・社会関係」、宮本みち子・善積京子編『現代世界の結婚と家族』放送大学教育振興会、pp.145〜164
・西下彰俊［2008b］『スウェーデンと日本の要介護高齢者に対するニーズ判定の方法に関する比較研究』 平成18年度〜19年度科学研究費補助金（基盤研究（c）一般）研究成果報告書
・西下彰俊［2008c］「社会サービス法の改正と高齢者自己負担額設定方法の変化」高齢者住宅財団編『いい住まい いいシニアライフ』Vol.83、pp.7〜15
・西下彰俊［2009a］「スウェーデンの高齢者ケアの現状と高齢者ケアの情報公開の先進性」健康保険組合連合会『健保連海外医療保障』No.80、pp.7〜21
・西下彰俊［2009b］「スウェーデンの高齢者ケアに関する情報公開の先進性」高齢者住宅財団編『いい住まい いいシニアライフ』Vol.88、pp.59〜71
・西下彰俊［2009c］「スウェーデンにおける高齢者ケアの民間委託化と自由選択法の制度」、高齢者住宅財団編『いい住まい いいシニアライフ』Vol.91、pp.39〜54
・西下彰俊［2010a］「エーデル改革以後の社会計画」、高齢者住宅財団編『いい

住まい いいシニアライフ』Vol.94、pp.17〜24
- 西下彰俊［2010b］「スウェーデンの高齢者ケアに関するコミューンレベルの情報公開——2009年報告書の分析」、高齢者住宅財団編『いい住まい いいシニアライフ』Vol.97、pp.13〜28
- 西下彰俊［2010c］「スウェーデンにおける高齢者ケア計画と介護労働者の就労意欲に関する課題」、長寿社会開発センター編『生きがい研究』第16巻、pp.22〜39
- 西下彰俊［2011a］「スウェーデンの高齢者ケア研究の到達点と残された課題（上）」、高齢者住宅財団編『いい住まい いいシニアライフ』Vol.100、pp.49〜61
- 西下彰俊［2011b］「スウェーデンの高齢者ケア研究の到達点と残された課題（下）」、高齢者住宅財団編『いい住まい いいシニアライフ』Vol.102、pp.36〜54
- 西下彰俊［2011c］「フィンランドの高齢者ケア」、高齢者住宅財団『いい住まい いいシニアライフ』vol.105、pp.52〜60
- 西下彰俊［2012］「高齢者ケアの過去・現在・未来」、レグランド塚口淑子編『「スウェーデンモデル」は有効か』ノルディック出版、pp.281〜314
- 西下彰俊・渡辺博明・兼松麻紀子訳［2012］『1950年・スウェーデンの高齢者（仮題）』新評論 （近刊）
- ピーター・ワイデン［1960］「スウェーデン—悩みをもつパラダイス」、『リーダーズ・ダイジェスト（日本版）』1960年6月号、pp.100〜105
- ペール・ブルメー＆ビルッコ・ヨンソン（石原俊時訳）［2005］『スウェーデンの高齢者福祉』新評論
- ビョーン・アルビンほか［2008］「スウェーデンにおける高齢者の家族介護者の現状」、地域福祉学会編『地域福祉研究』日本生命済生会 No.36 pp.72〜83
- 菱木昭八朗［1995］「スウェーデン埋葬法」『専修法学論集』第63号、pp.143〜165
- 松岡洋子［2005］『デンマークの高齢者福祉と地域居住』新評論
- 宮本太郎［2009］『生活保障』岩波新書
- 森謙二［1993］『墓と葬送の社会史』講談社現代新書
- 森茂［2000］「世界の葬送・墓地に関する法律（4）—スウェーデン、アメリカ—」『明治薬科大学研究紀要』第30号、pp.93〜117
- 森茂［2009］『世界の葬送・墓地』法律文化社
- 武藤光朗編［1967］『福祉国家論』社会思想社

・山田ゆかりほか［2011］「軽度者向け生活援助サービスの市町村事業への移管」『社会保険旬報』社会保険研究所、No.2453、pp.12〜21
・善積京子［1998a］「スウェーデン社会から学ぶ葬送」、吉田正ほか編『「学び」の人間学』晃洋書房、pp.128〜150
・善積京子編［1998b］『スウェーデンの葬送と高齢者福祉（ビデオサブテキスト）』M＆Kメディア文化研究所

スウェーデン語引用文献リスト一覧

- Government ［2003］ Äldrepolitik för framtiden pp.1-68
  http://www.sweden.gov.se/content/ 1 /c 6 /01/18/97/75cd 1 cf8.pdf
- Kommunal Arbetaren ［2003］
  http://www.kommunalarbetaren.com
- Lo-Johansson,I ［1949］ Ålderdom, Veckotidningen Vi
- Lo-Johansson,I ［1952］ Ålderdoms-Sverige Carlssons
- Regeringens proposition ［1998］Nationell handlingsplan för äldrepolitiken, Prop. 1997/1998 : 113
  http://www.regeringen.se/content/ 1 /c 6 /02/17/00/d 4 fd079c.pdf
- Regeringens proposition ［2006］ Nationell utvecklingsplan för vård och omsorg om äldre, Prop.2005/2006:115.
  http://www.regeringen.se/content/ 1 /c 6 /06/06/65/ce333b06.pdf
- Rådet för främjande av kommunala analyser＝RKA ［2006］
  http://www.kolada.se/portal.php?page=news/show&id=9&all=1
- Skatteverket ［2012］ http://www.skatteverket.se/
  Belopp-och procentsatser.pdf
- Socialdepartment ［2002］ SENIOR CITIZEN 2005 - Policies for the Elderly: A vision of the future
- Socialstyrelsen ［2001］ Äldre-vård och omsorg år 2000
  http://www.socialstyrelsen.se/Lists/Artikelkatalog/Attachments/11616/2001-44-3_2001443.pdf
- Socialstyrelsen ［2006］ Nya bestämmelser om rapporteringsskyldighet och särskild avgift
  http://www.socialstyrelsen.se/Lists/Artikelkatalog/Attachments/9365/2006- 1 -11_2006111.pdf
- Socialstyrelsen ［2007］ Current developments in care of the elderly in Sweden pp.1 - 12
  http://www.socialstyrelsen.se/Lists/Artikelkatalog/Attachments/9296/2007-131-40_200713140.pdf
- Socialstyrelsen ［2008a］ Vård och omsorg om äldre,Lägesrapporter 2007
  http://www.socialstyrelsen.se/Lists/Artikelkatalog/Attachments/8863/2008-131-6_

20081316.pdf
- Socialstyrelsen [2008b] Jämför äldreboenden
  http://aldreguiden.socialstyrelsen.se/
- Socialstyrelsen [2009a] Äldre-vård och omsorg andra halvåret 2008
  http://www.socialstyrelsen.se/Lists/Artikelkatalog/Attachments/17780/2009-10-112.pdf
- Socialstyrelsen [2009b] Äldre och personer med funktionsnedsättning- regiform m.m. för vissa insatser år 2008
  http://www.socialstyrelsen.se/Publicerat/2009/10353/2009-125-6.htm
- Socialstyrelsen [2009c] Nationell brukarundersökning inom vården och omsorgen om äldre 2008
  http://www.socialstyrelsen.se/Lists/Artikelkatalog/Attachments/8522/2009-126-99_200912699_rev1.pdf
- Socialstyrelsen [2010a] Oppna jamforelser i socialtjansten Handlingsplan for socialtjanst och hemsjukvård 2010-2014
  http://www.socialstyrelsen.se/Lists/Artikelkatalog/Attachments/18066/2010-6-12.pdf
- Socialstyrelsen [2010b] Ändring i föreskrifterna och allmänna råden (SOSFS 2005:28) om anmälningsskyldighet enligt lex Maria
  http://www.socialstyrelsen.se/sosfs/2005-28/Documents/2010-4.pdf
- Socialstyrelsen & Sveriges Kommuner och Landsting [2010c] ÖPPNA JÄMFÖRELSER 2010 Vård och omsorg om äldre
  http://brs.skl.se/brsbibl/kata_documents/doc39863_1.pdf
- Socialstyrelsen [2011a] Äldre-vård och omsorg den 1 november 2010
  http://www.socialstyrelsen.se/Lists/Artikelkatalog/Attachments/18455/2011-10-10.pdf
- Socialstyrelsen [2011b]
  Socialstyrelsens föreskrifter och allmänna råd om lex Sarah (SOSFS 2011:5)
  http://www.socialstyrelsen.se/sosfs/2011-5
- Socialstyrelsen [2011c] 未発表内部資料
- Socialstyrelsen [2011d] Tillsynsrapport 2011 Hälso- och sjukvård och socialtjänst
  http://www.socialstyrelsen.se/Lists/Artikelkatalog/Attachments/18321/2011-5-4.

pdf
- Socialstyrelsen & Sveriges Kommuner och Landsting [2011e] ÖPPNA JÄMFÖRELSER 2011 Vård och omsorg om äldre
http://www.socialstyrelsen.se/Lists/Artikelkatalog/Attachments/18517/2011-12-5.
pdf
- Socialstyrelsen [2011f] Jämfor äldreboenden
http://aldreguiden.socialstyrelsen.se/
- Socialstyrelsen [2012a] Äldre och personer med funktionsnedsättning - regiform år 2011
http://www.socialstyrelsen.se/publikationer2012/2012-3-25
- Socialstyrelsen [2012b] Tillsynsrapport 2012 Hälso- och sjukvård och socialtjänst
http://www.socialstyrelsen.se/Lists/Artikelkatalog/Attachments/18687/2012-4-20.
pdf
- SOU [2003] Åldrande,individ och samhälle – utmaningar in för framtiden 2003：91
- Statistiska centralbyrån=SCB [2001] Statistisk årsbok för Sverige 2001
- Statistiska centralbyrån=SCB [2008] Statisk årsbok för Sverige 2008
- Statistiska centralbyrån=SCB [2009] The future population of Sweden 2009-2060 pp.181-199
- Statistiska centralbyrån=SCB [2010a] Population by ageand sex Year 2010-2110
- Statistiska centralbyrån=SCB [2010b] Statistisk årsbok för Sverige 2011
- Statistiska centralbyrån [2010c] WOMEN and MEN in Sweden Facts and figures 2010
http://www.scb.se/statistik/_publikationer/LE0201_2010A01_BR_X10BR1001ENG.pdf#search='Statistiska centralbyrån 2010 wen women'
- Statistiska centralbyrån=SCB [2011] Statistisk årsbok för Sverige 2012
- Statistiska centralbyrån=SCB [2012] Lönedatabasen
http://www.scb.se/Pages/SalariesSearch____259066.aspx
- Sveriges kommuner och Landsting=SKL [2006a] Kommunstyren 2006-2010 och markskiften vid valet 17 september 2006
- Sveriges kommuner och landsting=SKL [2006b] Care of the Elderly in Sweden Today 2005

スウェーデン語引用文献リスト一覧　221

- Sveriges Kommuner och Landsting=SKL［2007］Öppna Jämförelse - Äldreomsorg 2007
  http://brs.skl.se/brsbibl/kata_documents/doc39039_4.pdf
- Sveriges Kommuner och Landsting=SKL［2008a］Aktuellt på äldreområdet 2008
  http://www.skl.se/vi_arbetar_med/socialomsorgochstod/publikationer/aktuellt_pa_aldreomradet_2008
- Sveriges kommuner och landsting=SKL［2008b］Kommuner och valfrihetssystem
  http://www.skl.se/artikel.asp?A=48508&C=7470
- Sveriges Kommuner och Landsting=SKL［2008c］Öppna Jämförelse－Äldreomsorg 2007
  http://brs.skl.se/brsbibl/kata_documents/doc39039_4.pdf
- Sveriges Kommuner och Landsting=SKL［2009］Öppna jämförelse 2009: vård och omsorg om äldre
  http://brs.skl.se/ brsbibl/kata_documents/doc39610_1.pdf
- Sveriges kyrkogårds-och krematorieförbund［2012］kremationsstatistik 2011
  http://www.skkf.se/sites/default/files/pagefiles/SKKF-Krem-statistik-2011.pdf
- Socialstyrelsen & Sveriges Kommuner och Landsting=SKL［2011］Öppna jämförelse 2011: vård och omsorg om äldre
  http://www.socialstyrelsen.se/Lists/Artikelkatalog/Attachments/18517/2011-12-5.pdf
  http://brs.skl.se/ brsbibl/kata_documents/doc39610_1.pdf
- WHO［1958］Annual Epidemiological and Vital Statistics 1955
- WHO［1963］Annual Epidemiological and Vital Statistics 1960
- WHO［2012］Mortality database
  http://apps.who.int/whosis/database/mort/table1.cfm

資料1　介護の付いた特別住宅入居者　アンケート調査項目

Q1.最初にあなた自身の健康状態についておうかがいします。

　　a.あなたの健康状態はいかがですか。

　　　| 1.とても良好　　2.良好　　　3.良くも悪くもない |
　　　| 4.悪い　　　　　5.かなり悪い |

　　b.室内を移動する際、補助器具を使っていますか。

　　　| 1.使っていない　　2.杖もしくは歩行器を使っている |
　　　| 3.車椅子を使っている　　4.人による介助を必要とする |
　　　| 5.ベッドに寝たきりである |

〈あなたがお住まいの介護の付いた特別住宅について、領域ごとに満足度をおうかがいします。〉

Q2からQ14までの質問は、あなたが受けているサービスに関するものです。各質問については、1から10の数字のうち、あなたの意見に最も合ったものを選んでください。「1」は「全く満足していない」ことを表す最低の点数です。「10」は「完全に満足している」ことを表す最高の点数です。質問に関する意見や経験をお持ちでない場合には、「意見なし」、「該当しない」を選んでください(注：この部分の回答フォーマットは省略する)。

Q2.情報について

　　以下の点に関するあなたの満足度を教えてください。
　　●何らかの変更（例えば、介護スタッフの交代や介護の時間変更、病院へ行く予定など）があった場合、介護スタッフからあなたに情報が伝えられる（以下、1点から10点のスケールを示す同様の回答フォーマットは省略）

```
    全く                                          完全に
　満足していない                                 満足している
     1    2    3    4    5    6    7    8    9   10
```

- どんな介護サービスが得られるのか、情報が伝えられる

Q3．対応について

以下の点に関するあなたの満足度を教えてください。
- 介護スタッフがあなたに接する態度
- 介護スタッフがあなたに対して示す尊重

Q4．影響力について

以下の点に関するあなたの満足度を教えてください。
- どの時間に介護サービスを受けるのかを決められる
- 介護スタッフが、どのような介護やサービスを受けたいかというあなたの意見や希望を聞き入れてくれる

Q5．安心感について

以下の点に関するあなたの満足度を教えてください。
- 同じ介護スタッフから介護・サポートを受けられる割合
- 介護スタッフがあなたの必要としている介護・サポートを正確に把握している
- 必要な際に、介護スタッフとコンタクトを取る可能性

安心アラームを持っている場合、以下の点に関するあなたの満足度を教えてください。
- アラームの使いやすさ
- アラームを使った際、すぐに助けが得られる

Q 6. 介護・サービスの程度と量について

以下の点に関するあなたの満足度を教えてください。
- どれだけの介護・サービスを得られるか
- 提供される介護・サービスがあなたのニーズに合っているか

Q 7. 食事について

以下の点に関するあなたの満足度を教えてください。
- 料理の味
- 好みの料理を用意してもらえるか
- 食事の際に複数のメニューから料理を選ぶことができるか
- 食事の時間を自分で決めることができるか
- 食事の際に受ける介護・サービス

Q 8. 掃除・洗濯・シャワーについて

以下の点に関するあなたの満足度を教えてください。
- シャワー・入浴の頻度
- シャワー・入浴の際に受ける介護
- 掃除サービス
- 洗濯サービス

Q 9. 他のケアサービスについて

以下の点に関するあなたの満足度を教えてください。
- 投薬介助
- ガーゼ・包帯交換
- リハビリや動作訓練

Q10. 社会的交流やアクティビティについて

以下の点に関するあなたの満足度を教えてください。
- 介護の付いた特別住宅内であなたが好きなことをすることができる

- 介護スタッフと話をする機会を持てる
- 望む時に外出する手助けをしてもらえる
- 介護の付いた特別住宅内で提供されるアクティビティ

Q11. 介護・サービスの提供方法について
以下の点に関するあなたの満足度を教えてください。
- 介護スタッフに思いやりがある
- 介護スタッフが介護・サービスを提供する際の仕事の手際よさ
- 介護スタッフから提供される介護・サービスと、決定された介護・サービスとが一致している

Q12. 介護の付いた特別住宅の環境について
以下の点に関するあなたの満足度を教えてください。
- あなたの部屋
- 共有スペース
- 介護の付いた特別住宅周辺の環境
- 当該の介護の付いた特別住宅に住めるようになったこと

Q13. 介護の付いた特別住宅サービスの全体への評価について
　　a. あなたは受けている介護・サービスに満足していますか。

全く　　　　　　　　　　　　　　　　　　　　　　　完全に
満足していない　　　　　　　　　　　　　　　　　　満足している
　　1　2　3　4　5　6　7　8　9　10

　　b. お住まいの介護の付いた特別住宅はあなたの期待に応えていますか。

全く　　　　　　　　　　　　　　　　　　　　　　　十分に
応えていない　　　　　　　　　　　　　　　　　　　応えている
　　1　2　3　4　5　6　7　8　9　10

　　c. すべての点において完璧な介護の付いた特別住宅を想定してくだ

さい。あなたがお住まいの介護の付いた特別住宅と比較した場合、その差はどのくらいですか。

```
非常に                                          ほとんど
大きな差がある                                    差がない
    1   2   3   4   5   6   7   8   9   10
```

d. 今の介護の付いた特別住宅に住み続けることに安心感を覚えますか。

```
全く                                            すっかり
安心感を覚えない                                 安心している
    1   2   3   4   5   6   7   8   9   10
```

Q14. 最後の質問

a. 質問に答えたのはあなた本人ですか。

> 1. はい　　　　　→質問はこれで終わりです。
> 2. いいえ、私以外の人が質問に答えています
> 　　　　　　　　　　　　　　→Q.14b、14cへ

b. 質問に答えたのは誰ですか。

> 1. 近親者　　2. 知り合い　　3. ゴードマン
> 4. 職員　　　5. その他（　　　　　）

c. 本人が質問に答えなかった理由は何ですか。

> 1. 視力の衰えもしくは視覚障害　　2. 身体的健康の衰え
> 3. 精神的健康の衰え、認知症
> 4. その他の理由（　　　　　）

出典：Socialstyrelsen［2009c］pp.41〜49

資料2　ホームヘルプサービス利用者　アンケート調査項目

Q1.最初にあなた自身の健康状態についておうかがいします。

　　a．あなたの健康状態はいかがですか。

> 1．とても良好　　2．良好　　　3．良くも悪くもない
> 4．悪い　　　　　5．かなり悪い

　　b．室内を移動する際、補助器具を使っていますか。

> 1．使っていない　　　2．杖もしくは歩行器を使っている
> 3．車いすを使っている　　　4．人による介助を必要とする
> 5．ベッドに寝たきりである

　　c．お住まいは。

> 1．アパート（賃貸、シニア用アパートなど）
> 2．一軒家もしくは長屋
> 3．介護の付いた特別住宅
> （グループホーム、ナーシングホーム、老人ホーム、サービスホームなど）
> 4．その他（　　　　　）

〈ホームヘルプサービスについて、各領域ごとの満足感についておうかがいします〉

Q2からQ13までの質問は、あなたが受けているホームヘルプに関するものです。各質問について、1から10の数字のうち、あなたの意見に最も合ったものを選んでください。[1]は「全く満足していない」ことを表す

最低の点数です。[10]は「完全に満足している」ことを表す最高の点数です。質問に関する意見や経験をお持ちでない場合には、「意見なし」、「該当しない」を選んでください（注：1点から10点のスケールを示す以下の同様の回答フォーマットは省略）。

Q2.情報について

以下の点に関するあなたの満足度を教えてください。
- 何らかの変更（例えば、ホームヘルパーの交代や時間変更、病院へ行く予定など）があった場合、ホームヘルパーからあなたに情報が伝えられる

```
全く                                      完全に
満足していない                             満足している
    1   2   3   4   5   6   7   8   9   10
```

- どのようなホームヘルプサービスが得られるのか、情報が伝えられる

Q3.対応について

以下の点に関するあなたの満足度を教えてください。
- ホームヘルパーがあなたに接する態度
- ホームヘルパーがあなたに対して示す尊重

Q4.影響力について

以下の点に関するあなたの満足度を教えてください。
- どの時間にホームヘルプサービスを受けるのかを決められる
- ホームヘルパーが、どのようなホームヘルプサービスを受けたいかというあなたの意見や希望を聞き入れてくれる

Q5.安心感について

以下の点に関するあなたの満足度を教えてください。
- 同じホームヘルパーから介護・サポートを受けられる割合
- ホームヘルパーがあなたの必要としている介護・サポートを正確

に把握している
- 必要な際に、職員とコンタクトを取る可能性

安心アラームを持っている場合、以下の点に関するあなたの満足度を教えてください。
- アラームの使いやすさ
- アラームを使った際、すぐに助けが得られる

Q6. 介護・サービスの程度と量
以下の点に関するあなたの満足度を教えてください。
- どれだけの介護・サービスを得られるか
- 提供される介護・サービスがあなたのニーズに合っているか

Q7. 食事について
ホームヘルプサービスから、食事の用意もしくは食事宅配サービスを受けていますか。

> 1. 食事の用意を手伝ってもらう
> 2. 食事宅配サービスを受けている
> 3. 受けていない→Q.8へ

以下の点に関するあなたの満足度を教えてください。
- 料理の味
- 好みの料理を用意してもらえる可能性
- 1人分の量
- 食事の際に受ける介護・サービス

Q8.掃除・洗濯・シャワーについて

ホームヘルパーから、掃除や洗濯、シャワーの介護・サービスを受けていますか。

> 1. シャワー・入浴介護を受けている
> 2. 掃除サービスを受けている
> 3. 洗濯サービスを受けている
> 4. 受けていない→Q.9へ

以下の点に関するあなたの満足度を教えてください。
- シャワー・入浴の頻度
- シャワー・入浴の際に受ける介護
- 掃除サービス
- 洗濯サービス

Q9.他のケアサービスについて

ホームヘルパーから、投薬やガーゼ・包帯交換、リハビリ、動作訓練といった介護を受けていますか。

> 1. はい
> 2. いいえ→Q.10へ

以下の点に関するあなたの満足度を教えてください。
- 投薬介助
- ガーゼ・包帯交換
- リハビリや動作訓練

Q10. 社会的交流やアクティビティについて

以下の点に関するあなたの満足度を教えてください。
- あなたが望んでいることをするために手助けしてもらえる

- ホームヘルパーと話をする機会を持てる
- 望む時に外出する手助けをしてもらえる

Q11. 介護・サービスの提供方法について

以下の点に関するあなたの満足度を教えてください。
- ホームヘルパーに思いやりがある
- ホームヘルパーが介護・サービスを提供する際の仕事の手際よさ
- ホームヘルパーから提供される介護・サービスと、決定された介護・サービスとが一致している

Q12. ホームヘルプサービス全体への評価について

a．あなたの受けているホームヘルプサービスに満足していますか。

全く満足していない　　　　　　　　　　　　　　　　　　　完全に満足している

1　2　3　4　5　6　7　8　9　10

b．受けている介護・サービスはあなたの期待に応えていますか。

全く応えていない　　　　　　　　　　　　　　　　　　　　十分に応えている

1　2　3　4　5　6　7　8　9　10

c．すべての点において完璧なホームヘルプサービスを想定してください。あなたの受けているホームヘルプサービスと比較した場合、その差はどのくらいですか。

非常に大きな差がある　　　　　　　　　　　　　　　　　　ほとんど差がない

1　2　3　4　5　6　7　8　9　10

d．ホームヘルプサービスを受けることで、自宅に住み続けることに安心感を覚えますか。

```
全く                                              すっかり
安心感を覚えない                                    安心している
     1   2   3   4   5   6   7   8   9   10
```

Q13. 最後の質問

a．質問に答えたのはあなた本人ですか。

> 1．はい　　→質問はこれで終わりです。
> 2．いいえ、私以外の人が質問に答えています
> 　　　　　　　　　　　　→Q.13b、13c へ

b．質問に答えたのは誰ですか？

> 1．近親者　　　2．知り合い　　　3．ゴードマン
> 4．職員　　　　5．その他（　　　　）

c．本人が質問に答えなかった理由は何ですか。

> 1．視力の衰えもしくは視覚障害
> 2．身体的健康の衰え
> 3．精神的健康の衰え、認知症
> 4．その他の理由（　　　　）

出典：Socialstyrelsen［2009c］pp.31〜40

索　引

ADL（日常生活動作能力）　28, 32〜34
LSS 法　126〜128, 140, 141, 145
MDS-HC　208
NKI（利用者満足指数）　97, 100, 113, 121
omsorg（オムソーリ）　150
RAI-HC　208
RAVA インデックス　208
SAS　208
SENIOR 2005　19, 20, 21, 34, 94
SKL　36, 72, 76, 77, 79, 89, 94, 96, 97, 99, 100, 102, 103, 112, 117, 119, 121, 154, 161
Time Care　53
WAM ネット　202
WHO（世界保健機構）　167, 174, 178, 181, 182

【あ】

アイゼンハワー元大統領　164〜168, 181
相部屋　88, 208
アクセシビリティ　119, 120, 121
アスプルンド，グンナール　187
アノニューム墓地　200
安心アラーム　27, 34, 78, 205, 206

安心感　119, 120, 125
安心住宅　33〜35, 70
医学的処置の終了宣言　18
委託期間　61,
井上治代　198
遺灰　184, 188, 190〜192, 196〜198, 200
遺灰共同墓地　200
遺灰の木立　197, 198
違約手数料　32
医薬品　119, 120, 133, 148
医療過誤　93, 132, 133
医療過誤防止法　132
医療責任委員会　136
医療責任看護師（MAS）　133, 135
医療法　126
インタビュー調査　40, 79
隠微的性格　195, 196
インフォーマル化　34, 95, 96
インフォーマルケア　35
ヴァラ・パルク　85, 89
ヴェグナート，サーラ　124
宇宙的共同性　199
うつ病　168, 175, 182
エイジング　21
エークダーラゴーデン　85
エーデル改革　18, 19, 25, 30, 34, 94, 95,

156, 158
エステルシュンド　40
エビデンス　i, iii, 36, 96, 171
エルダボーリ　210
エルドレガイデン　85
援助判定員　27, 29, 78, 139, 140, 209
大岡頼光　195, 196, 198
大きな政府　4, 7
おむつ　150
穏健党　60, 72, 80, 93

【か】
介護士　155〜157
介護者家族支援　29
介護職員　38, 45, 53, 90, 92, 102, 112, 117, 120, 128, 129, 130, 152, 154, 156, 158, 159, 161, 162
介護スキャンダル　148, 149
介護の付いた特別住宅　23〜28, 30, 32, 33, 35〜38, 40, 42, 45, 54, 60, 61, 69〜73, 76, 77, 79, 80, 85, 87〜96, 98, 100, 102, 112〜114, 116〜122, 124, 129, 141, 145, 148〜150, 152, 156, 162
介護保険　22, 81, 138, 147, 202, 204, 207, 208
介護保険事業計画　22
介護労働者　iv, 103, 149, 150, 154〜159, 161, 162
外出とアクティビティ　119, 120
格差　23〜25
革新ブロック　72
家事援助型　76
課税所得　4

仮説　ii, 72, 198
過疎地　iii, 40, 42, 53, 54, 116
カトリック　184
カレマ　148〜150, 152
簡易スケール　203
患者委員会　136
危険率　72
木下康仁　195, 196, 198
虐待　124, 125, 149, 150
急激高齢化社会　13
急性疾患　18
給与水準　154
行政管理裁判所　32, 33
共同性　195, 197, 198
共同の灰の墓　198
共和党　165, 166, 181
緊急時対応システム　206
銀行口座　145
均等割　6
クオリティ　98, 127, 132, 148
グループホーム　26, 38, 54, 156, 207
継続性　81, 87, 89
ケネディ元大統領　165
権利擁護　138, 139, 141〜143, 145
公開比較　97, 98
合計特殊出生率　12
後見監督機関　139〜142, 144, 145
後見人　147, 205
公的入札法　60
高福祉高負担　4, 7
高齢化社会　10, 13
高齢化率　10〜14, 22, 25, 116, 211
高齢社会　13

高齢者看護　22
高齢者看護・高齢者ケアに関する国家推進プラン　30, 31, 34, 35, 94, 95, 159
高齢者虐待　iv, 93, 94, 124, 149, 150, 209, 210
高齢者虐待防止法　149
高齢者ケア計画　20, 23
高齢者ケアシステム　16, 36, 120, 208
高齢者ケア実践　25
高齢者ケア準備委員会　18
高齢者ケア政策　iii, 10, 14, 16, 19
高齢者住宅調査委員会　33
高齢者政策に関する国家行動計画　19, 34, 94
高齢者によるケア評価　119, 120
高齢者の生活と意識調査　151
高齢者の尊厳　158
高齢者福祉国家　16
高齢者福祉状況調査委員会　18
ゴードマン　117, 138～147
ゴールドプラン（高齢者保健福祉10か年戦略）　10, 22
ゴールドプラン21　22, 23
国際比較　8
国民の家　4
国民負担率　6～8, 14
国立社会保障・人口問題研究所　11
5件法　113
コストカット　35, 96, 125, 149, 150, 157
コッパルゴーデン　148
コミューン間格差　25, 92, 93, 112, 118, 119, 128, 210
コミューン内格差　93
コミューンに関する分析促進委員会（RKA）　99
今後の高齢者政策　21
コンタクトパーソン　204

【さ】

サービスハウス　26, 70, 156, 205, 206
サービス利用者　113
サーラ法　93, 124, 126～131, 149
最高税率　14
財産管理　141, 145
在宅医療　97, 98
在宅ケア　18, 22, 25, 28, 29, 34, 35, 54, 80, 100, 162, 210, 211
最低留保額　24
笹谷春美　156, 157, 161
参加　87
参加と影響力　119, 120
参考推計　11
ジェットコースター・シフト　45, 53, 54, 208
時間的継続性　45
自己決定　138, 167
自己決定権　144, 146
自己の財産管理　139
自己負担額　23, 25, 88
自己負担額の上限額　23～25
自殺防止対策　167
自殺率　iv, 164, 166～168, 171, 174, 175, 178, 181, 182
施設ケア庁　129, 131

自尊心　151
実験国家　16
シニアガイド　85
指標　98
社会サービス　92
社会サービス委員会　60, 61, 76, 77, 124, 129, 131, 140, 149
社会サービス法　23〜25, 29, 32, 124, 126〜128, 140, 141, 145
社会的入院　18
社会的入院費支払い責任（制度）　18, 19, 31
社会保険庁　143
社会保健庁　27, 32, 36〜38, 61, 73, 77, 85, 88, 89, 94, 96〜100, 102, 103, 112, 116, 119, 126〜128, 131, 133, 135, 136, 148, 161, 204
社会保障負担率　7
社会民主労働党　4, 60, 72, 80
集合匿名墓地　190
自由選択システム　61, 75, 76, 79〜81
自由選択法（LOV 法）　iii, 61, 75〜81
住民税（都道府県民税・市町村税）　4, 6
就労意識　iv, 154, 156, 162
就労意欲　156, 159, 161, 162
就労継続意思　157, 158
就労実態　154
准看護師　31, 124, 148, 154〜157
上司　148, 157, 159
消費税　5, 6, 14
消費税軽減税率方式　14
情報公開　i, iv, 84, 85, 88, 89, 92〜94, 96〜100, 102, 118, 119, 121, 146, 202, 203, 210
情報公開リテラシー　100
ショートステイサービス　76, 77, 85, 96, 122
職員の継続度および教育　119, 121
職員配置　37, 38
職員密度　87
食事と食環境　88, 119, 120
食事配達サービス　27
職務満足度尺度　159
所得税　4〜6, 14
所得割　6
自立　88
事例分析　40
人権　iv, 204
人権国家　151
人権擁護　146, 205
新ゴールドプラン　22
身上監護　139〜141, 143, 145
申請　121, 139, 140, 141, 143
新成年後見法　138, 147
親族ヘルパーサービス　29
身体介護　158
身体介護型　76
診断書　138
人的継続性　45
スウェーデン中央統計局（SCB）　10, 84, 113, 154, 155
スウェーデンの高齢者　17
スウェーデンの高齢者ケア　ii, 40, 45, 128, 148, 156
スウェーデン・モデル　31, 36, 161

スウェーデン・コミューン・ランステ
　ィング連合会　→SKL
スケープゴート　166
ストレス　158, 162
する福祉国家　17
スロット　190, 191
精神的ケア　158
成年後見制度　147, 204
施錠　37, 38
絶対評価　97
全数調査　202
漸増型高齢化社会　14
潜在的国民負担率　7
選択の自由革命　60, 72, 80
専門社会調査士　203
専門調査員　203
相関　72, 73, 115, 116, 168, 174
相関関係　34, 72, 73, 95
相関係数　72, 92
総人口　10
相対評価基準　96
租税負担率　7, 8
ソルナ　87, 149, 156
尊厳　35, 42, 94, 96, 125, 127, 150〜152,
　158, 205

【た】
ダーゲンス・ニーヘーテル　148, 150
ターミナルケア　118〜120
対応　119
代理回答者　118
竹崎孜　27
脱施設化　28, 34, 35, 95, 96

妥当性　96
多文化共生社会　94
団塊の世代　21, 23
小さな政府　7
地方所得税　5
超過金　18, 19
超過金支払い制度　18
超高齢化社会　13
追憶の杜　185, 191
追想の木立　185, 191
追悼の杜　185
終い後の棲家　iv, 184, 198, 199
通報　126, 128, 131〜133, 135, 136, 139,
　140
創られる特性　17
である福祉国家　17
定期巡回・随時対応型訪問介護看護
　207, 208
デイサービス　54, 76, 77, 85, 96, 120
ディストピア　iii
停滞　i, 16, 202
低賃金　157, 162,
定年退職　175
データベース　84, 85, 87, 89, 96, 99,
　100, 102, 103, 112, 155
転倒・栄養失調・褥瘡　119, 120
統合ケア　210, 211
同僚　157, 159, 162
特定の機能が十分でない者に対する援
　助およびサービスに関する法律
　　→LSS法
特別費用　30〜32, 121, 122
匿名的性格　197

【な】

ナーシングホーム　26, 156, 208
ニーズ　28, 35, 95, 96, 139, 143～145, 207
ニクソン元大統領　165
2015年の高齢者介護　23
入札　60, 61, 75, 79, 93, 148, 149
任意後見制度　147
認知症高齢者　iv, 37, 42, 45, 118, 138, 148, 156, 158, 204, 206
抜き打ち検査（夜間）　37, 38
ネームプレート　197
年齢階層　169, 170, 172, 173, 175～179
脳梗塞後のサポート・援助　119, 121
能力　87, 89

【は】

パートタイム失業　155
パートタイム労働　54, 155
背後仮説　ii
働き甲斐　161, 162
発展　i, iii, 16, 202
バブル崩壊　167
バリアフリー設計　34
ヒアリング　38
低い社会的評価　157
被後見人　138, 140～146
ビジテーター　210
ビルト，カール　60
フィクサー・シェンスト　33
フェルトバーゲン　40～42, 45, 53
フォーマルケア　28, 34
福祉国家　iii, 16, 92, 152, 164, 166, 171, 174, 195, 199
不公平　208
物価基礎額　24, 25
不動産　142, 145
不満　162
プライエボーリ　210
フルタイム　54, 155, 161
フローデゴーデン　125
プロテスタント　184
プロレタリア作家　17
平均値　175
ペーパーボックス　184, 190, 194, 196, 200
変容　34, 95
便利屋サービス　31, 32
放置　124
法定管財人　138, 140, 143～146, 204
法定後見制度　147
法定後見人　117, 138, 139, 147
訪問看護　30, 78
訪問看護サービス　76
ホームヘルパー　29, 102, 117, 139, 156～158, 162, 206
ホームヘルプケア　77, 79
ホームヘルプサービス　25～28, 34, 60, 61, 70, 72, 73, 74, 76～80, 85, 91, 95, 96, 113, 116～118, 120, 143, 145, 202
ポールヘムスゴーデン　87, 124, 125, 149
保佐人　147
保守・中道連立政権　60
保守ブロック　72
補助人　147

墓石　184, 194
墓地管理事務所　188, 190, 198
墓地管理人　190, 195
墓地管理料　194, 195

【ま】
埋葬規則　188
埋葬法　185, 188
マクロレベル　96, 97
マリア法　93, 132〜136
丸山眞男　17
慢性疾患　19
満足度調査　102, 202〜204, 210
ミクロレベル　85, 88, 96
宮本太郎　166, 167
民間委託　61, 70〜74, 80, 81, 93
民間委託化　i, iii, 60, 69〜74, 77
民間委託率　ii, 70, 71, 74, 80
民主党　165, 166
ミンネスルンド　iv, 184〜200
民法改正　147
もう一つの国民負担率　8
網羅性　96
モニュメント　185, 187, 188
森の墓地　187〜189

【や】
夜勤の勤務スケジュール　53
やすらぎの丘　198
山田ゆかり　209
ユートピア　iii
寄り添うケア　158

【ら】
ライフコース　21
ライフスタイル　184
ラインフェルト，フレデリック　41, 60, 61
ラヒホイタヤ　208, 209
ランスティング　5, 18, 93, 99, 136, 156, 184
ランダムサンプリング　203
リーダーズ・ダイジェスト　165, 167
リエゾン専門職　159
リザーブドアマウント　23〜25
離職意思　161
流言飛語　181
利用者評価　112〜117
利用者満足度指数　97, 112, 121
利用者満足度調査　116, 117
両親法　139, 140, 142〜144, 145
レーン間格差　112, 118, 119
レーン行政裁判所　33
老人ホーム　18
労働環境　45, 154
労働時間　158
老老介護　28, 211
ロー＝ヨハンソン，イヴァル　16〜18, 187
65歳以上人口実数　10, 11

【わ】
ワイデン，ピーター　165, 167, 171

著者紹介
西下彰俊（にしした・あきとし）

1955年	愛知県春日井市生まれ
1979年	京都府立大学文学部社会福祉学科卒業
1982年	財団法人東京都老人総合研究所社会学部
1984年	東京都立大学社会科学研究科社会学専攻博士課程単位取得
1987年	神戸山手女子短期大学
1990年	金城学院大学
1998年	スウェーデン・リンショーピング大学テマ研究所客員研究員（1年間）
2004年	東京経済大学現代法学部教授（現在に至る）

主著 『スウェーデンに見る個性重視社会』（共著、桜井書店、2003年）
『少子化社会の家族と福祉』（共著、ミネルヴァ書房、2004年）
『スウェーデンの高齢者ケア』（新評論、2007年）
『世界の介護保障』（共著、法律文化社、2008年）
『「スウェーデン・モデル」は有効か』（共著、ノルディック出版、2012年）

E-mail：nisisita@tku.ac.jp
ブログ：http://blog.goo.ne.jp/kyotonc

揺れるスウェーデン
—— 高齢者ケア：発展と停滞の交錯 ——

2012年9月15日　初版第1刷発行
2015年3月10日　初版第2刷発行

著　者　西下彰俊
発行者　武市一幸

発行所　株式会社　新評論

電話　03（3202）7391
振替　00160-1-113487
www.shinhyoron.co.jp

〒169-0051
東京都新宿区西早稲田3-16-28

装丁　山田英春
印刷　フォレスト
製本　松岳社

定価はカバーに表示してあります。
落丁・乱丁本はお取り替えします。

©西下彰俊　2012年　ISBN978-4-7948-0915-5
Printed in Japan

JCOPY ＜（社）出版者著作権管理機構 委託出版物＞
本書の無断複写は著作権法上での例外を除き禁じられています。複写される場合は、そのつど事前に、（社）出版者著作権管理機構（電話 03-3513-6969、FAX 03-3513-6979、e-mail: info@jcopy.or.jp）の許諾を得てください。

新評論　好評既刊　スウェーデンの福祉・教育・社会

西下彰俊
スウェーデンの高齢者ケア
その光と影を追って

福祉先進国の高齢者ケアの実情を精緻に分析，日本の課題をも探る。
[A5上製 260頁 2500円　ISBN978-4-7948-0744-1]

P.ブルメー&P.ヨンソン／石原俊時 訳
スウェーデンの高齢者福祉
過去・現在・未来

200年にわたる高齢者福祉の歩みを辿り，福祉先進国の未来を展望。
[四六上製 188頁 2000円　ISBN4-7948-0665-5]

太田美幸
生涯学習社会のポリティクス
スウェーデン成人教育の歴史と構造

「生涯にわたる学習」を支える豊かな制度を歴史的・構造的に読解。
[A5上製 380頁 3800円　ISBN978-4-7948-0858-5]

岡部　翠 編
幼児のための環境教育
スウェーデンからの贈り物「森のムッレ教室」

環境対策先進国発，野外保育の真髄とその日本での実践例。
[四六並製 284頁 2000円　ISBN978-4-7948-0735-9]

A.リンドクヴィスト&J.ウェステル／川上邦夫 訳
あなた自身の社会
スウェーデンの中学教科書

子どもたちに社会の何をどう教えるか。最良の社会科テキスト。
[A5並製 228頁 2200円　ISBN4-7948-0291-9]

＊表示価格はすべて本体価格（税抜）です。

新評論　好評既刊　スウェーデンの福祉・教育・社会

山口真人
真冬のスウェーデンに生きる障害者
日本の理学療法士が見た福祉国家

障害者が極寒の地で生き生きと暮らすことができる福祉の厚みとは。
[四六上製　312頁　2800円　ISBN978-4-7948-0908-7]

山口真人
日本の理学療法士が見たスウェーデン
福祉先進国の臨床現場をレポート

重度の二次障害を防ぐ独自の療法とは。日本のケアの課題を照射。
[四六上製　252頁　2200円　ISBN4-7948-0698-1]

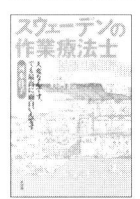

河本佳子
スウェーデンの作業療法士
大変なんです、でも最高に面白いんです

「作業療法士」の仕事を生き生きとレポートするロングセラー。
[四六上製　256頁　2000円　ISBN4-7948-0475-X]

河本佳子
スウェーデンの知的障害者
その生活と対応策

「共存社会」に生きる障害者の人々の生活と支援策の実例を紹介。
[四六上製　252頁　2000円　ISBN4-7948-0696-5]

河本佳子
スウェーデンのスヌーズレン
世界で活用されている障害者や高齢者のための環境設定法

刺激を与えることで感覚受理能力を高める新しい環境づくりの手法。
[四六上製　208頁　2000円　ISBN4-7948-0600-0]

＊表示価格はすべて本体価格（税抜）です。

新評論　好評既刊　　北欧の福祉・教育・社会

松岡洋子
エイジング・イン・プレイス（地域居住）と高齢者住宅
日本とデンマークの実証的比較研究

北欧・欧米の豊富な事例をもとに、「地域居住」の課題を掘り下げる。
[A5並製 360頁 3500円　ISBN978-4-7948-0850-9]

松岡洋子
デンマークの高齢者福祉と地域居住
最期まで住み切る住宅力・ケア力・地域力

ケアの軸を「施設」から「地域」へ！「地域居住継続」の先進事例。
[四六上製 384頁 3200円　ISBN4-7948-0676-0]

P.オーレスン＆B.マスン編／石黒 暢 訳
高齢者の孤独
25人の高齢者が孤独について語る

別離、病、死…デンマークの高齢者が人生の悲哀を赤裸々に語る。
[A5並製 244頁 1800円　ISBN978-4-7948-0761-8]

P.オーレスン＆B.マスン＆E.ボーストロプ 編／石黒 暢 訳
認知症を支える家族力
22人のデンマーク人が家族の立場から語る

生活者の目線から、高齢者ケア・認知症・家族の問題をリアルに描く。
[A5並製 228頁 1800円　ISBN978-4-7948-0862-2]

S.ジェームズ＆T.ラーティ／高見幸子 監訳・編著／伊波美智子 解説
スウェーデンの持続可能なまちづくり
ナチュラル・ステップが導くコミュニティ改革

過疎化、少子化、財政赤字…「持続不可能性」解決のための事例集。
[A5並製 284頁 2500円　ISBN4-7948-0710-4]

＊表示価格はすべて本体価格（税抜）です。